雲南文庫

# 学术名家文丛

雲南文庫

学术名家文丛

# 云南古佚书钞合集

王叔武 著

雲南人民出版社
雲南大學出版社

# 作者简介

王叔武，1923年11月—2004年1月，安徽桐城人，云南民族大学教授，著名历史学家、民族学家、古籍整理研究学家、语言学家。

1945年考入中央大学（今南京大学的前身）文学系，1949年云南大学文史系毕业。先后师事汪辟疆、李笠、刘文典等著名教授，学习古典文论、考据、训诂、目录版本及校勘学。

历任云南省民委研究室副主任、省民族研究所所长等职，兼任国家民委学术委员会委员，《中国历史大辞典·民族史卷》云南分编委副主编，《民族问题五种丛书》编委会委员，云南省地名委员会委员，省高等院校古籍整理研究工作委员会副主任，中国民族研究学会理事，中国民族史学会理事，中国西南民族研究学会副理事长，东南亚研究会理事，省政协第五、第六届委员兼文史资料委员会副主任。

从1951年起，对云南少数民族的社会历史进行了深入全面的调查研究，先后在《历史研究》等权威期刊上，发表《关于白族族源问题》等产生较大影响的系列学术论文；出版专著《云南古佚书钞》《大理行记校注 云南志略辑校》，并参加了《云南各族古代史略》《云南简史》以及《白族简史》等少数民族简史简志的编写。治学严谨、务实求真，为人清正廉洁、刚直不阿，学术研究中提倡和推崇“三新”，即“新课题”“新资料”“新方法”，培养了一大批民族研究的专家学者和后续人才。

# 总　序

中共云南省委书记 李纪恒

“盖文章，经国之大业，不朽之盛事。”一部承载责任与使命的好作品，必将是一部千古不朽的立言典范，也必将是一部历久弥新的传世教科书。千百年来特别是明代以来，许多贤人君子和名人大家在广袤的云岭大地耕耘、思考和写作，留下了闪光的足迹和丰厚的作品，足以飨及后进，启迪晚辈。在搜集、遴选和整理云南明代以来学术大家、学术名家著作的基础上，由云南宣传部门牵头推出了《云南文库》，这一丛书的面世诚为云南学术研究和出版界之盛事。

编纂《云南文库》是传承云南地域文明、提高云南文化自觉的有益尝试。“七彩云南”这片神奇的土地孕育了对中国乃至世界文明都有重要影响的古人类，造就了云南文化的丰厚积淀，从而构成了博大精深的云南文化艺术宝库。作为中华文化圈、印度文化圈和东南亚文化圈的交汇地，云南自古以来都不缺乏学贯中西的大师和博古通今的大家，从来都不缺乏魅力四射的光辉著作和壮美奇绝的文化遗存。其中，许多学术作品都凝聚了深邃的思想和超凡的智慧，体现了鲜明的地域特色和民族特色，彰显了有云南自身特点的知识谱系和学术传统。今天，我们将历史长河中的明珠拾起，用心记载云南学术史上的灿烂篇章，正是为了守护云南优秀的地域文化，为了汲取进一步繁荣发展云南哲学社会科学的养分和动力，进而筑牢云南文化自信的根基。

编纂《云南文库》是树立云南文化品牌、增强云南文化影响力的重要举措。云南文化是中华文化的有机组成部分，其悠久的历史文化、多彩的民族文化、独特的生态文化、包容的宗教文化，已经成为文化百花园中一枝流光溢彩、香飘四海的奇葩。千百年来，云南学者中英奇瑰伟之士以及众多寓居云南的外省学者念兹在兹，深植于云南沃土，扎根于传统文化，不懈探索、勤奋撰述，留下了一批经得住历史和实践检验的珍贵成果。特别是抗战时期，随着西南联合大学和相关研究机构的到来，昆明一时风云际会，云集了大批我国现代学术史上开宗立派的学术大师和著名专家，云南成为当时中国学术中心之一，诞生了大批学术经典。新中国成立后，云南学术研究取得很大进展，研究队伍空前壮大，学科建设卓有成效，学术成果日益丰硕，推出了一批享誉国内外的学术精品。近年来，《云南史料丛刊》《云南丛书》等一批历史文献和地方文献丛书相继刊印，云南文化的影响力和竞争力不断增强。今天，我们隆重推出《云南文库》，就是要为更多的人了解云南、熟悉云南、研究云南搭建一个平台和载体，为云南的经济社会发展、文化建设、文史学术研究等提供有益的历史借鉴，为在更广领域传播云南文化、打造云南品牌、增强云南软实力创造更好条件。



编纂《云南文库》是保障人民群众的基本文化权益的有效途径。文化建设的根本就是要用健康高雅的艺术、用智慧明辨的思想、用善良温厚的德行启迪人、引导人。编纂《云南文库》一个重要目的是丰富人民群众的精神文化生活、增进人民群众的幸福感。此次收入《云南文库》的著作，涉及哲学、历史、文学、语言、艺术、民族、宗教、政治、军事、外交等诸多方面，包含着丰富的自然、社会和人生哲理知识，体现了高度的人文关怀。阅读这些著作，有助于培育读者自尊自信、理性平和、积极向上的心态，有助于引导人们去发现、享用、珍惜世界和人生之美，能使大众的精神世界得以滋养和美化、人格得以陶冶和熏陶、心灵得以安顿和抚慰、情感得以丰富和升华，从而更好地满足人民群众多层次、多方面、多样性的审美需求。

编纂《云南文库》是推动云南跨越发展的必然要求。云南早在1996年就提出了建设“民族文化大省”的目标，是全国最早提出建设民族文化大省的省份之一。2000年，我省正式确立了“建设绿色经济强省、民族文化大省和中国连接东南亚南亚的国际大通道”的三大目标，把文化事业和文化产业的发展纳入了全省经济社会发展战略的范畴。2009年召开的中共云南省委八届八次全委会，作出了把云南建设成为“绿色经济强省、民族文化强省、中国面向西南开放的桥头堡”的重大决策，把云南文化建设推向了一个新的阶段。2011年11月，云南省第九次党代会进一步明确了科学发展、和谐发展、跨越发展的发展主题，要求更加自觉、更加主动地推动文化大发展大繁荣。当前，云南人民正豪情满怀地沿着建设民族文化强省的道路阔步前行，具有云南特色的文化模式已经也必将进一步焕发动人而耀眼的光芒。我们将以打造《云南文库》等一批社科品牌和文化精品为契机，继承优良传统，发挥优势，突出特色，以面向现代化、面向世界、面向未来的宏大眼光，锐意进取，积极开展学术研究，努力创造出无愧于时代、无愧于人民、无愧于历史的优秀学术成果和文化产品，更好地弘扬以高远、开放、包容的高原情怀和坚定、担当、务实的大山品质为主要内容的云南精神。

《云南文库》最终得以发行，首先是众位先贤心血和智慧的结晶。在此，我们要对创造了云南学术精品并因此而为中华文化做出杰出贡献的学者们表示崇高的敬意！在《云南文库》的编纂过程中，相关编纂单位、出版单位和参加整理的学者，以高度的责任感和使命感，兢兢业业地做好编校和出版工作，正是有了他们的辛勤劳动和精心工作，才有如今的翰墨流芳。在此，我要诚恳地道一声，大家辛苦了！《云南文库》从构想走向现实，离不开众多读者和社会各界人士的支持，我也一并向你们表示诚挚的谢意！同时，衷心希望同志们一如既往地为云南文化建设献智献策，欢迎更多的同仁志士参与到云南文化建设的伟大事业中来！

谨为序。

# 目　录
Contents

## 第一部分　云南古佚书钞

## 第二部分　大理行记校注



## 第三部分　云南志略辑校

# 第一部分
# 云南古佚书钞

王叔武　辑著

# 叙 言

古代记载云南史地的书，很多没有流传下来。对于这些书的性质、内容、作者和著述年代等问题，过去虽有人做过一些研究，但由于辑佚工作没有跟得上去，众说纷纭，莫衷一是。例如，魏完的《南中志》和《南中八郡志》是一书还是二书？何时所作？书中所记的是哪八郡？又如，杨慎《滇载记》所根据的僰文《白古通玄峰年运志》，是否有其书？是一种书还是两种书？何时所作？内容如何？等等。这些问题不解决，不仅使我们在研究云南各族历史的工作中，无法充分利用这些史料，而且还带来了一定的困难。例如，在编写《白族简史》中的白族古代史学成就时，对于《白古通玄峰年运志》，是用一个书名号还是用两个书名号呢？这从名称上是看不出来的，必须进一步查考它的内容。又如，在研究宋代大理国地方政权的历史时，对于辛怡显《至道云南录》所说的"诺驱"，究竟是"大理王"，还是如《宋史·邛部州传》所说的是"邛部州都鬼主"呢？那么，辛怡显是否到了云南？还是他把邛部州当作云南？他是否见到"大理王"？要解决这些问题，最好的办法就是查考他自己的记录。

为了解决类似上述的一些具体问题，我自1951年参加云南少数民族调查研究工作以来，不得不花去一些时间，断断续续地做了一点辑佚工作。特别是在1959年参加编写少数民族历史的工作后，为了争取把书的内容写得比较准确些，资料掌握得比较全面些，进一步把记载云南史地的古佚书佚文，从群书中钩稽出来，辑录成册，以备自己在研究和编写工作中的参考。先后辑出来的古佚书共十六种，题为《云南古佚书钞》。凡对研究云南各族历史有参考价值，并有佚文可资辑录的云南古佚书，已略备于此。

有些古书“名亡而实存”。如宋代杨佐的《云南买马记》，世无传本，也不见诸家书目著录，但其文却比较完整地保存在《续资治通鉴长编》卷267《熙宁八年八月》条引《剑南须知》文中。又如明杨士云的《郡大记》一卷，《明史·艺文志》著录，原书已佚，但全文还比较完整地保存在嘉靖《大理府志》卷一《沿革史证》中，该卷总目仍保留《郡大记》之名。诸书见存，读者检阅便得，不劳辑佚。

也有一些古书虽然亡佚了，但从后人的著作中可以看到它的大致内容，也就是《通志·校雠略》里所说的“名亡实不亡”的一类古佚书。如唐袁滋所著《云南记》五卷，原书全佚，群书绝少征引。《太平御览》等书所引的《云南记》，是韦齐休《云南行记》的省称，不是袁书。袁书的内容，除《新唐书·地理志·戎州开边县》条注节述袁滋使南诏的途程一条外，很多已为樊绰采入《蛮书》中。《蛮书》所记南诏迎接袁滋等沿途礼仪，委曲详尽，可以确认是出自《云南记》的；书中屡提及“贞元中”或“贞元十年”，这年是袁滋使南诏之年，尚存袁书之迹；其他如所记地理、风俗、物产等方面，也有很多是采自《云南记》的。从而，通过《蛮书》可以略窥《云南记》的内容。但《蛮书》综合了许多唐人著作和案牍，成一家言，未必都是出自《云南记》。妄加离析，徒滋纷扰。今《蛮书》见存，为研究云南少数民族历史的必读之书，读者自可从中领略体会，故未予辑录。

有些古书“名存而实亡”。如元李京的《云南志略》，原书四卷并附录。现在流传的本子，仅《说郛》节录的《云南总叙》和《诸夷风俗》两段，而陶珽重编的《说郛》和《滇系》《云南备征志》又仅存《云南总叙》一段，原书大部分已散佚了。今从《永乐大典》和方志中辑出了该书的部分佚文，本拟收入本书；但整理的结果，《说郛》节录的原文占辑本的五分之三，新辑的佚文仅占五分之二，不足以名辑佚。当另撰《云南志略辑校》一书，不再收入本书。

还有一些古书在“存佚之间”。特别是明、清人的著作，因为“去今未远”，时有“佚而复出”的可能。如明诸葛元声的《滇史》(又名《滇事纪略》)，原书十四卷，清代曹树翘《滇南杂志》著录已只有二卷，《滇系》《云南备征志》中只存“六诏”一段，已佚百余年。新中国建立后，群书备出，此书十四卷的明刻原本俨然见存，今藏上海图书馆。明代杨慎的《滇载记》也是如此，今藏于北京图书馆柏林寺书库。故本书所辑古佚书，其下限断于明代。凡确已亡佚的明人记载云南史地的专著，其有参考价值的，概予辑录；没有多大参考价值的，如明人所编的《南中志》《哀牢世传》等晚出之书，俱舍而不取。

在辑录的每种书的前面，都撰有《叙例》，以叙述该书的名称、作者、著述年代、体例、内容及其他有关问题，说明辑录该书的体例。原书体例不可考者，以类相从。群书引用该书的佚文，偶有语意不完或文义不明者，酌在该文前后增加数字以补足文义。凡辑录时所增加的文字，概加括号以别之。

必须指出，这些古书的作者由于时代和阶级出身的限制，书中有不少反动观点和歧视少数民族的语句。本书旨在汇集和保存原始资料，故原文照录。希望有关同志阅读或引用这些史料时，给予应有的批判。

本书中的《白古通记》和《玄峰年运志》二种辑本初稿，1961年曾由云南省民族研究所油印成册。后来经过增改，与《哀牢传》《南中八郡志》《永昌郡传》共五种，即以《云南古佚书钞》为题，于1964年发表于《云南省历史研究所集刊》第一集中。这次汇编成册，作了必要的增改和调整。其余未发表的辑稿，由于“四人帮”破坏的影响，搞乱了资料管理制度，屡经查询不获。这次在《云南各族古代史略》编写组和《思想战线》编辑部的同志鼓励和督促下，重新辑录汇编成册，以供从事云南各民族历史研究或对此感兴趣的同志们参考。

本书草创之初，在体例方面得到刘师叔雅的指引。初稿既成，1963年路过南京时，又蒙汪师辟疆审定篇目。犹忆1960年在大理编写《白族简史》时，亡友徐宗元教授对本书的辑录，给予热情赞助和鼓励。是本书之成，得自师友之力匪浅。

由于个人理论和业务水平的限制，本书的错误和缺失在所难免。常言说：“前修未密，后益转精。”希望这本初创的云南地方史料辑佚丛书，能起到“抛砖引玉”的作用。

叔武自叙于云南民族学院历史系

1978年6月

# 再版前言

《云南古佚书钞》第一版印行后，得到师友和读者们给予诸多鼓励、建议和批评。兼之年老得暇，重温故籍，深憾早年读书贪多求快，颇有遗误。趁这次再版之机，为答谢师友和读者的厚爱，尽量提高质量和适当拓展广度，做了如下的增订工作：

一、改正字句错误，补辑佚文；

二、根据读者建议，补录了《云南买马记》和《郡大记》；

三、为使读者较完整地了解云南古佚书的情况和有一个释疑解惑之处，将旧稿《云南古佚书目》稍加整理，附录于后；

四、犹忆汪师辟疆教诲："辑佚不难，难于定体例。"体例不明，形同杂抄，有类文抄公，非目录、校勘之学也。我虽谨遵师命，但因云南古佚书多，而群书征引的佚文较少，故采用了多种辑佚方法辑录成编。其有乖失之处，敬请读者再度给予教诲和指正。

本书自初版伊始，一直得到云南人民出版社编辑同志的关心和帮助，谨此志谢！

王叔武越古稀之三年于存真室

1996年4月

# 一、哀牢传

## 叙　例

《哀牢传》是云南最古的一部方志。东汉杨终（？—公元100年）作。终字子山，成都人，事迹见《后汉书·杨终传》。但其作《哀牢传》一事，《后汉书》不载，详见《论衡》。《论衡·佚文篇》说："杨子山为郡上计吏，见三府为《哀牢传》不能成，归郡作上。孝明奇之，征在兰台。夫三府掾史丛积成才，[①] 不能成一篇；子山成之，上览其文。子山之《传》，岂必审是？传闻依倚，[②] 为之有状。会三府之士，终不能为；子山为之，斯须不难。"（《北堂书钞》卷七十九、《史通·史官建置》《玉海》卷五十八均据此。《书钞》误作"王杨字子出"。）据此，知杨终作此《传》，在汉明帝时。《后汉书·明帝纪》说："（永平）十二年春正月，益州徼外夷哀牢王相率内属。于是置永昌郡，罢益州西部都尉。"则此《传》之作应与置永昌郡一事有关，或上距此时不远，是为提供背景材料而作的。而其材料来源系"传闻依倚"，是根据当时的哀牢人传说写成的。

《哀牢传》一书卷帙无考。隋、唐《经籍志》《艺文志》均未著录，疑此书已亡于隋以前。惟唐李贤注《后汉书》引有一条，或亦系转引自他书。后世所引，又都出自李贤注，辗转引钞，歧误益多。



① "史"，原作"吏"，据《玉海》卷五十八引及《论衡校释》改。
② "倚"字据《论衡集解》增。

今只取《后汉书注》及《册府元龟》所引之文，他皆不取。

明季复有《哀牢世传》，见《南诏野史》《滇云历年传》引，应予分别；王谟《汉唐地理书钞》复辑有《玉海》引《哀牢夷传》之文，今考其文实出自《后汉书·西南夷传》，非杨氏之书，今并不取。

《哀牢传》为云南方志之始，亦为考证哀牢人的最原始资料。故虽仅存佚文一条，亦录为一书，冠于本辑之首，以明其始。

《永昌记》一书不可考，当为汉、魏云南古志。因为汉代以后，哀牢王已不复见于史册。今以事涉哀牢，附辑于本卷之末。

叔武谨识

## 哀牢传

（汉）杨　终　撰

九隆代代相传，名号不可得而数。至于禁高，乃可记知。[①] 禁高死，子吸代；吸死，子建非代；建非死，子哀牢代；哀牢死，子桑藕代；桑藕死，子柳承代；[②] 柳承死，子柳貌代；柳貌死，子扈栗代。[③]

**案**：哀牢世系中其名见于史传者，惟柳貌一人。《后汉书·西南夷传》说："永平十二年，哀牢王柳貌遣其子率种人内属。"（"柳貌"，《华阳国志》误作"抑狼"，廖刻本作"柳狼"。）略先于柳貌的哀牢王，其名见于史传的有"贤栗"。《后汉书·西南夷传》说："建武二十三年，其王贤栗遣兵乘箄船，南下江汉，击附塞夷鹿茤。（二十七年），光武封贤栗等为君长。""贤栗"，今本《华阳国志》作"扈栗"，与柳貌子名"扈粟"相混。清惠栋在其所著《后汉书补注》中遂据以疑《后汉书》之误，该书卷二十

① "知"，《册府元龟》卷九百五十六引作"名"。

② "柳承"，《册府元龟》引作"如承"。下同。

③ "扈栗"，殿本《后汉书》作"扈栗"，《册府元龟》引作"扈桑"。○《后汉书·西南夷传》注、《册府元龟》卷九百五十六引。

说:“贤栗,《华阳国志》作扈栗。”“柳貌,《华阳国志》作抑狼。案《哀牢传》,柳貌生扈栗,则扈栗子当为抑狼也。”是惠氏既误以“贤栗”为柳貌之子“扈栗”,又以“柳貌”当从今本《华阳国志》作“抑狼”,并于扈栗下增出抑狼一代,其说直与《哀牢传》相抵牾。《哀牢传》明载柳貌为柳承之子,而为扈栗之父。今惠氏以柳貌当作抑狼,而为扈栗之子,倒子作父,其说失之。

今案“贤栗”一名,不见于《哀牢传》,或非柳貌一系。略后于柳貌的哀牢王之名见于史传的,有“类牢”。《后汉书·西南夷传》说:“建初元年,哀牢王类牢与守令忿争,遂杀守令而反叛。”类牢之名也不见于《哀牢传》。考《后汉书·西南夷传》说:“其称邑王者七十七人。”或《哀牢传》所记,仅为柳貌一系。而“贤栗”“类牢”等当为其他邑王,与柳貌并无直系亲属关系,故《哀牢传》未之及,不必予以附会而曲为之说,致相抵牾。于此益证:《哀牢传》之作与柳貌内属一事有关,故对柳貌一系记载较为完备;而成书之时,当上距永平十二年不远,即柳貌死,其子扈粟(或作扈栗)代为王之时。

## 附:永昌记

失名 撰

哀牢王出入射猎骑马,金银鞍勒加翠毛文饰。①



① 《太平御览》卷三百五十八《兵部》八十九引。《初学记》卷二十二引作“文帝秦王金银鞍加翠毛之饰。”“文帝”当为“哀牢”二字之误,衍“秦”字。

# 二、南中八郡志

## 叙例

《南中八郡志》一书，隋、唐《经籍志》《艺文志》均未著录，疑此书已亡于隋以前。故《唐会要》卷一百、《太平寰宇记》卷一百七十七但云“魏、晋间有著《西南异方志》及《南中八郡志》者”，已不能详知著者为谁及其确切年代。清章宗源及姚振宗两种《隋书经籍志考证》，都以为晋刘逵注左思《蜀都赋》所引的魏完《南中志》，就是《南中八郡志》，“省八郡二字”；但文廷式《补晋书艺文志》则以为二书。今案：《后汉书·吴汉传》注引《南中志》说：“渔涪津广数百步。”《太平寰宇记》卷七十四引作《南中八郡志》；《续汉书·郡国志》注引《南中志》说：“县东南数里，有水名邛广都河，从广二十里，深百余丈。有鱼长一二丈，头特大，遥视如戴铁釜然。”而《后汉书·西南夷传》注及《太平御览》卷七百九十一引作《南中八郡志》；又《太平御览》卷十五、卷八百八十四引《南中八郡志》“永昌郡有禁水”条，《本草纲目》卷四十二引作《南中志》。由此可见，群书所引《南中志》及《南中八郡志》之文，除个别字句有异为古籍引书常例外，其文基本相同。足证章、姚二氏以魏完《南中志》与《南中八郡志》为一书之说为有据，今从之。

群书所引本书名称，或作《南州八郡志》[①]《南征八郡志》[②]《南中八部志》[③]《南中八群志》[④]《南北八郡志》[⑤]《南中八郡记》[⑥]《南中八志》[⑦]，并为《南中八郡志》之讹。惟《太平御览》卷九百二十四引作《南中八郡异物志》，或即此书名之全称，因此书所记多为南中物产；而《南中八郡志》《南中志》并系省称，亦未可知。今以史缺有间，无从查考，而群书所引及诸家书目著录又多作《南中八郡志》，故仍之。

作者魏完事迹无考。《唐会要》及《太平寰宇记》认为是"魏、晋间"人，大致是对的。书中既称"刘禅……亡破以来"，又引左思《吴都赋》之语，而左思作此赋，"时吴、蜀已平"，则此书必成于晋太康二年之后。又据书中所称的八郡之名，乃犍为、朱提、越嶲、牂牁、建宁、云南、永昌、兴古八郡，为蜀建兴三年至晋太安二年之间在南中的建置。因为太安二年分建宁郡置益州、平乐二郡（《华阳国志·南中志》），加上书中所称的郡名已不合八郡之数，而且书中也没有提到新设立的郡名。故此书必成于晋太安二年之前，亦即成书于公元281—303年之间。

《南中八郡志》是公元三世纪末叶记载南中（云南、川西南、黔西）全境和交州（越南）的风土物产的一部地方志。也是我国记载"剽（骠）国"（缅甸）事迹最早的一部书。但其卷帙、体例无考。今辑是书，谨以八郡为目，逐县辑录；其县文已缺者，予以省略不复标目。群书引用本书记载交州之文甚多，包括交趾、新昌、武平、九真四郡，这也是晋人记载南中事迹的常例。《华阳国志·南中志》说："交趾虽异州部，事连南中，故并志焉。"本书既志南中八郡，又并志交州，盖亦同此例。今以其所志交州之文置于卷末，不再分标郡县。

晋、唐之间复有《南中异物志》一书，见慧琳《一切经音义》卷十六

---

① 《齐民要术》卷十、《御览》卷三百五十三。

② 《初学记》卷八。

③ 《御览》卷八百八十四。

④ 《御览》卷九百六。

⑤ 《太平寰宇记》卷七十四、《路史·前纪》四及《国名纪》巳。

⑥ 《增广笺注简斋诗集》卷二十七。

⑦ 《文选李善注》卷二十六。

《豫樟》条及《重修政和经史证类备用本草》卷四引陈藏器《本草拾遗·自然灰》条所引，所记乃二广事物。盖晋、唐间也称二广为“南中”，与此书所称地区不同，当是另一书。又清张澍《诸葛忠武侯故事》屡引《南中志》，所记名物故事又多起于明代，乃晚出之书，或即《四库全书总目提要》所黜伪之《南中志》，亦未可知。上述二书的书名虽与本书相似或相同，但都不是本书，故舍而不取。

所辑佚文，只取唐、宋以前群书所引；因其时或可得见旧籍，而为后世所不及见者。元、明以下诸书所引，率多转录，歧误益多；今只取其字句尤异者为之注，余并不取。

叔武谨识

# 南中八郡志

（晋）魏　完　撰

## [犍为郡]

（武阳）

县南二十里彭望山。①

（南安）

南安县出好枇杷。②

渔涪津广数百步。③

(僰道)

犍为僰道县出荔枝。④

江水黄鱼，鱼形头似鳣，骨如葱，可食。⑤

① 《续汉书·郡国志》注引。

② 《太平御览》卷九百七十一《果部》八引。

③ 《后汉书·吴汉传》注引。《太平寰宇记》卷七十四《剑南西道》三、《路史·前纪》四及《国名纪》已引作“犍为有鱼凫津广数百步。”《寰宇记》引脱“广”字。“鱼凫”即“渔涪”，各从其文改写，为古籍引书常例，其实是一致的。

④ 《艺文类聚）卷八十七《果部》下引。

⑤ 《太平御览》卷九百四十《鳞介部》十二引。《御览》同卷引《广志》说：“犍为僰道县出臑骨黄鱼。”今据以此条入僰道县。

### [朱提郡]

(朱提)

县有大渊池水，名千顷池。西南二里，[①] 有堂狼山，多毒草。盛夏之月，飞鸟过之，不能得去。[②]

旧有银窟数处，诸葛亮书云："汉嘉金，朱提银，采之不足以自食。"[③]

云南旧有银窟数十，[④] 刘禅时岁常纳贡。亡破以来，时往采取，银化为铜，不复中用。[⑤]

### [越嶲郡]

(邛都)

县东南数里，有水名邛都河。[⑥] 从广二十里，[⑦] 深百余丈。多大鱼，[⑧] 长一二丈，头特大，遥视如戴铁釜然。[⑨]

### [牂牁郡]

(谈指)

有不津江，江有瘴气。[⑩]

---

① 案：当作"二百里"，脱"百"字。

② 《续汉书·郡国志》注引。

③ 《续汉书·郡国志》注引。

④ 案："十"疑"处"之误。

⑤ 《太平御览》卷八百十三《珍宝部》十二引。案：此条与上条疑出自一条，引者各节录一段。今以次第无从查考，仍录为二。

⑥ 案：《续汉书·郡国志》注引"邛"下衍"广"字，今删。《后汉书·西南夷传》注、《御览》引作"邛河"。

⑦ 《后汉书》注引"广"下衍"岸"字。

⑧ 《续汉书·郡国志》引作"有鱼"，《后汉书》注引无"多"字。

⑨ 《续汉书·郡国志》注、《后汉书·西南夷传》注、《太平御览》卷七百九十一《四夷部》十二引。《御览》引"戴"作"载"。

⑩ 《续汉书·郡国志》注引。

[建宁郡]

貊兽，毛黑白臆，似熊而小。以舌舐铁，须臾便数十斤。出建宁郡也。①

（滇池）

池周二百五十里。②

[云南郡]

有神鹿，两头。主食毒草，名之食毒鹿。出云南郡。③

（云南）

县西高山相连，有大泉水，周旋万步，名冯河。县西北百数十里有山，众山之中特高大，状如扶风太一，郁然高峻，与云气相连结，因视之不见其山。固阴冱寒，虽五月盛暑不热。④

[永昌郡]

永昌，古哀牢国也。传闻永昌西南三千里，有剽国，君臣、父子、长幼有序。⑤

永昌郡西南三千里，⑥有剽国。以金为刀戟。⑦

永昌郡有禁水，水有恶毒气，中⑧物则有声，中树木则折，名曰鬼弹。中人，则奄然青烂。⑨

---

① 《文选·蜀都赋》刘逵注引。

② 《续汉书·郡国志》注引。

③ 《文选·蜀都赋》刘逵注引。

④ 《续汉书·郡国志》注引。

⑤ 《唐会要》卷一百《骠国》条、《太平寰宇记》卷一百七十七《四夷》六引。《唐会要》引“剽”作“骠”，今据《太平寰宇记》引作“剽”，与本书他条一律。案：“剽”即“骠”，《华阳国志》作“僄”，《御览》卷三百五十九引《广志》作“剽”，唐代始用此“骠”字。

⑥ “永昌”，原引误作“宋昌”，兹据上条改正。

⑦ 《太平御览》卷三百五十三《兵部》八十四引。案：此条与上条当本为一条，今以次第无考，仍录为二。

⑧ 原注：去声。

⑨ 《太平御览》卷十五《天部》十五、卷八百八十四《神鬼部》引。

貊大如驴，状颇似熊。多力，食铁，所触无不拉。①

## ［兴古郡］

莎树大四五围，长十余丈。树皮能出面，大者百斛，色黄。鸠民部落而就食之。②

（胜休）

有大河，从广百四十里，深数十丈。③

（宛温）

县北三百里有盘江，广数百步，深十余丈。此江有瘴气。④

## ［交州］⑤

交趾郡治龙编县。自兴古鸟道四百里。⑥

槟榔大如枣，色青如莲子。⑦ 彼人以为贵异。⑧ 婚族好客，⑨ 辄先进此物。⑩ 若邂逅不设，用相嫌恨。⑪

---

① 《后汉书·西南夷传》注引。案：此条与建宁郡条事同而文有异，以二郡俱产貊兽，故仍录为二。

② 《太平御览》卷九百六十《木部》九、《重修政和经史证类备用本草》卷十四《桄榔》条引。《政和本草》引有节文，“鸠民”作“鸠人”，当是据唐人书避唐讳改。

③ 《续汉书·郡国志》注引。

④ 《续汉书·郡国志》注引。

⑤ 案：《华阳国志·南中志》说：“交趾虽异州部，事连南中，故并志焉。”本书盖亦同此例。

⑥ 《文选》谢玄晖《暂使下都夜发新林至京邑赠西府同僚》诗李善注引。

⑦ 《御览》引“如”作“似”。

⑧ 《类聚》及《寰宇记》引“彼人”作“土人”。《类聚》引无“异”字，《御览》引无“贵”字。

⑨ 《寰宇记》引“婚”上有“待”字。《类聚》引脱“好”字，明刊本《类聚》遂将此句改作“款客”，不可从。

⑩ 《类聚》及《寰宇记》引“辄”作“必”。《类聚》引无“此物”二字，《寰宇记》引“此物”作“槟榔”。《增广笺注简斋诗集》卷二十七《又和大光》诗注引作“槟榔，土人以为贵，遇客必先进。”盖节文。

⑪ 《齐民要术》卷十《槟榔》条、《艺文类聚》卷八十七《果部》下、《太平御览》卷九百七十一《果部》八、《太平寰宇记》卷一百七十《交州风俗》条引。《类聚》《寰宇记》引有节文。

交趾有甘蔗，围数寸，长丈余，颇似竹。断而食之，甚甘。笮取汁，曝数时成饴，入口消释，彼人谓之石蜜。[①]

交趾有果然，白面黑身，毛采斑斓。[②]

翠大如燕，腹背纯赤。民捕食之，不知贵其毛羽也。[③]

峤多虺，其毒杀人。有冷石可以解之，屑着疮内，即活。[④]

麋泠县深山中有大蛇，长数丈，围三尺。于树上，野鹿过，便低头绕之，鹿于是有顷而死。先含水濡之，令濡，乃合头角并吞之；讫，便不能动。至数日，鹿乃消尽。蛇自绕树，鹿角骨悉钻皮出。养疮得一月，乃愈。[⑤]

麋泠县有大竹，数围，实中。[⑥]任屋梁柱。[⑦]复用之，则当瓦，[⑧]可庇风雨。[⑨]

猩猩在山谷中，行无常路，百数为群。土人以酒若糟设于路；又喜屐子，土人织草为屐，数十量相连结。猩猩在山谷见酒及屐，知其设张者，即知张者祖先名字，乃呼其名而骂云："奴欲张我。"舍之而去。去而又还，相呼试共尝酒。初尝少许，又取屐子著之。若进两三升，使大醉。人出收之，屐子相连，不得去。执还，内牢中。人欲取者，到牢语云："猩猩，汝可自相推肥者出之。"既择肥竟，相对而泣，即左思《赋》云"猩猩啼而就擒"者也。昔有人以猩猩饷封溪令，令问饷何物，猩猩自于笼中曰："但有酒

① 《艺文类聚》卷八十七《果部》下引。《容斋五笔》卷六《糖霜谱》条、《全芳备祖》后集卷四《果部·甘蔗》条并引作"笮甘蔗汁，曝成饴，谓之石蜜。"盖节文。

② 《太平御览》卷九百十《兽部》十二引。

③ 《太平御览》卷九百二十四《羽族部》十一引。

④ 《太平寰宇记》卷一百六十六《郁林县马岭山》条引。

⑤ 《太平御览》卷九百六《兽部》十八引。

⑥ 《锦绣万花谷》后集引无"实中"二字。

⑦ 《太平寰宇记》引"任"作"作"。《锦绣万花谷》引作"可用为屋梁柱"。

⑧ 《太平寰宇记》引作"复之即当瓦"。

⑨ 《初学记》卷八《州郡部》十一、《太平寰宇记》卷一百七十《峰州土产》条、《锦绣万花谷》后集卷六《峰州》条引。

及仆耳，无它饮食。”[1]

移风故县有摇牛，生壑里。时时共斗，则海沸。或出岸上，家牛见则恐怖。人或遮捕，则霹雳随至。俗号曰“神女牛”。又多潜牛，每登岸斗，角软，还入水，复坚。[2]



① 《后汉书·西南夷传》注引。《太平寰宇记》卷一百七十《交州物产》《明一统志》卷九十《安南土产》引作“猩猩，人面豕身，似猿，常数辈为群。人以酒并糟设路侧，连结草屐。猩猩见之，即知张者祖先姓名，呼曰：‘奴欲张我。’亟舍去。复自谓试共尝酒。逮醉，取屐著之，为人所擒。”盖节文。《寰宇记》引此文误作《淮南子》，考《淮南子》无此文，当据《后汉书·注》作《南中志》。案：李贤以此文注于永昌郡物产下，盖永昌亦产猩猩，故援引此文以注之。今以事涉交州，又引《吴都赋》语，据《寰宇记》《明一统志》所载，以此文入交州。

② 《太平寰宇记》卷一百七十一《岭南道》十五《摇牛》条引。

# 三、永昌郡传

## 叙　例

《永昌郡传》是较早的一部云南古代方志，成书约在公元三世纪末叶。书中记载了南中各郡的风物土宜，特别是记述了当时南中各族的分布及其社会经济情况，给予研究西南各族历史，提供了为他书所不经见的珍贵材料。作者和卷帙均不可考。清王谟《汉唐地理书钞》以为“不知何时人撰”。今案书中所记郡名，有犍为、朱提、建宁、越嶲、牂牁、兴古、云南、永昌八郡，恰与《南中八郡志》所记的八郡相同，足证二书的成书年代相当。

是书体例不可考。王谟《汉唐地理书钞》辑有一卷，以所记永昌郡之文置于卷首，或系以此书名《永昌郡传》之故。今案书中所记，似为作者自蜀至永昌所为。如记朱提郡则云“在犍为郡南”，记建宁郡则云“在朱提之东南”，记云南郡则云“在建宁南”（案：“南”当作“西”），记永昌郡则云“在云南西”，所记途程路线至为清晰；其不当此路线之各郡，率以建宁郡为中心，而不以永昌为计算途程之起点，如记越嶲、兴古、牂牁三郡皆是。据此，则以所记永昌郡之文倒置篇首，容亦有未当。今重辑是书，以郡为纲，以所记途程前后为序。虽未必即中原书之体例，盖亦取自原书之文，或可稍有条理。

王谟辑本颇有阙误，又不注所引群书卷数，读者深以为病。今重辑是书，详为征引，或可匡补其阙。

必须指出：原书作者是用封建统治阶级的反动观点来看待少数民族的。因此，他在记述少数民族的社会经济生活中，使用了一些含有侮辱和歧视意义的词句。今为保存原书面目，未予删去，请读者予以批判使用之。

叔武谨识

# 永昌郡传

（晋）失　名　撰

## [朱提郡]

朱提郡，在犍为郡南千八百里。治朱提县。川中纵广五六十里。有大泉池水，[①] 僰名千顷池；[②] 又有龙池，以灌溉种稻。与僰道接，时多猿，群取 [③] 鸣啸于行人径次，声聒人耳。夷分布山谷间，食肉衣皮。虽有人形，禽兽其心。言语服饰不与华同。有堂狼山，山多毒草。盛夏之月，飞鸟过之，不能得去。[④]

## [建宁郡]

建宁郡，朱提之东南六百里。土气和适。盛夏之月，热不郁述；[⑤] 猛

① “泉”，《南中八郡志》作“渊”，此避唐讳改。

② “僰”，影宋本《御览》作“顷”，于义无取。今从鲍刻本。

③ 吴师世昌云：“取”同“趣”，趋也。

④ 《太平御览》卷七百九十一《四夷部》十二引。自“有堂狼山”以下，亦见《御览》卷二十二《时序部》七、《事类赋》卷四《岁时部》一引。《事类赋》不重“山”字。

⑤ “郁述”，鲍刻本改作“郁蒸。案：“郁述”不误。王粲《大暑赋》：“或赫戏以瘴炎，或郁术而燠蒸”。此文“郁述”即“郁术”，盖魏晋间之恒言。

冬时，寒不惨栗。①

建宁郡葬夷置之积薪之上，以火燔之。烟气正上，则大杀牛羊，共相劳贺作乐。若遇风，烟气旁邪，尔乃悲哭也。②

## [牂牁郡]

牂牁郡，在建宁东北千二百里。处所险峻，率皆高山，而少平地。③

獠民喜食人，以为至珍美；不自食其种类也，怨仇乃相害食耳。能水中潜行，行数十里。能水底持刀，刺捕取鱼。其人以口嚼食，并以鼻饮水。死人有棺，其葬，竖棺埋之。④

## [兴古郡]

兴古郡，在建宁南八百里。郡领九县。纵经千里，皆瘴气。蒜、谷、鸡、豚、鱼、酒不可食，食啖皆病害人。⑤郡北三百里有盘江，⑥广数百步，深十余丈，此江有毒瘴。九县之民皆号曰鸠民，言语、嗜欲不与人同。鸠民咸以三尺布，角割作两襜，不复加针缕之功也；广头着前，狭头着后，不盖其形，与裸身无异。⑦

## [越嶲郡]

越嶲郡，在建宁西北千七百里。治邛都县。⑧自建宁高山相连，至川中平地，东西南北八千余里。郡特好蚕桑，宜黍、稷、麻、稻、粱。⑨

---

① 《太平御览》卷七百九十一《四夷部》十二引。原引“寒”下脱“不”字，今据文义增。

② 《太平御览》卷五百五十六《礼仪部》三十五引。

③ 《太平御览》卷七百九十一《四夷部》十二引。

④ 《太平御览》卷七百九十六《四夷部》十七引。《御览》卷八百四十九《饮食部》引作“獠民口嚼食，并以鼻饮水”，即此段节文。

⑤ 原引“皆”字在句首“食”字上，今据文义乙正。

⑥ 原引脱“里”字，据《南中八郡志》补。

⑦ 《太平御览》卷七百九十一《四夷部》十二引。

⑧ “邛都”，原引误作“江都”，据《华阳国志·蜀志》正。

⑨ 《太平御览》卷七百九十一《四夷部》十二引。

## [云南郡]

云南郡，在建宁南四十五里。[①] 治云南县。亦多夷濮，分布山野，千、五百人男女大小蹲踞道侧，[②] 皆持数种器杖，时寇钞，为郡邑之害。[③]

## [永昌郡]

永昌郡，在云南西七百里。郡东北八十里有泸仓津，此津有鄣气。[④] 往以三月渡之，行者六十人皆悉闷乱。[⑤] 毒气中物则有声；中树木，枝则折；中人，则令奄然青烂也。[⑥]

郡西南千五百里徼外有尾濮。尾若龟形，长三、四寸。欲坐，则先穿地空，以安其尾。若邂逅误折尾，便死。男女长，各随宜野会，无有嫁娶。犹知识母，不复别父。俗云，贷老相食，则此濮也。古人所说，非目见也。[⑦]



① 案：此句有脱误，义不可通。据《云南县志》，县在省治西七百二十五里。建宁郡治味县，即今曲靖，更在省治昆明东北。则原文“南”当作“西”，或“南四”二字为“西南”之倒误；“十”当作“千”。原文应作“在建宁西南千五十里”，庶几近是。

② 原引脱“男”字，以意增。

③ 《太平御览》卷七百九十一《四夷部》十二引。

④ 案：“鄣”当读为“瘴”。

⑤ “乱”字无义，当为“死”之讹。

⑥ 《太平御览》卷七百九十一《四夷部》十二引。

⑦ 同上引。

# 四、云南行记

## 叙 例

唐韦齐休所著《云南行记》,《新唐书·艺文志》《通志·艺文略》著录一卷,《崇文总目》缺卷数,《宋史·艺文志》《郡斋读书志·后志》都作二卷。或系唐写本一卷，宋刻析为二卷，亦未可知。群书所引或省作《云南记》，致与袁滋所撰《云南记》的书名相混。唯袁书不见群书征引，除《新唐书·地理志·戎州开边县》条记有袁滋使南诏所经途程外，其书已为樊绰大量采入《蛮书》中。今群书所引《云南记》，屡提及韦齐休之名；而其所记途程是由嶲州路，与袁滋出戎州路不同，这就把二人所记区别开来，可证群书所引《云南记》是《云南行记》的省称。

作者韦齐休的事迹，两《唐书》和《通鉴》都没有记载。据《郡斋读书志·后志》，长庆三年（公元823年），他从韦审规使云南，册立丰祐为南诏，“记其往来道里及其见闻”，写成此书。《太平广记》卷三百四十八引《河东记》说：“韦齐休，擢进士第。累官至员外郎，为王璠浙西团练副使。太和八年（公元834年），卒于润州之官舍。”案：王璠为浙西观察使适在太和六年八月至太和八年之间，其说可信。则此书之作当在公元823至834年之间。

又据《郡斋读书志·后志》引述《云南行记·序》，有所谓“云南所以为唐患者，以开道越嶲耳。若自黎州之南清溪关之外尽斥弃之，疆场可以无虞”之语。这种错误观点，于太和三年（公元829年）南诏掳掠成都之后，在唐王朝政府中是具有代表性的。以宦官王守澄为首、宰相李宗闵、牛僧儒等主张“弃云南”，通过李昂（文宗）命令西川节度使李德裕，“修塞清溪关，以断南诏入寇之路”（《通鉴·唐纪》六十）。韦齐休写此书，或许就是通过王璠替他们的错误观点提供证据，至少也是附和他们的谬说。结合当时的历史来看，《云南行记》成书的具体时间，当在太和三、四年（公元829—830年）之间。

是书所记途程、风俗、物产，可供研究唐代云南民族历史和生物史的参考；但其《序》的错误观点，应予以批判。

此书约亡于明、清之际。因为焦竑《国史经籍志·史类地里》和陈第《世善堂藏书目录·史类四译载记》都著录此书；而《天中记》和《读史方舆纪要》（多据明代方志成书）所引，有出于宋、元人征引之外者。清王谟《汉唐地理书钞·目录》有袁滋《云南记》附《云南行记》之目，或其误以群书所引之《云南记》为袁滋的书，而与《云南行记》相区别；唯其辑稿不存，内容不详。向达《蛮书校注·附录》辑有此书，仅录《太平御览》所引之文成帙。

原书体例已不可考。今重辑此书，率以途程为序。其总记途程地里者，条次于前；记各地风俗、物产者，以途程远近为次；地区不明者，或以类相从，或条次于末，庶几以符“行记”之义。

叔武谨识



# 云南行记

（唐）韦齐休　撰

## 序

云南所以能为唐患者，以开道越嶲耳。若自黎州之南清溪关外尽斥弃之，疆场可以无虞。不然，忧未艾也。①

自巂州南至西泸，经阳蓬、鹿谷、菁口、会川，四百五十里至泸州；乃南渡泸水，经褒州、微州，三百五十里至姚州。州西距羊苴咩城三百里，东南距安南水陆二千里。②

**渠桑驿**③

羊苴咩城，在点苍中峰下，即古楪榆城也。蛮语讹为羊苴咩，亦曰阳苴咩。南去太和城十余里，北去成都二千四百里，去云南城三百里。由泸州南渡泸水，行六百三十里，④即至羊苴咩城。⑤

（南诏）有十赕，夷语赕若州。曰云南赕、白崖赕亦曰勃弄赕、品澹赕、邆川赕、蒙舍赕、大厘赕亦曰史赕、苴咩赕亦曰阳赕、蒙秦赕、矣和赕、赵川赕。⑥

雅州丙穴出嘉鱼，所谓“嘉鱼生于丙穴”。大抵雅州诸水多有嘉鱼，似鲤而鳞细。或云：“黄河中味鱼亦此类也。”⑦

雅州荣经县土田，岁输稻米亩五斗。其谷精好，每一斗谷近得米一斗。炊之，甚香滑，微似糯味。⑧

名山县出茶。有山曰蒙山，联延数十里，在县西南。按《十道志》：“《尚

---

① 《郡斋读书志·后志·伪史类·云南行记》条引。

② 《新唐书·地理志·姚州》条注文。案：此文与该书《巂州》条所记贞元十四年刘希昂使南诏所经地名不同。此文说：“至泸州乃南渡泸水”，恰与下条辑文相吻合。知《新唐书》此文乃出自《云南行记》，兹为辑出。

③ 《蛮书》卷一《云南蛮界》“清渠铺八十里渡绳桥”注引。

④ 案：当依上条作“六百五十里”，“三”乃“五”之形讹。《通鉴》卷二百二十六胡注说：“自泸州南渡泸水，六百五十里至羊苴咩城。”即出自此文，正作“五”字，可证。

⑤ 《读史方舆纪要》卷一百十七引。

⑥ 《新唐书·南诏传》文。“赕”原作“睑”。案：《蛮书》卷五《六赕第五》篇题注说：“韦齐休《云南行记》有十赕，字作此‘赕’字。”是知《新唐书·南诏传》所记“十睑”之文，乃出自《云南行记》。兹据辑录，并改“睑”作“赕”。

⑦ 《太平御览》卷九百三十七《鳞介》九、《天中记·鱼类》引。《御览》引末句脱“亦”字，此从《天中记》。

⑧ 《太平御览》卷八百三十九《百谷》三引。

书》所谓‘蔡、蒙旅平’者，蒙山也，在雅州。”凡蜀茶尽出此。[①]

嶲州界缘山野间出菜，大叶而粗茎，其根若大萝卜。土人蒸煮其根叶而食之，可以疗饥，名之为诸葛菜。云：“武侯南征用此菜子莳于山中，以济军食。”亦犹广都县山枥木谓之诸葛木也。[②]

新安蛮妇人于耳上悬金环子，联贯瑟瑟，帖于鬐侧。又绕腰以螺蛤联串系之，[③]谓之珂珮。[④]

新安城路多漫山，尽是松林，其上多鹦鹉飞鸣。[⑤]

瞿竿馆，磴道崎危。又过两重高山，上下各四五十里。山顶平，四望无人烟，多鹦鹉。[⑥]

唐韦齐休聘云南，[⑦]会川都督刘宽使使致甘蔗。[⑧]蔗节希，似竹许。[⑨]削去后，亦有甜味。[⑩]

会川室屋相次，皆是板及茅舍。满川坡尽是花木，亦有赤柘。[⑪]

泸水南岸有余甘子树，子如弹丸许，[⑫]色微黄，味酸苦，核有五棱。[⑬]其树枝如柘枝，叶如小夜合叶。[⑭]

韦齐休使云南，屯城驿。西墙外有大池斗门，垂柳夹荫，池中鹅鸭甚众。[⑮]

---

① 《太平御览》卷八百六十七《饮食》二十五引。

② 《太平御览》卷九百八十《菜茹》五引。

③ “串”，《天中记》引作“穿”。

④ 《太平御览》卷九百九十二《鳞介》十四、《天中记·蛤类》引。

⑤ 《太平御览》卷九百二十四《羽族》十一引。

⑥ 《太平御览》卷九百二十四《羽族》十一引。案：瞿竿馆，未详。今以事涉鹦鹉，条次于此。

⑦ 案：此类语句当为引者括约之词，今以无从考校，姑仍之。下同。

⑧ 《天中记》引不重“使”字。

⑨ “希”与“稀”同，《天中记》引作“稀”。

⑩ 《太平御览》卷九百七十四《果》十一、《天中记·甘蔗类》引。

⑪ 《太平御览》卷九百五十八《木》七引。

⑫ 《古今古璧事类备要·别集》卷四十五、《全芳备祖·后集》卷四引并省此五字。

⑬ 《合璧事类》《全芳备祖》引止此。

⑭ 《太平御览》卷九百七十三《果》十引。

⑮ 《太平御览》卷九百十九《羽族》六引。

韦齐休使，至云南。其国馈白鹇，皆生致之。①

南诏遣使致南国诸果，有椰子，状如大牛心。破一重粗皮，刮尽；又有一重硬壳，②有小孔，以箸穿之，内有浆二合余，味甘，色白。③

云南多椰子，亦以蜜渍之为糁。④

平琴州有槟榔，⑤树如棕榈，高七八尺，无枝柯，上有十许叶。正月结房，一房二百余子。花甚香，每生即落一箨，箨堪为扇。至五月熟，大如鸡子。以海蠡壳烧作灰，名曰蛤贲灰，共扶留藤和而嚼之，香美，除口气。久食，令人齿黑。故南人有雕题、黑齿之俗。⑥

云南有槟榔，花糁极美。⑦

云南有大腹槟榔，在枝朵上色犹青，每一朵有二三百颗。又有剖之为四片者，以竹串穿之，阴乾则可久伫。⑧其青者亦剖之，以一片蒌叶及蛤粉卷和嚼，⑨咽其汁，即似减涩味。⑩云南每食讫则下之。⑪

云南多生大腹槟榔，色青犹在枝朵上，每朵数百颗。云是弥臣国来。⑫

云南多干蒲萄。⑬

云南出甘橘、甘蔗、橙、柚、梨、蒲桃、桃、李、梅、杏，糖酪之类

---

① 《太平御览》卷九百二十四《羽族》十一引《南云记》。案："南云记"当是"云南记"之讹。

② 原引"硬"作"破"，形近而讹，今以意正。

③ 《太平御览》卷九百七十二《果》九引。

④ 同上引。

⑤ "平琴州有"四字，据《太平御览》引补。平琴州，未详。岭南道有平琴州，建中二年已废，非此之谓。

⑥ 《天中记·槟榔类》引。《太平御览》卷九百七十一《果》入引作："平琴州有槟榔，五月熟。以海螺壳烧作灰，名为奔蛤灰，共扶留藤和而嚼之，香美。"盖节文。

⑦ 《太平御览》卷九百七十一《果》八引。

⑧ "伫"，原引作"停"。"停"乃"伫"之形讹，"伫"与"贮"通。

⑨ "蒌叶"，《御览》及《笺注简斋诗集》引作"青叶"，误。兹从《本草纲目》引。《本草纲目》引"卷和嚼"作"卷和食之"，并疑此文句末尚脱"之"字。

⑩ 《笺注简斋诗集》引作"以减涩味"，《本草纲目》引作"即减涩味"。

⑪ 《太平御览》卷九百七十一《果》八、《增广笺注简斋诗集》卷二十七《又和大光》诗注、《本草纲目》卷三十一《果部·大腹子》条引。

⑫ 《太平御览》卷九百七十一《果》八引。案：此条与上条当是一条，而引者分引之。

⑬ 《太平御览》卷九百七十二《果木》九引。

悉有。[①]

云南有大松子，如新罗松子。[②]

云南有实心竹，文采斑驳，殊好，可为器物。[③] 其土人以为枪簳、交床。[④]

云南出藤，其色如朱。小者以为马策，大者可为拄杖。[⑤]



① 《太平御览》卷九百六十六《果》三引。

② 《太平御览》卷九百五十三《木》三引。

③ “器物”，《竹谱详录》引作“器用”。

④ 《太平御览》卷九百六十二《竹》一、《竹谱详录》卷四及卷六、《天中记·竹类》引。《御览》引末句脱“人”字，《竹谱详录》卷六引“交床”作“胡床”。

⑤ 《太平御览》卷九百九十五《百卉》二引。原引“拄”讹“柱”，以意正。

# 五、云南别录

## 叙　例

《云南别录》一卷，唐代窦滂撰。《新唐书·艺文志》《宋史·艺文志》《崇文总目》《通志·艺文略》等书的《地理类》均著录。

咸通十年（公元869年）十月，窦滂自太府少卿接替李师望任定边军节度使。定边军的设立是为了“控扼南诏”，“领巂、眉、蜀、邛、雅、嘉、黎七州，治邛州”（《新唐书·方镇表》）。但是，“滂贪残又甚于师望，故蛮寇未至，而定边固已困矣”（《通鉴·唐纪》六十七）。当南诏酋龙（世隆）对四川发动大规模的掳掠战争时，窦滂不战而败，自缢未死。咸通十一年（公元870年）二月，贬为康州司户。他写这本书的资料，当是得自定边；或即成书于其时。

是书清初犹存钞本，见钱曾《也是园书目》及《述古堂藏书目》。但群书绝少征引。唯《通鉴·唐纪》三十叙述南诏源流，独据《云南别录》，而不据《蛮书》和《新唐书》，因之引起了近代研究南诏史者的注意。其实，《通鉴》这段文字大部分都是采自《云南别录》的，与他书之说不同的尚不止此。今录之以备一说，取与唐史相印证。

叔武谨识

# 云南别录

（唐）窦滂　撰

（开元二十六年九月）戊午，册南诏蒙归义为云南王。归义之先，本哀牢地，居姚州之西。东南接交趾，西北接吐蕃。蛮语谓王为诏。先有六诏：曰蒙舍，曰蒙越，曰越析，曰浪穹，曰样备，曰越澹。① 兵力相埒，莫能相壹。历代因之，以分其势。蒙舍最在南，故谓之南诏。高宗时，蒙舍细奴逻初入朝。细奴逻生逻盛，逻盛生盛逻皮，盛逻皮生皮逻阁。② 皮逻阁浸强大，而五诏微弱；会有破洱河蛮之功，乃赂王昱，求合六诏为一。昱为之奏请，朝廷许之，仍赐名归义。于是以兵威胁群蛮，不从者灭之；遂击破吐蕃，徙居太和城。其后卒为边患。③

（贞元十年六月），诏袁滋册异牟寻为南诏，盖从其请。南诏之名自此始也。蛮语诏即王也。④

① 《资治通鉴考异》卷十三说：“《新唐书》六诏曰蒙巂、越析、浪穹、邆赕、施浪、蒙舍。今从窦滂《云南别录》。”

② 《考异》说：“《新传》云：‘蒙氏父子以名相属。细奴逻生逻盛炎，逻盛炎生炎阁。武后时，逻盛炎身入朝，妻方娠，生盛逻皮。喜曰：我又有子，虽死唐地足矣。炎阁立，死。开元时，弟盛逻皮立。生皮罗阁，授特进，封台登郡王。……’按：逻盛炎之子盛逻皮，岂得云‘以名相属’；既有炎阁，岂得云‘我又有子，虽死唐地足矣’。今从《旧南诏传》及《杨国忠传》《云南别录》。”案：《旧唐书·杨国忠传》无南诏世系，当出自《旧唐书·南诏传》与《南诏别录》，盖二书所记世系相同。

③ 《资治通鉴》卷二百十四《唐纪》三十《开元二十六年九月戊午》条文。案：覆按《旧唐书》，知《通鉴》此文主要出自《云南别录》。除《考异》已言明“从《云南别录》”者外，如“蛮语谓王为诏”，《云南别录》亦有此语，见下条辑文。他如：“归义之先，本哀牢地”；“历代因之，以分其势”；特别是“于是以兵威胁群蛮，不从者灭之；遂击破吐蕃，徙居太和城”之语，扼要地总结了当时南诏的活动，而为其他唐代史料所不经见，当出自《云南别录》。兹为免于割裂文义，据《通鉴》此段全文录之。

④ 《资治通鉴考异》卷十九引。

# 六、咸通解围录

## 叙 例

唐咸通十年（公元869年）冬十月，南诏酋龙（世隆）对四川发动一次大规模的掳掠性战争，定边军节度使窦滂败走，南诏进围成都。十一年（公元870年）正月至二月，成都被围近一个月，唐王朝又调兵，又议和，束手无策。终于在“蜀民数千人争操芟刀白棓，以助官军，呼声震野”的自卫反击下，打败了南诏的掳掠性进攻。张云所著《咸通解围录》就是记载这次战事的。

原书一卷，《新唐书·艺文志》《崇文总目》和《通志·艺文略》的《杂史类》著录。《宋史·艺文志》《直斋书录解题》以之入《传记类》，题为《咸通庚寅解围录》，“庚寅”即咸通十一年，或即此书之全称。唯《新唐书》《崇文总目》《通鉴考异》《太平广记》《玉海》等书均作《咸通解围录》，今从之。

作者张云，“字景之，一定瑞卿。起居舍人。”（《新唐书·艺文志》）咸通四年，他和刘蜕一道弹劾令狐绹父子及安南都护李琢（《奏疏》详文见《册府元龟》卷五百四十七，文多不录）。咸通五年，他以此由起居郎贬为兴元少尹。咸通十一年，他已调任成都少尹，亲历这次战事。何时调任，未详。接着，他就被新上任的四川节度使吴行鲁酖死了（《北梦琐言》卷三）。由此可知，《咸通解围录》即成书于公元870年。张云以当事人记载当时事，为了解这次战役提供了直接的史料。

该书约亡于宋、元之际。群书很少征引。唯《新唐书·南诏传》和《通鉴·唐纪》六十八所记成都解围事，都是根据《咸通解围录》以及张彭《锦里耆旧传》写的。但《耆旧传》乃“追记为儿童以来平生见闻”之作，《通鉴考异》卷二十五已指出“其叙事鄙俚倒错，与旧史年月不相符合”。而《通鉴》叙成都解围事，与《新唐书·南诏传》不同，详记战事经过的具体月日，这不是追记之作所能确切提供的，当是依据《咸通解围录》。今以无从离析，谨附录《通鉴》之文于卷末，庶几由此得窥《咸通解围录》原书之崖略。

叔武谨识

# 咸通解围录

（唐）张云　撰

贞元中，王师大破吐蕃于青海，临阵杀吐蕃大兵马使乞藏遮遮及诸酋。或云：“是尚结赞男女。”吐蕃乃收尸归营，有百余人行哭随尸，威仪绝异。使一人立尸旁代语，使一人问：“疮痛乎？”代语者曰：“痛。”即膏药涂之。又问曰：“食乎？”代者曰：“食。”即为具食。又问曰：“衣乎？”代者曰：“衣。”即命裘衣之。又问：“归乎？”代者曰：“归。”即具舆马载尸而去。译语者传也。若此异礼，必其国之贵臣也。①

（咸通）十年十月，南蛮众击董舂乌部落，倾其巢窟。舂乌以其众保北栅。俄而，蛮掩至沐源川，遂逼嘉州，南自清溪关，寇黎、雅。②



---

① 《太平广记》卷四百八十《蛮夷》一《吐蕃》条引《咸通录》。明钞本《太平广记》作《咸通甸围录》，“甸”即“解”字草书形近而讹。案：《新唐书》采此文入《两爨传》。

② 《资治通鉴考异》卷二十三《唐纪》十五引。

前泸州刺史杨庆复[①]

南蛮有执旗者傅城，发静塞弩贯之。[②]

## 附录：《通鉴》记咸通解围事

（咸通十一年春正月），西川之民闻蛮寇将至，争走入成都。时成都但有子城，亦无壕。人所占地，各不过一席许，雨则戴箕盎以自庇。又乏水，取摩诃池泥汁，澄而饮之。将士不习武备。节度使卢耽召彭州刺史吴行鲁，使摄参谋，与前泸州刺史杨庆复，共修守备，选将校，分职事，立战棚，具炮檑，造器备，严警逻。先是西川将士多虚职名，亦无禀给。至是，揭榜募骁勇之士，补以实职，厚给粮赐。应募者云集，庆复乃谕之曰："汝曹皆军中子弟，年少材勇，平居无由自进。今蛮寇凭陵，乃汝曹取富贵之秋也，可不勉乎！"皆欢呼踊跃。于是列兵械于庭，使之各试其能，两两角胜，察其勇怯而进退之，得选兵三千人，号曰"突将"。行鲁，彭州人也。

戊午（初五日），蛮至眉州。耽遣同节度副使王偃等，赍书见其用事之臣杜元忠，与之约和。蛮报曰："我辈行止，只系雅怀。"

南诏进军新津，定边之北境也。卢耽遣同节度副使谭奉祀，致书于杜元忠，问其所以来之意。蛮留之不还。耽遣使告急于朝，且请遣使与和，以纾一时之患。朝廷命知四方馆事太仆卿支详为宣慰通和使。蛮以耽待之恭，亦为之盘桓。而成都守备由是粗完。

甲子（十一日），蛮长驱而北，陷双流。庚午（十七日），耽遣节度副

① 《资治通鉴》卷二百五十二《唐纪》六十八《咸通十一年春正月》条文。《考异》卷二十三说："《新传》云'泸州刺史杨庆'，《锦里耆旧传》云'嘉州'，误也。今从《解围录》。"兹据辑录。案：百衲本《新唐书·南蛮列传》中为配补南宋刊本，已据《通鉴考异》增改作"杨庆复"。但该本下文"杨庆谏曰"，仍作"杨庆"，亦增改之不尽者。

② 《玉海》卷一五〇《兵制·唐静塞弩》条引。《玉海》此条下引有："西蜀弩名尤多，大者莫逾连弩，十矢谓之群雅，一矢谓之飞枪，通呼为摧山弩，即孔明所谓元戎也。又有八牛、威边、定戎、静塞弩。"未注所引书名，疑亦出自本书。今以事涉"静塞弩"，附注于此。

使柳槃往见之。杜元忠授槃书一通，曰："此通和之后，骠信与军府相见之仪也。"其仪以王者自处，语极骄慢。又遣人负丝幕至城南，云："欲张陈蜀王厅，以居骠信。"

癸酉（二十日），废定边军，复以七州归西川。是日，蛮军抵成都城下。前一日，卢耽遣先锋游弈使王昼，至汉州诇援军，且趣之。时兴元六千人、凤翔四千人已至汉州，会窦滂以忠武、义成、徐宿四千人，自导江奔汉州，就援军以自存。丁丑（二十四日），王昼以兴元资简兵三千余人，军于毗桥。遇蛮前锋，与战不利，退保汉州。时成都日望援军之至，而窦滂自以失地，欲西川相继陷没，以分其责。每援军自北至，辄说之曰："蛮众多于官军数十倍。官军远来疲弊，未易遽前。"诸将信之，皆狐疑不进。成都十将李自孝阴与蛮通，欲焚城东仓为内应，城中执而杀之。后数日，蛮果攻城。久之，城中无应而止。

二月癸未朔（初一日），蛮合梯冲，四面攻成都。城上以钩缳挽之使近，投火沃油焚之，攻者皆死。卢耽以杨庆复、摄左都押衙李骧，各率突将出战，杀伤蛮二千余人。会暮，焚其攻具三千余物而还。蜀人素怯，其突将新为庆复所奖拔，且利于厚赏，勇气自倍，其不得出者皆愤郁求奋。后数日，贼取民篱重沓，湿而屈之以为蓬，置人其下，举以抵城而劚之，矢石不能入，火不能燃。庆复镕铁汁以灌之，攻者又死。

乙酉（初三日），支详遣使与蛮约和。丁亥（初五日），蛮敛兵请和。戊子（初六日），遣使迎支详。时颜庆复以援兵将至，详谓蛮使曰："受诏诣定边约和，今云南乃围成都，则与曩日诏旨异矣。且朝廷所以和者，冀其不犯成都也。今矢石昼夜相交，何谓和乎？"蛮见和使不至，庚寅（初八日），复进攻城。辛卯（初九日），城中出兵击之，乃退。

初，韦皋招南诏以破吐蕃。既而，蛮诉以无甲弩，皋使匠教之。数岁，蛮中甲弩皆精利。又东蛮苴那时、勿邓、梦冲三部，助皋破吐蕃有功，其后边吏遇之无状。东蛮怨唐深，自附于南诏。每从南诏入寇，为之尽力，得唐人皆虐杀之。

朝廷贬窦滂为康州司户；以颜庆复为东川节度使，凡援蜀诸军皆受庆复节制。癸巳（十一日），庆复至新都，蛮分兵往拒之。甲午（十二日），与庆复遇。庆复大破蛮军，杀二千余人。蜀民数千人争操芟刀、白棓，以助官军，呼声震野。乙未（十三日），蛮步骑数万复至。会右武卫上将军宋威以忠武二千人至，即与诸军会战。蛮军大败，死者五千余人，退保星宿山。威进军沱江驿，距成都三十里。蛮遣其臣杨定保，诣支详请和。详曰："宜先解围退军。"定保还，蛮围城如故。城中不知援军之至，但见其数来请和，知援兵必胜矣。戊戌（十六日），蛮复请和，使者十返，城中亦依违答之。蛮以援军在近，攻城尤急，骠信以下亲立矢石之间。庚子（十八日），官军至城下，与蛮战，夺其升迁桥。是夕，蛮自烧攻具遁去。比明，官军乃觉之。

初，朝廷使颜庆复救成都，命宋威屯绵、汉为后继。威乘胜先至城下，破蛮军，功居多，庆复疾之。威饭士，欲追蛮军；城中战士亦欲与北军合势俱进。庆复牒威夺其军，勒归汉州。蛮至双流，阻新穿水，造桥未成，狼狈失度。三日桥成，乃得过，断桥而去，甲兵服物遗弃于路，蜀人甚恨之。黎州刺史严师本收散卒数千，保邛州。蛮围之二日，不克，亦舍去。颜庆复始教蜀人筑壅门城，穿堑引水满之，植鹿角，分营铺。蛮知有备，自是不复犯成都矣。

# 七、南诏录

## 叙　例

唐徐云虔所著《南诏录》，记载了他出使南诏的经过和见闻。

关于徐云虔使南诏事，群书记载颇有歧异。《新唐书·南诏传》以为前后凡三次：其一，“（邕州节度使）辛谠遣幕府徐云虔摄使者往觇，到善阐府。”《通鉴》系此事于乾符六年正月；其二，“（唐僖宗）以宗室女为安化长公主，许婚。拜嗣曹王龟年宗正少卿、云南使，大理司直徐云虔副之。”《通鉴》系此事于广明元年六月；其三，“（中和三年，南诏）遣布燮杨奇肱来迎，诏检校国子监祭酒张谯为礼会五礼使，徐云虔副之，宗正少卿嗣虢王约为婚使。未行……。”《通鉴》不书命使事，但据《云南事状》及《实录》，于中和二年七月书“南诏上书请早降公主，诏报以方议礼仪”。《册府元龟》卷三百九十七《将帅部》五十八注说：“中和二年，僖宗在蜀，令嗣（脱“曹”字）王龟年使云南，（徐蔼）季父虔为副使，蔼为判官。时不到苴咩城，只达于善阐。”是又误以第二次奉使为第三次。而《唐会要》卷九十九《南诏》条说：“（乾符）五年七月，谠遣从事徐云虔通和。凡水陆四十七程至善阐府，遇骠信游猎，尚去云南一十六程，叙好而还，进《南诏录》三卷。”是以徐云虔第一次出使乃在乾符五年七月，与《通鉴》据《南诏录》所记有异。当系五年七月得到唐王朝政府的批准，至六年正月始成行。

综上所述，徐云虔奉使南诏至少有两次，时间当从《通鉴》据《南诏录》《云南事状》及《实录》为正。但两次都只到善阐（今昆明），未达苴咩城（今大理）。而《南诏录》则是他在第一次奉使后写成的，即成书于公元879年。

原书三卷，《新唐书·艺文志·史部·地理类》著录，《崇文总目》《通志·艺文略》同，《宋史·艺文志》失载。《新唐书·南诏传》和《通鉴·唐纪》六十九所记徐云虔奉使南诏事，都是根据《南诏录》写的。虽然明焦竑《国史经籍志·史类蛮夷》和陈第《世善堂藏书目录·史类四译载记》都著录有此书，但明代云南方志所引，又都出自《新唐书》和《通鉴》，或其时已有录无书了。兹据《新唐书》《通鉴》所记辑录。

叔武谨识

# 南诏录

（唐）徐云虔　撰

南诏别名鹤拓，其后亦自称大封人。①

（乾符六年春正月），贾宏等未至南诏，相继卒于道中，从者死亦大半。② 会辛谠已病风痺，召摄巡官徐云虔，执其手曰："谠已奏朝廷发使

① 《资治通鉴考异》卷二十四《唐纪》十六引。案："大封人"即"大封民"，唐避李世民讳改。

② 案：《通鉴》说："（乾符四年闰二月），岭南西道节度使辛谠奏，南诏遣陀西段瑳宝等来请和。且言：'诸道兵戍邕州岁久，馈饷之费疲弊中国。请许其和，使羸瘵息肩。'诏许之。谠遣大将杜弘等赍书币，送瑳宝还南诏。"又："（乾符五年五月），邕州大将杜弘送段瑳宝至南诏，逾年而还。甲辰，辛谠复遣摄巡官贾宏、大将左瑜、曹朗，使于南诏。"《通鉴》此文述邕州事，年月日及姓名至为明晰，疑亦出自《南诏录》，今附注于此。

入南诏，而使者相继物故，奈何！吾子既仕，则思殉国，能为此行乎？说恨风痺不能拜耳！”因呜咽流涕。云虔曰：“士为知己死。明公见辟，恨无以报德，敢不承命。”说喜，厚具资装而遣之。二月丙寅，云虔至善阐城。骠信见大使抗礼，受副使已下拜。己巳，骠信使慈双羽杨宗就馆谓云虔曰：[①]“贵府牒，欲使骠信称臣，奉表贡方物。骠信已遣人自西川入唐，与唐约为兄弟，不则舅甥。夫兄弟舅甥，书币而已，何表贡之有？”云虔曰：“骠信既欲为弟、为甥，骠信，景庄之子，[②]景庄岂无兄弟，于骠信为诸父；骠信为君，则诸父皆称臣，况弟与甥乎？且骠信之先，由大唐之命，得合六诏为一，恩德深厚；中间小忿，罪在边鄙。今骠信欲修旧好，岂可违祖宗之故事乎？顺祖考，孝也；事大国，义也；息战争，仁也；审名分，礼也。四者，皆令德也，可不勉乎！”骠信待云虔甚厚。云虔留善阐十七日而还。骠信以木夹二授云虔，其一上中书门下，其一牒岭南西道。然犹未肯奉表称贡。[③]

辛谠遣幕府徐云虔摄使者往觇，到善阐府。[④]见骑数十，曳长矛，拥绛服少年，朱缯约发。典客伽陀酋孙庆曰：“此骠信也。”问天子起居，下马揖客；取使者佩刀视之，自解左右钮以示。乃除地剚三尺版，命左右驰射。每一人射，法竦马逐以为乐，[⑤]数十发止。引客就幄，倀子捧瓶盂，四女子侍乐饮，夜乃罢。又遣问客《春秋》大义，送使者还。[⑥]

① 案：“慈双”当即“慈爽”，“羽”为“羽仪”之省。

② 案：胡三省注：“酋龙谥景庄皇帝。”

③ 《资治通鉴》卷二百五十二《唐纪》六十九《乾符六年正月》条文。案：此文详记辛谠与徐云虔私语及云虔说南诏之词，非亲历其事者无由得知，当是出自《南诏录》。兹为辑出。

④ 案：据上录《通鉴》文，此乃《新唐书》括约之词。

⑤ 案：隆舜一名“法尧”，《新唐书》《通鉴》只称“法”。盖唐尊李渊为神尧，故唐人去此“尧”字，但称“法”。

⑥ 《新唐书·南诏传》文。案：此文详述徐云虔在善阐见闻，当出自《南诏录》。兹据辑出。“遣问客《春秋》大义”，当为《新唐书》括约之文，即上录《通鉴》所述云虔答杨宗语，所遣者即杨宗。二书同据《南诏录》，所取资料角度和详略不同。

# 附录：送徐侍御充南诏判官

许棠

西去安夷落，乘辂从节行，彤庭传圣旨，异域化戎情。瘴路穷巴徼，蛮川过峤城，地偏风自杂，天漏月稀明；危栈连空动，长江到底清；笑宜防狒狒，言好听猩猩。抚论如敦行，归情自合盟。回期佩印绶，何更见新正。[①]

① 《全唐诗》第三函第六册。案：据《册府元龟》卷三百九十七，徐侍御当为徐雟，见《叙录》。诗中说“天漏”，是指“大漏天”“小漏天”，其地在今四川荥经县南大相岭。则此次出使，是自成都，经黎、雅，出巂州路，而达善阐。可补史之阙文。

# 八、云南事状

## 叙　例

《云南事状》一卷，作者未详。《崇文总目·杂史类》著录，《通志·艺文略》同；《宋史·艺文志》以之入《传记类》。《通鉴考异》卷二十四说："《云南事状》不著撰人名，似是卢携奏草也。"《通志·艺文略》说："记唐末群臣奏议招辑云南蛮事。"《新唐书·艺文志》失载，但《新唐书·南诏传》已采用此书。群书绝少征引，惟《通鉴·唐纪》六十九叙卢携议南诏和亲事，全据此书。兹据辑录。

卢携是唐末一个腐朽透顶的封建统治人物。他把唐末封建统治者的疯狂掠夺和地主阶级的残酷压榨，从而激起广大农民起义，歪曲为"皆蛮故也"，企图转移和掩盖尖锐的阶级斗争。在黄巢农民起义军胜利进军长安之际，他又和宦官田令孜合谋，为了把四川经营为他们的藏身之所，一心想讨好南诏，力主和亲；而这时的南诏，也由于发动掳掠性战争的不断失败，遭到内部各部落的反对，也需要和亲以缓和其内部的政治经济危机。这就是双方和亲的阶级斗争实质，与唐初、中期的和亲政策有着本质的区别。

与《云南事状》书名相近的《云南状》，见《元和姓纂》引。《姓纂》较《云南事状》成书要早六十多年，它已引用了《云南状》，则《云南状》当是另一书。诸家书目都未著录，作者无考。佚文中所记云南州（今祥云）段氏，当是"白蛮"。其世系中的段子英，据《蛮书》卷六记载，曾任"渭北节度"。段子英能得到唐王朝委以方镇的重任，他可能是唐代国家军队中的"云南子弟万人"的首领。（案：岑仲勉《通鉴隋唐纪比事质疑》（二四二页）未能详考，遽认为"'云南'许'云州''云中'或'云朔'之误"，谬甚。）关于唐代云南各族人民积极参与全国的政治活动和斗争的史料，比较零散，从而这条史料也就显得比较可贵了。兹以书名相近，附辑于此。

叔武谨识

## 云南事状

（唐）失名　撰

中书奏："玄宗册蒙归义为云南王。其子阁罗凤降于吐蕃。① 其孙异牟寻却归朝廷，自请改云南王，赐号南诏。德宗从之。至曾孙蒙丰祐，杜悰奏以'入朝人多'，减之。后索质子，渐为侮慢。"②

赵宗政之还南诏也，③ 西川节度使崔安潜表，以崔澹之说为是。④ 且曰："南诏小蛮，本云南一郡之地。今遣使与和，彼谓中国为怯，复求尚主，何以拒之？"上命宰相议之。卢携、豆卢瑑上言："大中之末，府库充实。自咸通以来，蛮两陷安南、邕管，一入黔中，四犯四川，征兵运粮，天下疲弊，逾十五年。租赋大半不入京师，三使内库由兹空竭，战士死于瘴疠，

① "降"，《通鉴》胡注本作"和"。

② 《资治通鉴考异》卷二十四《唐纪》十六引。案：此文世系错落，而史实不误。南诏世系应为：皮罗阁（即蒙归义），阁罗凤、凤伽异、异牟寻、寻阁劝、劝龙晟、晟丰祐。自蒙归义至丰祐共七世。

③ 案：《通鉴》："（乾符五年十二月），南诏使者赵宗政还其国。中书不答督爽牒，但作西川节度使崔安潜书，意使安潜答之。"

④ 案：《通鉴》："（乾符五年四月），南诏遣其酋望赵宗政来请和亲，无表，但令督爽牒中书，请为弟而不称臣。诏百僚议之。礼部侍郎崔澹等以为南诏骄僭无礼，高骈不识大体，反因一僧（景仙）咕嗫卑辞，诱致其使。若从其请，恐垂笑后代。"

百姓因为盗贼，致中原榛杞，皆蛮故也。前岁冬，蛮不为寇，由赵宗政来归；去岁冬，蛮不为寇，由徐云虔复命，蛮尚有觊望。今安南子城为叛卒所据，节度使攻之未下；自余戍卒多已自归，邕管客军又减其半。冬期且至，傥蛮寇侵轶，何以枝梧？不若且遣使臣报复，纵未得其称臣奉贡，且不使之怀怨益深，坚决犯边，则可矣。”乃作诏赐陈敬瑄，许其和亲不称臣。①

（中和二年秋七月），南诏上书请早降公主。诏报以方议礼仪。②

陈敬瑄与云南书牒：鹤拓大封人③

敬瑄与布燮以下牒云："某谬膺朝寄，获授藩条，以六月八日到镇上讫。"④

## 附：云南状

（唐）失名　撰

魏末，段延没蛮，代为渠帅。裔孙凭入朝，拜云南刺史。孙左，领大将军。生子光、子游、子英。子光，试太仆卿、长川王；生秀，试太常卿。子英，率府遂郡王、神营州兵马使。⑤



① 《资治通鉴》卷二百五十三《唐纪》六十九《广明元年六月》文。《考异》说："今从《云南事状》。"兹据辑录。

② 《资治通鉴》卷二百五十五《唐纪》七十一《中和二年七月》文。《考异》说："今从《云南事状》及《实录》。"兹据辑录。

③ 《资治通鉴考异》卷二十四《唐纪》十六说："（《云南事状》）卷末载《陈敬瑄与云南书牒》，或称'鹤拓'，或称'大封人'。"兹据辑录。

④ 《资治通鉴考异》卷二十四《广明元年六月》条引。

⑤ 《元和姓纂》卷九《二十九换·诸郡段氏》引。

# 九、至道云南录

## 叙　例

公元994年（宋淳化五年），李顺继王小波率领四川农民军起义，遭到宋朝封建统治者的残酷镇压。部分起义军成员转移到云南。刽子手剑南两川招安使王继恩和转运使雷有终等惊魂不定，招募嘉州“士人”（《宋史》作“牙校”）辛怡显使大理，企图侦察和分化这股起义力量。至道初，辛怡显回去后，写了这本《至道云南录》，记载他到云南的经历。

原书三卷，《郡斋读书志·后志·伪史类》著录，《玉海》引《国史·志》以之入《史部·地理类》，而《宋史·艺文志》既以之入《史部·故事类》，又重入《史部·地理类》。大概原书既记载了云南的地理风俗，也记载了一些史实，因而目录家分类部居不同，今已不可详考。

宋代记载云南事迹的专书，除《云南买马记》一文还比较完整地保存在《续资治通鉴长编》卷二百六十七的注中外，他如《至道云南录》《大理国行程》《政和大理入贡录》等都已不传。而《宋史》记载云南的事迹又多缺误，这就给研究宋代云南地方历史带来了很大的困难。《大理国行程》和《政和大理入贡录》二书，除见于诸家书目著录外，其文不见群书征引。兹将群书引用《至道云南录》之文辑录出来，以供研究参考。

必须指出，云南自古就是我国领土不可分割的部分。腐朽的宋朝封建统治者，既害怕内地农民起义，又害怕边疆各族人民反抗，竟然妄想割断云南与内地的联系。但是，我国各族人民始终是维护祖国的团结统一的。他们之间的亲密手足关系，不是封建统治者的主观愿望所能割断的。《至道云南录》一书产生的历史背景，就说明了云南各族人民与内地汉族人民之间的这种亲密关系，云南各族人民给予四川农民起义军以很大的同情和支持，迫使封建统治者不得不加强与云南边疆的政治联系。

但是封建统治者的记载却歪曲了辛怡显使大理一事。《宋史·邛部州传》说："至道元年，李顺乱西川，王继恩讨平之，遣嘉州牙校辛（脱"怡"字）显使（邛部州都鬼主）诺驱。"这样，就把辛怡显使大理一事，窜改为出使靠近内地的邛部州（在今越西）。今据所辑《至道云南录》佚文，辛怡显是沿着大渡河，经会川（今会理），渡金沙江，过姚州（今姚安）到达苴咩城（今大理），所记途程至为明晰，不是止于邛部州；而"诺驱"乃大理王，不是邛部州都鬼主。均足证《宋史》记载的谬妄。惟《宋史》是根据宋代所修的《国史》《实录》《会要》等史料整理而成，宋代史学家李焘在《续资治通鉴长编》中已指出这些史料记录着同样的谬误。李氏的著作虽然志在续《通鉴》，但他没有继承《通鉴》的特点之一，就是尽可能地根据当事人的记载著述；他在正文中仍笃信《国史》。不过他能在注中提出疑问，并引证了一些我们今天已经看不到的史料，仍是具有参考价值的。现在把它附录于卷末。

叔武谨识

# 至道云南录

（宋）辛怡显　撰

国朝淳化中，[1]李顺乱蜀，招安使雷有终遣嘉州士人辛怡显，使于南诏。[2]至姚州，其节度使赵公美以书来迎云："当境有泸水，昔诸葛武侯戒曰：'非贡献、进讨，不得辄渡此水。若必欲过，须致祭，然后登舟。'今遣本部军将，赍金龙二条、金钱二千文，并设酒脯，请先祭享而渡。"乃知南夷心服，虽千年如初。呜呼！可谓贤矣。[3]

诸葛渡泸，乃在越嶲地。[4]

俭浪驿，又一程至羌浪驿，此即云南界。有牌题曰："会川都督界。"[5]

诺驱住苴咩城。苴咩城，云南国都也。自嘉州羊山江路至苴咩城，凡四十九程。[6]

（淳化末，朝廷所赐诺驱）诏云："敕云南大理国主、统辖大渡河南姚嶲州界山前山后百蛮三十六鬼主兼怀化大将军、忠顺王诺驱，可特授检校太保、归德大将军，依旧忠顺王。"[7]

诺驱谢恩表，用"元和册南诏印"。[8]

## 附录：《续资治通鉴长编》论诺驱事

《续锦里耆旧传》云："乾德三年夏，黎州递到云南牒，称'大理国建昌城演习爽'，贺平蜀之意。"又："开宝元年二月，黎州递到南诏建昌

① 嘉靖《大理府志·沿革史证》引作"淳化五年"。

② 嘉靖《大理府志》引止此。案：以上当为引者括约之词。

③ 《容斋随笔》卷四《南夷服诸葛》条引。

④ 《诸葛忠武侯故事》卷五引。案：此文当是出自上条之文，而约略之，非得见原书。

⑤ 《续资治通鉴长编》卷十引。

⑥ 同上引。案：羊山江，《读史方舆纪要》卷七十二《阳江》条说："亦曰阳山江。'阳'一作'羊'，即大渡河也。"

⑦ 同上引。

⑧ 同上引。

城堞，云欲通好。厥后寂无文字，但遣今界邛部、两林川王子，时有进奉。邛部、两林川者，即古之巂、姚州也。邛部川[1]去黎州大渡河界七程，两林川十四程，建昌城二十四程，云南数十程。”今《国史》有《黎州山后两林蛮》及《黎州邛部川蛮传》，无《云南大理国传》。按《续耆旧传》，则山后两林蛮及邛部川，皆云南之部落耳。又按《国史》《实录》《会要》：“雍熙二年十月，邛部川蛮都鬼主诺驱并其母热免，遣王子阿有等来贡，诏以诺驱为怀化将军。端拱二年九月，又遣王子少盖等来贡。淳化元年二月，诺驱自部马至黎州境上求市。二年七月，又遣其子牟昂、叔离袜来贡。诏以诺驱为怀化大将军。”盖《国史》《实录》《会要》并以诺驱为邛部川蛮都鬼主，非大理国主，甚明。与《续耆旧传》所云差合。

然辛怡显著《云南至道录》，载其国山川、风俗及淳化末朝廷所赐诺驱诏甚具。《诏》云：[2]怡显两至云南，亲见诏书，其所录必不妄。则诺驱者，实云南大理国主，而非邛部川蛮都鬼主也。不知《国史》《实录》《会要》何故但称邛部川蛮，而不称云南大理国？怡显又云：“诺驱谢恩表用元和册南诏印。”考之前史，大中末，南诏酋龙立，始自称帝，国号“大理”；乾符末，酋龙子法又改号“鹤拓”，亦号“大封人”。而诺驱犹用元和册南诏印，不知何也？后唐时，又改号“长和”。今若即以诺驱为大理国主，则不当附《邛部川蛮传》，《国史》《实录》《会要》恐误矣。

然诺驱数通中国，史官那得至如此误？或诺驱固尝以邛部川自号，史官遂承用之。不然，诺驱贡奉但付邛部川蛮，遣入中国；史官见贡奉者乃邛部川蛮，而不知诺驱实遣之耶？且诺驱之子若弟固尝亲至京师，《传》又言诺驱自部马至境上，其遣入中国者，必云南大理国人，不但邛部川蛮也。邛部川者，云南部落耳。诺驱亦安肯舍其本国之号，而以部落自名乎？怡显又云：“诺驱住苴咩城。[3]”其至黎州境上远近可度也，诺驱既为国主，亦安肯越数千里，自部马来求市乎？《国史》《实录》《会要》所称，又恐未得其实。此皆不可臆断，今姑从《国史》，须更详考之。



① 《宋史》一作“州”。
② “（略；见辑文。）”
③ 下略，见辑文。

# 十、白古通记

## 叙 例

《白古通记》是一部白族古代史书。原书系白文。[①] 自明杨慎删正译为《滇载记》，[②] 万历《云南通志·南诏始末》、查继佐《罪惟录·段宝传》之文悉本之，[③] 明、清方志复多征引，自是言南中掌故及研究南诏、大理史者，每喜称之。但其书久佚，说者或以为与《玄峰年运志》为一书，或以为即《白史》，或以唐、宋人所作，甚或疑其书之有无。众说纷纭，莫衷一是。今据群书所引，辑为一帙，虽其文出于汉文书籍所引，当系译自白文原本，于此亦可窥见原书之崖略。

原书作者未详。《滇略·文略》《滇系·杂载》、道光《云南通志稿》、光绪《云南通志》、光绪《续云南通志》《腾越厅志稿》等书的《艺文志》和新纂《云南通志·艺文考》都以此书著录于唐人著作之末，意以为唐、宋人所作。今考万历《云南通志》卷十六《羁縻志》引有"世祖斩高祥于五华楼下"之语，则是书之成不能早于元初之证。诸家著录并未当。

① 案："白文"或作"僰文"。即借汉字记白语，或称"汉字白读"。

② 案：《红雨楼书目》以《滇载记》为唐枢撰，未详。

③ 案：《罪惟录》以其所据乃王世贞"观于《白古通》《玄峰年运志》"所删正者，亦所未详。

群书所引本书名称不一。《滇载记》、嘉靖《大理府志》、万历《云南通志》、万历《赵州志》《滇略》《滇史》《谈荟》《云南名胜志》《罪惟录》、康熙《大理府志》《白国因由》、范承勋《鸡足山志》、高奣映《鸡足山志》、雍正《宾川州志》《僰古通纪浅述》均作《白古通》，省一“记”字；《僰古通纪浅述》《白国因由》及《王公师圣改葬碑》又引作《僰古通》，“僰”“白”二音相近，元、明之际多通用，实即一名；《读史方舆纪要》、乾隆《清一统志》《姚郡世守高氏源流总派图》《东川府志》又误作《白虎通》；《南诏源流纪要》《南诏野史》《南诏蒙段野史》、冯甦《慈善妃庙记》《滇云历年传》又引作《白古记》，省一“通”字；惟淡生堂钞本《南诏野史》之《引用书目》及《凡例》、薛承教《滇略·序》均作《白古通记》，《滇史》卷六也引作《白古通记》，《僰古通纪浅述》间也有引作《僰古通记》者，盖即本书之全称，今从之。

《滇载记》一书但云据《白古通》《玄峰年运志》“稍为删正”，未明言那些是杨氏“删正”之语，那些是《白古通》原书之语；万历《云南通志·南诏始末》及《罪惟录·段宝传》之文也未有分别，妄加离析，徒滋纷扰。诸书见存易得，读者自可检阅。今辑是篇，概不录入。

《白国因由》一书，为清康熙大理圣元寺僧寂裕所刊。其《后记》说：“菩萨累劫救护此处，盖有十八化云，备载《僰古通》。”又说：“逐段原由，原是僰语。但僰字难认，故译僰音为汉语，俾阅者一目了然，虽未见《僰古通》，而大概不外于斯。”考明诸葛元声《滇史》卷十《成化二十年》条说：“按《白古通》载观音显圣，南止蒙舍，北止施浪，东止鸡足，西止云龙，皆近苍洱，而观音显圣最多，载在《通志》凡七化。”是明人所见止七化，今《白国因由》乃扩为十八化，未必如寂裕所说，都是出于《白古通》。又该书既说是译自《白古通》，而书中又复引《白古通》，也足证其言之伪。今辑是篇，只录其引述者。《僰古通纪浅述》亦同此例。

明代白族碑文屡称“白史”，说者或以为即《白古通》。今案：景泰元年《三灵庙记》所引“白史”，似述段氏源流；而永乐十七年《鹤庆路军民总管高侯墓碑志》称其先世事迹说：“具载祖白史”。则此所谓“祖白史”，当为高氏家乘，故称“祖”，与记载段氏源流者，显非一书。如此，则“白史”一名，乃白文史乘之通称，不应与《白古通》之为专名相混。今辑是篇，不录。止取其事相关者为注，以供参考。

是篇征引群书截至清乾隆时胡蔚增订本《南诏野史》。嘉庆以降，如《滇云纪略》《南诏备考》等书所引《白古通》，又都是出自胡蔚增订本《南诏野史》。辗转引述，歧误益多，今并不取。

本书语多涉神怪。杨慎《滇载记·后论》所谓“义兼众教”；谢肇淛《滇略·俗略》也说是“什九皆载佛教神僧灵迹，诡谲可厌，亦足见当时之风尚已”。今案元郭松年《大理行记》记载，南诏、大理时佛教密宗盛行，家有佛堂，设科取士也都是出于“师僧”。今传大理时期的石刻，撰文者往往自称“儒释”，而元、明白族碑文也往往是“阿吒力”（即“灌顶师”）所撰。是这一时期的白族文化多为他们所垄断，或此书也是出于他们之手。那么，此书多神怪之语，正是当时白族社会文化的反映。如果善于利用这些神话传说，也可以为我们提供有用的研究参考资料。如本书所载“观音七化”的神话，与今传南诏中兴二年（公元899年）王奉宗等所绘《南诏中兴国史图》“观音授记细奴罗”的故事基本相同，可以互相印证。由此也可说明，本书基本上还保存了白族古代史书比较原始的面目。又如本书首载洱海地区于上古为“罗刹”所据，此说今仍流传于滇西。“罗刹”一名见于《佛本行集经》，也是古代南海属于蒙高棉语系民族的国称，见《通典》卷一百八十八。而我国蒙高棉语系民族如布朗、德昂、佤等族先民，在古代大量分布于滇西，此传说或者就是这一史实的反映。至如“世祖斩高祥于五华楼下”的记载，也可补《元史》记载之略。其他可供参考的资料还很多。凡此都要去其神话外衣，予以批判地使用。本辑旨在保存资料，提供研究者参考，故未予删节。

原书体例无考。今辑是篇，大率以时代先后为序，其言地理者次于前，略取于方志以疆域地理冠于卷首之例，以便省览。

叔武谨识

# 白古通记

（元）失名　撰

昔珥河之地，有罗刹一部出焉，[①] 啖人睛、人肉，号罗刹国。观音愍其受害，乃化为梵僧，牵一犬自西天来，[②] 历古宗、神川、义督、宁北、蒙茨和，入灵应山德源城，主喜睑张敬家。敬，罗刹贵臣也。见梵僧仪容，深礼敬之，介以见罗刹王。王甚喜，乃具人睛、人肉供之。僧辞曰："不愿肉食，[③] 王诚眷礼，愿受隙地为一庵居。"罗刹许之，且曰："广狭自裁。"僧云："止欲我袈裟一展、我犬二跃之地，足矣。"罗刹笑其少。僧云："王勿后悔，请立契券。"倾国观者百万人。既成契约，僧解袈裟一展，盖其国都；叫犬令跃，一跃尽其东西，再跃尽其南北。罗刹张皇失声曰："如今我无居地矣！"僧曰："不然，别有乐国胜汝国。"乃幻上阳溪石室，为金楼玉殿，以螺为人睛，饮食供张百具。罗刹喜，遂移居之。一入而石室遂闭，僧化为蜂由隙出。自此罗刹之患乃息。今此山及海东有犬跃之迹存



① 《云南名胜志》引作"上古之时，罗刹据于洱河"。"珥河"即"洱河"。
② 《滇程记》无"牵一犬"三字，据《云南名胜志》引补。
③ 《云南名胜志》引作"不愿受供"。

焉。[1]

于是老人凿河尾，泄水之半，人得平土以居。[2]

时观音大士开矗，水退，林翳，人不敢入。有二鹤，自河尾日行其中。人始尾鹤而入，刊斩渐开，果得平土以居。[3]

邪龙[4]既为大士所除，其种类尚潜于东山海窟，恶风白浪，时覆舟航。有神僧就东崖创罗荃寺，厌之，诵经其中。一夜，忽闻有大震动声。僧鸣之，见百十童子造曰："师在此，坏我屋宅，吾属不安，请师别迁。"僧厉声曰："是法住法位，有何不可。"遂失童子所在。明日，寺下漂死蟒百余，自是安流以济。僧随迁化。榆水西北岸各有水神祠，神状牛首人身或虎头鸡喙，皆大石自地涌出，实非人工也。[5]

点苍山脚插入洱河，其最深长者，[6]惟城东一支与喜洲一支。[7]南支之

---

① 《滇程记》引。《云南名胜志》卷十五《大理府志胜》及卷十六《永昌府志胜·永平县观音叫狗山》条分引，略有节文。万历《云南通志》卷十七《杂志》引有删改，其文作："邃古之初，苍洱旧为泽国，水居陆之半，为罗刹所据，犹言'邪龙'。《汉书》称'邪龙、云南'，即今郡地也。罗刹好食人目睛，故其地居人鲜少。有张敬者为巫祝，罗刹凭之。有一老人主张敬家，托言欲求片地以藏修。居数日，敬见其德容，以告罗刹。罗刹乃见老人，问所欲。老人身披袈裟，手牵一犬，指曰：'他无所求，但欲吾袈裟一展、犬一跳之地，以为栖息之所。'罗刹喏。老人曰：'既承许喏，合立券以示信。'罗刹又喏。遂就洱水畲上画券石间。于是老人展袈裟，纵犬一跳，已尽罗刹之地。罗刹彷徨失措，意欲背盟；以老人神力制之，自不敢背，但问：'何以处我？'老人曰：'别有殊胜之居。'因神化金屋宝所。刹喜过望，尽移其属人焉，而山遂闭。今苍山上羊溪是其地也。"

② 万历《云南通志》卷十七《杂志》引。案：此条与下条当本为一文，而引者详略不同。

③ 万历《赵州志》卷四《赵赕始末》条引。案：徐云虔《南诏录》说："南诏别名鹤拓"（亦见《新唐书·南诏传》）。其义盖本于此。

④ 原注：一名罗刹。

⑤ 嘉靖《大理府志》卷二《山川》引。

⑥ "其"字据《云南名胜志》《读史方舆纪要》引补。

⑦ 《云南名胜志》引句末有"也"字。《读史方舆纪要》卷一百十七《喜洲》条引止此。

神，其形金鱼戴金钱；[1] 北支之神，其形玉螺。二物见则为祥。[2]

鸡足山，上古之世原名青巅山，[3] 洞名华阴洞。厥山左峰名曰花石回龙峰，今罗汉壁、狮子林、九重崖转下至文笔山塔院者，是也；右峰名曰青檀顾虎峰，即青檀山、太极岭跌至白石崖、仰止台至拈花寺者，是也；中一峰曰钟灵启圣峰，即绝顶中岭，自迦叶殿、胜峰寺跌过华严、传衣尽于接待寺者，是也。迦毗罗国净梵大王因其山形象鸡足，遂更名曰鸡足山，名其洞曰迦叶洞。后讹为华首门。阿育王时，敕长者明智、护月、李求善、张敬成等，来创迦叶、圆觉、龙华、石钟等庵，即为名胜之始。[4]

（点苍山），释迦说法华经处。[5]

释迦佛在西洱证如来位。[6]

迦叶尊者由大理点苍山入鸡足。今洱海之东莲花曲有大石一块，上存尊者足迹，其深盖数寸许。[7]

阿难亲刻尊者香像于华首门。[8]

苍、洱之间，妙香城也。[9]

苴么、峝裒山，两山也。俱在罗次县。一在县西三十里，一在东北四十里。译云“子望母山”。[10]

---

① “戴”，《云南名胜志》引作“戏”。

② 万历《云南通志》卷十二《祠祀》、天启《滇志》卷十六《祠祀志·群祀·喜洲龙王庙》《云南名胜志》卷十五《大理府志胜》、康熙《大理府志》卷十七《祠祀》引。《云南名胜志》引末句作“二物见必有祯祥”。康熙《大理府志》引有节文。

③ 雍正《宾川州志》卷十二《艺文志》载周钺《鸡足山考》说：“即《白古通》所称‘青巅山’也。”盖本于此。

④ 范承勋《鸡足山志》卷二《山水》上引。该书同卷又说：“花石山即鸡足山左峰。考《白古通》名此峰为‘花石回龙峰’，又名鸡足山为‘花石山’，即指此小山也。”亦本于此文。

⑤ 嘉靖《大理府志》卷二《点苍山》条引。

⑥ 嘉靖《大理府志》卷二《点苍山》条、文果《洱海丛谈》、陈鼎《滇游记》引。

⑦ 范氏《鸡足山志》卷七引。高奣映《鸡足山志》卷四《名胜》下引作：“迦叶自点苍山入鸡足，其迹在海东莲花曲，足形长几二足，宽六寸，其深则逾寸。”与范《志》互有详略。

⑧ 高氏《鸡足山志》卷一《考证》引。

⑨ 嘉靖《大理府志》卷二《古迹》引。

⑩ 《云南名胜志》卷一《云南府志胜》引。

阿育国王娶天女，生三子，长曰福邦，季曰至德。封二子于金马、碧鸡，俾分主其地。[①]

阿育王次子弘德，居苍洱，为白饭王，是为白人之祖。其末裔名仁果。[②]

继庄氏称滇王者，仁果也。实治白厓，今府之赵州地。[③] 按《隋书》云：邃古之初，西海有阿育国，其王能登云上天，娶天女，生三子。次曰弘德，封于苍洱之间，奉佛，不茹荤腥，日食白饭，称白饭王，是白国之鼻祖也。[④]

天竺阿育王第三子骠苴低，子曰低牟苴，一作蒙迦独，分土于永昌之墟。其妻摩梨，羌名沙壹。[⑤] 世居哀牢山下。蒙伽独尝为渔，死池水中，不获其尸。[⑥] 沙壹往哭之，见一木浮触而来，妇坐其上，觉安。明日视之，触身如故。[⑦] 遂时浣絮其上，感而孕，产十子。他日，浣池边，见浮木化为龙，人语曰："为我生子安在？"众子惊走，最小者不能走，陪龙坐，龙因舐其背而沈焉。沙壹谓背为九，谓坐为隆，[⑧] 名曰九隆，[⑨] 十子之名：一眉附罗，二牟苴兼，三牟苴诺，四牟苴酬，五牟苴笃，六牟苴托，七牟苴林，八牟苴颂，九牟苴闪，十即九隆。[⑩] 九隆长而黠智，尝有天乐随之；又有凤凰来仪、五色花开之祥，众遂推为酋长。[⑪] 时哀牢山有酋波息者，[⑫]

---

① 《云南名胜志》卷一《云南府志胜》引。

② 《云南名胜志》卷十五《大理府志胜》引。

③ 案：此句当为修志者所释，今仍之。

④ 《云南名胜志》卷十五《大理府志胜》引。案：此事《隋书》不载，当为伪托之词。

⑤ 案：《白国因由》以"摩梨羌"为人名，误。《滇史》卷一亦以"摩梨"为名，与此文同，是明人所见本如此。

⑥ 《云南名胜志》引脱"其"字。

⑦ "身"，《云南名胜志》引作"木"。

⑧ 《谈荟》引无"谓"字。《云南名胜志》引"隆"作"龙"。

⑨ 《东川府志》卷八引作"昔蛮妇哀牢浣水边木上，感而生，为九龙氏。"盖即此段节文。"九隆"或作"九龙"，屡见云南方志及明代大理石刻碑文。《云南名胜志》引有"《华阳国志》作元隆，华言陪坐也"句，当为引者所增。

⑩ 《谈荟》引无此句。

⑪ 自"又有"至此十八字，《谈荟》无。

⑫ 《谈荟》引无"山""者"二字。

生十女，九龙兄弟娶之。[①] 厥后种类蔓延，分据溪谷，是为六诏之始。[②]

三皇之后，[③] 西天摩竭国阿育王第三子骠苴低，[④] 娶欠蒙亏为妻，[⑤] 生低蒙苴。苴生九子，名九龙氏。[⑥] 长子阿辅罗，[⑦] 即十六国之祖。[⑧] 次子蒙苴兼，[⑨] 即吐蕃之祖。[⑩] 三子蒙苴诺，即汉人之祖。[⑪] 四子蒙苴酬，[⑫] 即东蛮之祖。[⑬] 五子蒙苴笃，生十二子，[⑭] 五贤七圣，蒙氏之祖。[⑮] 六子蒙苴托，[⑯] 居

---

① 案："九龙"当作"九隆"，始前后一律。

② 《谈荟》卷十《髑髅变人视事》条、《云南名胜志》卷十六《永昌府志胜》引。万历《云南通志》卷十七《杂志》《滇史》卷一并载此事，未明出处，而文亦略异，故不据录。

③ "皇"，环碧山房钞本、丁氏八千卷楼钞本《南诏野史》并误分为"白王"二字。

④ 陶珙《曹溪一滴序》引"摩竭"作"摩竭陀"，即magadha之音译，为中印度古国。"苴"，《南诏蒙段野史》、旧钞本《南诏野史》并讹"直"。清初钞本《南诏野史》引无"西天""王第"四字。胡蔚订正本《南诏野史》引作"西天天竺阿育王骠苴低"，误删"第三子"三字；并注说："苴音斜。"案：云南方音读"苴"如"左"，犹"苴却"作"左却"之例，胡注亦误。

⑤ 淡生堂钞本《南诏野史》引"欠"作"戾"；"为妻"作"其妻"，属下句读。兹从众本。

⑥ 案：上文言生十子，此说生九子，疑为后人附会"九龙"之数而窜改。

⑦ 上文作"眉附罗"，"辅""附"音近。胡本《南诏野史》引作"长子蒙苴附罗"，"蒙""眉"双声，译字不同。《滇云历年传》卷二引"辅"讹"转"。

⑧ 胡本《南诏野史》引无"即"字。王崧校本《南诏野史》引"祖"作"主"。

⑨ 清初钞本《南诏野史》引"蒙"作"名"。胡本《南诏野史》引"兼"讹"廉"。

⑩ 环碧本、丁本《南诏野史》引"蕃"下有"国"字。

⑪ 王校《南诏野史》引无"即"字。旧钞《南诏野史》注说："即云南土著之汉人。"

⑫ "酬"，王校《南诏野史》引误"酧"，云："一作酧"。"酧"即"酬"之俗体。《滇云历年传》引作"畴"。

⑬ 王校《南诏野史》引无"即"字。

⑭ 各本《南诏野史》并引作"十三子"。案：下文说："五贤七圣"，只合十二之数。今从胡蔚订正本改。

⑮ 《南诏蒙段野史》及旧钞本、丁本《南诏野史》并脱"蒙氏"二字。他本《南诏野史》引脱"之"字。今从环碧本及王校本。

⑯ 清初钞本《南诏野史》引"蒙"作"名"。旧钞本、丁本《南诏野史》引"托"讹"记"。

师子国。[①] 七子蒙苴林，交趾之祖。[②] 八子蒙苴颂，[③] 白厓张乐进求之祖。[④] 九子蒙苴闪，[⑤] 白夷之祖。[⑥]

三皇之后，西天摩揭陀国阿育王第八子蒙苴颂居大理为王[⑦]。三塔见存[⑧]。

战国时，楚庄蹻据滇，号为庄氏。汉元狩间，庄氏后有尝羌者，[⑨] 与白厓王争衡，武帝乃立白人仁果为滇王，而蹻世绝。[⑩] 仁果传十五代，为龙佑那。当蜀汉建兴六年，诸葛武侯南征，[⑪] 师次白厓，立为酋长，赐姓张氏。遂世据云南，或称昆弥国，或称白国，或称建宁国。历十七传，[⑫] 当唐贞观世，[⑬] 张乐进求以蒙舍酋细奴罗强，遂逊位焉。[⑭] 蒙氏者，乌蛮别种也。永徽四年，细奴罗遣使入朝。上元元年，子罗炎晟立。太极元年，子晟罗立。唐封为台登郡王。开元二十六年，子皮罗阁立。以破洱河蛮功，乃赂

---

① 旧钞本、丁本《南诏野史》引“国”上有“之”字。

② 环碧本、丁本《南诏野史》引作“即交趾国之祖”。《南诏蒙段野史》引“祖”作“国”。

③ 清初钞本《南诏野史》引“蒙”作“名”。

④ 胡本《南诏野史》作“白子国仁果之祖”，与各本异。

⑤ “闪”，淡生堂钞本《南诏野史》作“阏”，《南诏蒙段野史》及旧钞本、环碧本、丁本《南诏野史》并引作“闵”，清初钞本《南诏野史》《滇考》《滇云历年传》、胡本《南诏野史》并引作“闳”，王校《南诏野史》作“阓”，“阓”字未详，疑为“阏”之误。唯旧钞本、王校本、胡订本并注说：“一作闪”。与上文及万历《云南通志·杂志》及《滇史》卷一所记合，今从之。

⑥ 各本《南诏野史》、胡蔚订正本《南诏野史》卷上、《南诏蒙段野史》《滇云历年传》卷二引。案：此条与上条之文当本出自一条，而本条削去“十即九隆”一语，至以九子附会九龙之说。万历《云南通志·杂志》载其事，其下即云“十即九隆也”，与本书上条所述合，可证。

⑦ 案：据上文，蒙苴颂乃低蒙苴之子，于阿育王为曾孙，此盖引者括约致误。

⑧ 陶珙《曹溪一滴序》引。

⑨ 《云南名胜志》引作：“庄氏后有名尝羌者，当汉元狩间。”

⑩ 万历《云南通志》卷二《大理府沿革》说；“汉元狩间，封滇王，赐玉印，治白崖。”注：“此滇王乃白子国仁果也。武帝恶当羌不逊，以仁果能抚其众，故以玉印封之，当羌乃绝。史但言滇王，不详其人也，据《通典》，《白古通》相同。”案：此文《通典》不载，当出自《白古通》，即约略此段之文。

⑪ 案：事在建兴三年，见《三国志·蜀志》，此误。

⑫ 《云南名胜志》引“历”一作“又”。

⑬ 《云南名胜志》引“贞观”误作“天宝”。

⑭ 案：以上亦见张澍《诸葛忠武侯故事》节引，此不据校录。

剑南节度王昱，求合六诏为一。昱为请于朝，许之，赐姓名蒙归义，册为云南王。自是益强。天宝八载，子阁罗凤立。始叛唐，取夷州三十二，进陷巂州，称臣吐蕃，僭国号曰大蒙。蒙氏之兴始此。[①]其地东至铜柱、铁桥、蟠桃、王榆，东南交趾，南至骠国木落山，西至大食，西北至吐蕃，北至神川，东北至黔、巫，回环万里。西南夷中称为最强。[②]

蒙舍诏谋并吞五诏，建松明楼，招诸诏以六月二十五日会祭。邆赕慈善妃劝诏勿往，诏畏蒙舍强，不敢辞。慈善妃因以铁钏约诏臂。祭毕，饮楼上。蒙舍潜下，举火焚楼，五诏俱死灰烬。唯邆赕诏以铁钏故，辨其尸，归葬焉。蒙诏闻之，奇妃智，逼嫁之。妃闭城坚守，绝食死。蒙诏旌其城为德源城。[③]

波罗傍者，唐时佐蒙氏细奴罗，[④]出于澄江之侧。[⑤]衣锦袍，执儒书，教之以文；而厌罗刹之暴，[⑥]伏龙鬼之嗔。[⑦]

唐玄宗问张俭成住何处，[⑧]答曰[⑨]："南边雲下。"因命为雲南。[⑩]

观音显圣，南止蒙舍，北止施浪，东止鸡足，西止云龙，皆近苍洱。第一化：唐永徽间，有一老人，美髯，戴赤莲冠，身披袈裟，手持一钵，至蒙舍细奴逻家乞食。时农逻与子逻晟耕于巍山之下，[⑪]其妻、其妇将往饷田，见僧俨然乞食，遂食之。此一化也。再炊往馌，而僧坐不去。姑妇持馌，中道，前僧业已在彼，复向乞食。姑妇惊怪，又食之。此二化也。

---

① 《读史方舆纪要》引无此句。《云南名胜志·总叙》引止此，有删节。

② 《读史方舆纪要》卷一百十三《云南》一引。

③ 冯甦《慈善妃庙记》引。

④ 《滇程记》、天启《滇志》引作"波罗傍佐蒙氏细奴罗"。

⑤ 《云南名胜志》卷五引无此句，但首句作"澄江有波罗傍者"，盖即节略此句之文。

⑥ 《滇程记》《云南名胜志》卷一引无"而"字。

⑦ 《滇程记》、天启《滇志》卷四《旅途志》《云南名胜志》卷一《云南府志胜》及卷五《澄江府志胜》引。《云南名胜志》卷一引句末有"山名盖由此而立"一语，卷五引末有"盖阿叱力者流也"一语，显系引者所增，今不取。

⑧ 胡本《南诏野史》作"张健成"。

⑨ "曰"，淡生堂钞本及旧钞本《南诏野史》作"雲"，乃"云"字之讹。环碧本作"云"。

⑩ 《南诏野史·六诏历代称名不同》条引。案：《汉书·地理志》益州郡有云南县。此云起于唐，当系传说如此。

⑪ 案：农逻即奴逻，译名不同，不烦殚改。

返而复炊，持馌且至巍山，则见僧坐磐石，前有一青牛，左有白马，朱其鬣，右有白象，各驯伏；上覆云气，云中有二童子，一执铁杖于左，一执方金镜于右。姑妇惊喜交作，以馌再供之。僧问何所愿，二女不知。僧曰："奕业相承。"二女趋。农逻等至，则但见五色云中，一人持钵而坐，仿佛见二童子，唯余磐石上衣痕及象、马、牛之迹耳。此三化也。第四化：南诏兴宗王蒙逻晟时，有一僧，手持锡杖、钵盂，牵一白犬，乞食开化郡穷石村中。村素为盗，善杀人。僧犬为其盗食，僧曰："汝村盗吾犬，暗中为盗，人无不知。"村众反詈僧为诬。僧乃呼犬，犬遂嗥于数十男子腹中，相顾神失。耻僧辱己，反谓之妖。执僧杀之，解其支体。须臾，复生，僧谓众曰："人不可杀，死必有生，终为雠对。"众恐其报复，仍执而腰斩之。须臾，复生，谓众如前。众又执而杀之，焚其骨为灰，盛以截竹，弃之江心。须臾，僧裂竹而出，形体复完。此第四化也。[①] 圣僧见此方之人，根品下劣，手执柳瓶，足着屧履，向山而去。村主王乐等走马趁之。愈追，愈不及。弯弓射之，箭落皆变莲花。始稽首伏罪。村众自是弃刀折弓，各务农业。今洱河东有上沧湖，产莲花菜，是其迹也。是为第五化。圣僧又行化至李作灵之界，其人不之信也。僧遂腾空，化为观音像。众皆骇愕，鸣钲鼓，集村人。人集，但仿佛空中见像，光明夺目，不可凝视。众皆愧悔，稽首。顷之，光灭，众益怅然。忽有一老人云："吾解铸此圣容，毫发不爽。"众又惊喜。遂镕锞铸像，肖似俨然。村人自是奉像，相戒勿为恶，恐为圣所察。此第六化也。蒙保和二年乙巳，有西域和尚普立陁诃者入蒙国，云："吾西域莲花部尊阿嵯耶观音行化至汝国，于今何在？"语讫，入定于上元莲

① 《云南名胜志》卷十四《景东府志胜》引作："兴宗王蒙逻晟，开南郡穷石村中，一僧牵白犬乞食，村民盗犬食之。僧言某某皆盗也。怒榜掠之，顷肚中忽作猜猜声，相顾失色。以僧为妖，支解之。僧呼曰：'终为雠对，何苦如是？'竟灰烬其尸，盛以截竹，投之江。须臾，此僧裂竹而出，形体复完。相传以为观音大士神化使然。"与此事同而文略异，或所据译文不同。

字。七日始知其坐化，盖观音化身也。是为第七化。①

昔张敬佐观音平罗刹之害，观音命细奴罗为王，张大王争功，诉之。观音命王于宾居，日享三百余祀。② 其地有漏江，溉田百里，民至今奉祀。③ 后王苦祀烦，食多病饱。观音于庙前掘香附子，食以消之。④

阁罗凤之子曰凤伽异，未立而死。子异牟寻，以大历十四年立。贞元四年，吐蕃册为日东王。五年，复归唐。十年，请改国号南诏。⑤

（寻阁劝），己丑立，乃元和四年。⑥

异牟寻之子曰寻阁劝。寻阁劝之子劝龙晟、劝利晟，相继立。劝利晟之子晟丰祐，太和三年，复叛唐。大中十三年，丰祐死，子祐龙立。僭称帝，国号大礼。死，子隆舜立。隆舜为其臣杨登所弑，子舜化真立。⑦

洱河有妖蛇名薄劫，⑧ 塞河尾峡口，⑨ 兴大水淹城。⑩ 王出示："能灭者，赏尽官库，⑪ 子孙世免差役。⑫ 有段赤城愿灭蛇，缚刀入水，蛇吞之，蛇亦死。⑬ 水患息。王建寺镇之，以蛇骨灰塔，⑭ 名曰灵塔。⑮ 每年又有蛇党起

---

① 万历《云南通志》卷十七《杂志·观音七化》条引。亦见文果《洱海丛谈》，但都未注明出处。考明诸葛元声《滇史》卷十二《成化二十年》条说："按《白古通》载观音显圣，南止蒙舍，北止施浪，东止鸡足，西止云龙，皆近苍洱，而观音显圣最多，载在《通志》凡七化。"这里所说的《通志》，即万历《云南通志》。是知万历《云南通志》此条所载，乃出自《白古通》。兹据辑录。

② 天启《滇志》卷三《地理志》一之三《大理府古迹·张大王庙》条引作"昔大王佐观音平罗刹之害，观音命王日享三百余祀。"盖节文。

③ 天启《滇志》卷十六《祠祀志·群祀·张大王庙》条引止此。

④ 天启《滇志》卷三《地理志》、卷十六《祠祀志》引。

⑤ 《读史方舆纪要》卷一百十三《云南》一引。

⑥ 《滇史》卷六《元和三年》条引。

⑦ 《读史方舆纪要》卷一百十三《云南》一引。

⑧ 《僰古通纪浅述·蒙氏世家谱》引"薄劫"作"薄蟒"。

⑨ 各本《南诏野史》引无此句，据《僰古通纪浅述》引补。

⑩ 旧钞本、环碧本、丁本《南诏野史》引"水"上有"雨"字。

⑪ 丁本无"官"字。

⑫ 清初钞本《南诏野史》引无"世"字。

⑬ 清初钞本作"蛇吞之亦死"，无下"蛇"字。

⑭ 王校本、环碧本、丁本《南诏野史》引"骨"下有"皮"字。

⑮ 清初钞本引"塔"下有"寺"字。

风，① 来剥塔灰。② 时有谣曰："赤城卖硬工。"③ 今龙王庙碑云："洱河龙王赤城。"盖有功为神之报。④

神僧赞陀崛多以蒙氏保和十六年，自西域摩伽国来，⑤ 结节峰顶。⑥ 悯郡地大半为湖，以锡杖穿象眠山麓，为百余孔，⑦ 泄之。湖水既消，民始获平土以居。⑧

董细师、王玄兴、杨梵甲、杨会舍、赵永牙、杨头鲁、周善海，⑨ 咒猪头为鬼魅，以供其役；化蔓草为龙蛇，⑩ 以供戏弄。⑪

役鬼口口，食以炭滓；庭中曝麦，田野注雨。⑫

天旱，王请西天白胡神至，启坛行法术。乌云油然，布于地，亦不

---

① 丁本无"又"字。"党"，环碧本作"类"。

② "来"，旧钞本、丁本作"雷"，与上句连读。

③ 王校本脱"工"字。

④ 《南诏野史·劝利晟》条引。《滇云历年传》卷四引作："洱有蛇妖名薄劫，兴水兴城。王令：'能灭蛇者受上赏。'有段赤城愿除之，挟刀入水。蛇吞赤城，蛇遂死，水患息。王建塔镇之，高十二丈，祀赤城于下，曰龙屋塔，亦曰灵塔。时人曰：'赤城卖工。'碑云：'洱河龙王赤城'也。"胡蔚订正本《南诏野史》卷上引作："唐时，洱河有妖蛇名薄劫，兴大水淹城。蒙国王出示：'有能灭之者，赏半官库，子孙世免差徭。'部民有段赤城者，愿灭蛇，缚刃入水。蛇吞之，人与蛇皆死，水患息。王令人剖蛇腹，取赤城骨葬之，建塔其上。毁蛇骨灰塔，名为灵塔。每年有蛇党起风，来剥塔灰。时有谣曰：'赤城卖硬工（近刻讹'土'）。'今龙王庙碑云：'洱河龙王段赤城'云。"二书所引与本文字句略异，录之以供考校。

⑤ 乾隆《清一统志》引无"摩伽国"三字。

⑥ 乾隆《清一统志》引无此句。

⑦ 《云南名胜志》引"百"作"十"，误。康熙五十六年孟以焕《重开水洞记》碑说："泄水石穴近百余孔"，可证。

⑧ 《云南名胜志》卷十八《鹤庆府志胜》、乾隆《清一统志》卷三百八十二《丽江府山川象眠山》条引。乾隆《清一统志》引末句"而"作"以"。

⑨ 原引无"周善海"，《云南名胜志》卷十五《大理府志胜》说："又有师曰董细师、王玄兴、杨会舍、赵永牙、杨头鲁、周善海，咸具戒行，能役鬼神，《白古通》载其咒幻，不具录。"据此，则《白古通》有"周善海"。兹据补。

⑩ "化"，康熙《大理府志》引作"使"。

⑪ 万历《云南通志》卷十三《大理府仙释》引。

⑫ 万历《云南通志》卷十三《大理府仙释》引。雍正十三年《前明义士王公师圣改葬碑》说："按《僰古通》，考公之先人，具有神通，随观音大士自西竺来，驯伏罗刹，化鬼方，口泽国，曾为僰国相。"惟其先人为谁，未详。今以事涉《白古通》，谨附于此，以俟续考。

雨。人民以竹为枪而戳之。[①] 方漏些须雨，乃止。白胡神曰："此处必有得道者戏止之。"王多着人员，访得南天神庙有修道者，名曰周善海。请之，不赴。王与白胡神往谒之，白胡神见善海而先拜。王问其故，白胡神曰："周善海顶上有咒五字，乃我本师之号，是以拜之。"王曰："我何不见？"白胡以香水洗王眼，乃见"苏怯先和罗"五字。诏亦拜之，告曰："凡人不知圣术，愿施雨泽，以济亢阳。"善海曰："为人上者嗜杀，天谴不雨。如悔过迁善，雨乃降焉。主先回，雨后来。"果大雨滂沱，民大悦。[②]

蒙氏自细奴罗传至舜化真，凡十四世，[③] 二百四十七年。[④] 其臣郑买嗣夺化真位，而灭其国，改国号大长和。卒，子旻嗣。旻卒，子隆亶嗣，为其臣杨干贞所弑。郑氏传三世、二十八年而国灭。[⑤]

杨干贞杀郑隆亶，而推其党赵善政立之，国号大天兴。仅十月，杨干贞自取之，国号大义宁。于是段思平起兵讨平之。赵氏、杨氏得国共九年。[⑥]

阿育王第八子蒙苴颂居白崖，[⑦] 因名白国。而楚庄蹻继之。至汉武通使，张骞立张仁果为王，历三十世。而细奴罗继之，称大蒙国，历十三代、二百四十七年，此据于唐也。后郑买嗣传三代，号大长和国。赵善政立十月，号大天兴国。杨干贞立八年，号大义宁国。此三氏，又据于五代也。[⑧]

梅树结李，渐大如瓜。忽一夜，李坠，有娃啼声。邻夫妇起而视之，见一女子。彼因无嗣，乃收而育之。[⑨] 既长，乡人求配，不许。忽有三灵白帝与之偶，生思平、思良。[⑩] 及长，无依无倚，唯甘贫度日，不敢妄为。



① "戳"，原引误"戮"，以意正。

② 《僰古通纪浅述·晟丰祐》条载此事，云："又见《僰古通》。"兹据辑录。

③ 《南诏蒙段野史》引作"十三世"，与《滇载记》《南诏野史》合。

④ 案：《滇载记》及万历《云南通志·南诏始末》作三百十年，胡蔚订正本《南诏野史》改为二百五十五年，唯李京《云南志略》、倪辂《南诏野史》所记与本书合。

⑤ 《读史方舆纪要》卷一百十三《云南》一引。案：诸书记郑氏立国均为二十六年，与此异。

⑥ 《读史方舆纪要》卷一百十三《云南》一引。

⑦ 案：此以蒙苴颂为阿育王子，误与陶珙《曹溪一滴序》同，说已见前。

⑧ 《南诏蒙段野史·滇考》条引。案：此文乃约略之词。

⑨ "育"，原引误为"盲"，以意正。

⑩ 案："思良"，《三灵庙记》引《白史》作"思胄"，《云南志略》作"兴胄"。

岂料大杨明信其谣言，[①] 以自取绝灭。此莫之为而为者，天也。[②]

岳侯高智升，初仕段氏为大布燮。仁宗嘉祐八年，命平姚州杨永贤之乱，大宋封鄯阐演习，[③] 赐爵匡国总事岳侯，旌表。好善好施，开昆明之灵迹，建东省东西两寺、双塔寺。[④]

圣元寺建自隋末唐初，所以崇报观音菩萨开化安民之洪恩也。宋炎宗壬子年，[⑤] 寺毁。平国公高顺贞建之，不旬日而成。皆菩萨显应，以灵木为重梁。迄今犹存，以昭灵异也。[⑥]

世祖斩高祥于五华楼下。[⑦]

---

① 案："大杨明"当作"大明杨诏"，"大明"乃杨干贞之年号，见《南诏源流纪要》《南诏通纪》《南诏野史》等书。

② 《白国因由·大杨明追段思平观音救护》第十七引。案：景泰元年杨安导书《三灵庙记》引《白史》说："自唐天宝壬辰，蒙诏阁罗凤神武王时，肇兴神迹，至灵至圣。其一灵乃吐蕃之酋长，二灵乃吐蕃之大将，三灵乃蒙诏神武王偏妃之子也。厥诞生时，中宫无出，阴谋以猴儿易而废弃，埋于太和之道傍，密遣侍女夙夜视之。冢生一苇而畅茂，群毕往复。有一犌牯先来爱护。一旦，班狞忽食之，女遂报于宫中。宰狞剖腹，出一男子，披戴金盔甲，执剑恨指，腾空而北往吐蕃。后率兵伐太和，至德源城，蒙诏乞和，而归。后同二将复举兵，至摩用。大战，弗克。回至喜脸（当作睑）赤佛堂前，三将殒命。乃托梦院塝耆老曰：'若立庙祀享，能遍水利，除灾害。'遂定星揆日，不月而庙宇成焉。由是雨旸时若，五谷丰稔。每岁四月十九日，阖郡祈告。迄异牟寻孝桓王，追封号元祖重光鼎祚皇帝、圣德兴邦皇帝、镇子福景皇帝。院塝有一长者，乏嗣，默祷。其圃种一李树，结一大颗。坠地，现一女子，姿禀非凡。长者爱育，号白姐阿妹。蒙清平官段宝璹娉为夫人。浴濯霞移江，见木一段，逆流触阿妹足。乃知元祖重光化为龙，感而有孕。将段木培于庙庭之右，吐木莲二枝。生思平、思胄，号先帝、先王。思平丁酉岁立，国号大理。建灵会寺，追封母曰天应景星懿慈圣母，重创三灵庙。世传三十五代，凡三百九十一载。"唯此碑所用《白史》，未必为《白古通》，说见叙例。今以其事相近，附注于此，以资参考。

③ 案："大宋"二字当为后人附益。明永乐间田节撰《云南鹤庆军民府世袭土官知府高侯墓碑志》说："孝德时，布燮将。后封鄯阐演习，加封匡国总事侯。"孝德为大理王段思廉之谥，则此官爵亦大理王所封。

④ 《姚郡世守高氏源流总派图》说："事载《白虎通》及《南诏野史》"。案：《白虎通》当为《白古通》之讹。兹据辑录。

⑤ 案：宋无"炎宗"，当为"高宗"之误。

⑥ 《白国因由·后记》引。

⑦ 万历《云南通志》卷十六《元史摘传·世祖入大理》条引。

# 十一、玄峰年运志

## 叙　例

《玄峰年运志》一书的作者、卷帙均无考。与《白古通记》同为云南白族古代文献资料。明杨慎据之删译为《滇载记》，查继佐本之作《罪惟录·段宝传》，今传记载大理国史乘之书，率皆直接或间接本之是书。但其久佚，学者莫知其旨。今据群书所引，考其内容，大抵为大理国段氏史乘；记事下逮元末，当为明初人所作。

原书亦系“白文”。明曹学佺《云南名胜志》所引，称“译《年运志》”，当系译自白文原本。《读史方舆纪要》引“译”误作“绎”。兹据辑出，庶几得以窥见原书之崖略。

由此可见，本书与《白古通记》不仅是确有其书，而且是二书，不是一书，可以匡补各本云南方志《艺文志》著录的缺失。从而，为明代后期出现的大量云南地方史籍，如《南诏通纪》《南诏源流纪要》《南诏野史》《滇载记》等书的史料来源问题，也提供了比较确实的证据，增强了它们的可信程度，使这批史籍在研究云南各民族历史方面能够发挥应有的作用。这也是辑录本书的一点希望。

叔武谨识

# 玄峰年运志

（明）失名　撰

段氏之先，[①]武威郡白人也。[②]有名俭魏者，佐蒙氏阁罗凤有功。[③]六传至思平而有国，改号大理。时后晋天福二年也。[④]九传至段连义，[⑤]当宋熙宁八年，为其臣杨义贞所弑，[⑥]自称广安皇帝，[⑦]凡四年。而段氏臣高升太以东方兵讨灭之，[⑧]仍立连义之子寿辉，[⑨]复废之，而立其庶弟正明。五年，正明避位为僧。[⑩]国人共奉升太为主，[⑪]而段氏中绝。[⑫]高升太既代段氏，[⑬]二年，将卒，[⑭]嘱其子太明，求段氏后正谆立之，[⑮]号后理国。[⑯]于是段氏复有云南地。[⑰]自正谆至段兴智，凡七传，而国灭。[⑱]段氏自思平至兴智二十二主，[⑲]历三百五十年。元灭后理国，得五城、八府、蛮部三十

---

① 《云南名胜志》引脱“氏”字。

② 《读史方舆纪要》引作“为武威郡白人”。

③ 《云南名胜志》引无“蒙氏”二字。《读史方舆纪要》引无“阁罗凤”三字。

④ 《读史方舆纪要》引无此句。

⑤ “九传”，《读史方舆纪要》引作“十传”，“连义”误作“庆义”。

⑥ “义贞”，《云南名胜志》引作“义儿”。

⑦ 《云南名胜志》引作“自立”，盖节文。

⑧ 《云南名胜志》引作“高升太起兵讨之”。

⑨ 《云南名胜志》引无“寿辉”二字，据《读史方舆纪要》引补。《滇载记》说：“寿辉，连义之从子。”则于连义为侄。

⑩ 《云南名胜志》引作“再传，逊为僧”。

⑪ “奉”，《云南名胜志》引作“立”。

⑫ 《云南名胜志》引无此句。《读史方舆纪要》引脱“氏”字，据《滇载记》补。

⑬ 《云南名胜志》引无此句。

⑭ 《读史方舆纪要》引无“二年”二字，《云南名胜志》引作“二年死”，今据补“二年”二字。

⑮ 《云南名胜志》引作“复立段氏余子正谅”，“谅”即“谆”之形讹。

⑯ 《读史方舆纪要》引无此句。

⑰ 《云南名胜志》引无此句。

⑱ 《云南名胜志》引作“七传至兴智而元灭之”。

⑲ 《读史方舆纪要》引作“前后共二十二传”。

有七，[1]设大理都元帅府，仍录段氏子孙，俾世守其地。[2]

段氏自段实暨段明，有十一总管，与元氏共为存亡。[3]



① 原引“部”讹“郡”，“三”讹“二”，以意正。

② 《云南名胜志·总叙》《读史方舆纪要》卷一百十三《云南》一引。自“元灭后理国”以下，《读史方舆纪要》引作：“段氏虽灭，元人复设大理路军民总管府，以段氏子孙世守其职。”

③ 《读史方舆纪要》卷一百十三《云南》一引。

# 十二、洪武云南志书

## 叙　例

洪武十五年（公元1382年），朱元璋在初步平定云南后，即命“儒臣”编写这部《云南志书》。全书共六十一卷，《明史·艺文志》著录。由于这部志书是由内府编纂，以供王朝中央参考的，因而外面流传甚少；在现存的明代云南方志中，也没有见到征引该书的文字，其佚已久。

现在根据《永乐大典》所引，结合《洪武实录》卷一百四十三《洪武十五年三月己未》条关于“更置云南布政司所属府、州、县”的记载，依照方志的体例，以当时建置的府、州、县为纲目，把它整理出来，或可聊存原书的梗概。由此也可略知明初云南各级政权的建置简况，藉以订补《元史·地理志》和《明史·地理志》记载的缺失。

确定《永乐大典》所引的《云南志》是洪武十五年所编的，而不是其他年代所编的云南方志，主要是根据以下两点理由：第一，《大典》所引的《云南志》，称“府”而不称“路”，这只能是明初“改路为府”以后编写的，这一点把它与元代编写的云南志书区别开来（元李京《云南志略》也简称《云南志》）；第二，引文有建昌、德昌、会川等府，这些府、州、县在洪武十五年十月以后已划归四川管辖，不属云南，因此，它只能是洪武十五年十月以前编写的云南志书。

《洪武实录》卷一百四十六说："(洪武十五年六月壬辰),《云南志书》成。初，云南既克，上命置云南布政使司、都指挥使司，改所属诸路为府，其州、县仍旧名，设官吏以抚安其民。复命儒臣考按图籍及前代所有志书，更定而删正之，通六十一卷，至是始成。"《永乐大典》所引，正是这部志书。

明代云南方志如景泰《云南图经志书》、嘉靖《大理府志》等引用的《云南志》，是洪武二十九年由王景常，程本立等编写，到建文二年由平显续成的。该志锓板于建文三年，理应称建文《云南志》；但由于朱棣（成祖）削去"建文"年号，续称"洪武"，所以后来有些云南方志也称它是《洪武云南志》，这是应当予以区别的。至如《天中记》等书引用的《云南志》，又是正德年间周季凤编写的《云南志》。虽然书名相同，但都不是这部书，概不录入。

本辑对于元、明之际云南各级政权的建置沿革，酌量地加了一些案语，以供参考。案语中使用的书名简称如下：

《实录》——《洪武实录》

《元志》——《元史·地理志》

《地理志》——《明史·地理志》

请读者在参考时予以注意。

叔武谨识

# 洪武云南志书

云南布政使司①

属府五十三、②州六十三、县五十有四、千户所二、蛮部六。



① 案：《实录》卷一百四十二说："（洪武十五年二月）乙卯，置云南布政使司，改中庆路为云南府。"

② 案：《实录》作"五十二"，盖未计云南府，今为补正。

云南府[①] 领县三、州四，州属县八。

昆明 富民 宜良

西湖，在云南府城西。湖方五里，蒲藻常青。土人多泛舟游赏。[②]

嵩盟州[③] 领县二

杨林　邵甸

华亦铺，嵩盟州和胜乡领村名。[④]

晋宁州　领县二

呈贡　归化

昆阳州　领县二

三泊 易门

㖞禄吁湖，在昆阳州三泊县西北十里。山凹中有池方百亩，北流出軰甸，折而东，流入三泊溪。[⑤]

安宁州　领县二

禄丰　罗次

栟子树，出大理、中庆、曲靖。僧俗以为数珠念经。安宁州及禄丰县、曲靖府陆凉州、新兴州并有栟子树。[⑥]

楚雄府[⑦] 领县三、州六，州属县二。

楚雄[⑧]

定远 碍嘉[⑨]

镇南州　领县一

① 案：《地理志》说："元中庆路，洪武十五年正月改为云南府。"唯《实录》以为在二月，见上引。

② 《永乐大典》卷二千二百六十三引。

③ 案：《元志》作"嵩明州"。《地理志》说："洪武十五年三月改曰嵩盟。"

④ 《永乐大典》卷一万四千五百七十六引。

⑤ 《永乐大典》卷二千二百七十一引。

⑥ 《永乐大典》卷一万四千五百三十六引。案：此文当系综合上述各府、州、县土产之文括约而成。今以无从离析，谨次于此。

⑦ 案：《地理志》说："元威楚开南路。"

⑧ 案：《地理志》说："元曰威楚，洪武十五年二月更名。"

⑨ 案：《地理志》说："元置。"《元志》失载。

定边[①]

南安州　领县一

广通

威远州[②]

景东州[③]

开南州[④]

远幹州[⑤]

姚安府[⑥]领州一，州属县一。

姚州[⑦]领县一

大姚

鸥驾湖，在姚安府姚州北五里。流入西汹溪。[⑧]

菩提树，在姚安府姚州，土产。[⑨]

香苴岭，在姚安府大姚县。[⑩]

成些弄，在姚安府大姚县。[⑪]

弥兴，在姚安府大姚县。坊郭乡镇名。[⑫]

大理府　领县二、州四，州属县二。

---

① 案：《地理志》说："元至元十二年置。"误。《元志》说："至元二十一年改欠舍千户为镇南州，立定边、石鼓二县。"则《地理志》以为至元十二年置者，盖误以定远为定边。其石鼓县，明省。

② 案：《实录》卷一百四十三说："（洪武十五年闰二月丙戌），改云南威远蛮栅府为威远州。"《元志》不言改威远蛮栅府事。

③ 案：《地理志》说："景东府，元至顺二年二月置。洪武十五年闰二月因之，三月降为州，属楚雄府。"《元志》不言置府事。

④ 案：《地理志》说："（景东府）北有开南州。"

⑤ 案：《元志》《地理志》俱不载。

⑥ 案：《地理志》说："元姚安路。"《元志》不载，见景泰《云南图经志书》卷四引欧阳玄《记》说："（天历戊辰），命升姚州为姚安路。"

⑦ 案：《地理志》说："元属大理路。洪武十五年三月来属。"

⑧ 《永乐大典》卷二千二百七十一引。

⑨ 《永乐大典》卷一万四千五百三十六引。

⑩ 《永乐大典》卷一万一千六百八十引。

⑪ 《永乐大典》卷一万三千另八十三引。

⑫ 《永乐大典》卷七千九百六十二引。

太和　云南[①]

棉子树[②]

茨无弄，在大理府云南县。[③]

邓川州 领县二

浪穹 凤羽[④]

明河宁湖，在邓川州。按图志，在浪穹县西北五里。湖周回五十里，水色如镜，流入弥水。[⑤]

沬眉沙湖，在邓川州。按图志，在浪穹县北。[⑥]

蒙化州

赵州[⑦]

文案洞，在云南赵州。[⑧]

秋木弄，在赵州。[⑨]

喜州[⑩]

顺宁州[⑪]

---

① 案：《地理志》说："元云南州，洪武十五年三月改为县，属府。"

② 引文见安宁州条。

③ 《永乐大典》卷一万三千另八十三引。

④ 案：《地理志》说："洪武十五年三月置。"误。盖元已置凤羽县，明因之。《元志》失载，见《事文类聚翰墨全书·元混一方舆胜览》及《事林广记》卷四《郡邑类》。

⑤ 《永乐大典》卷二千二百七十一引。

⑥ 同上引。

⑦ 案：《地理志》说："洪武十五年三月改名赵喜州。"误。史无"赵喜州"，元置赵州、喜州，明初因之。《实录》说："邓川、蒙化、赵、喜、顺宁属大理府。"馆臣不知有喜州，将"赵、喜"二字连读，遂误以为"赵喜州"。

⑧ 《永乐大典》卷一万三千另七十五引。

⑨ 《永乐大典》卷一万三千另八十三引。

⑩ 案：《元志》失载，见《事文类聚翰墨全书·元混一方舆胜览》。

⑪ 案：《地理志》说："顺宁府，元泰定四年十一月置。洪武十五年三月庚戌因之，己未降为州，属大理府。"又说："南有宝通州，又有庆甸县，元俱与府同置。洪武十五年省。"

武定府[1] 领州二，州属县四。

和曲州　领县二

南甸元谋

禄劝州　领县二

易笼　石旧

澄江府　领县三、州二，州属县三。

河阳　江川　阳宗

新兴州　领县二

普舍 研和

棉子树[2]

路南州　领县一

邑市

临安府　领县四、千户所一、州三，州属县一。

通海[3]

嶍峨 河西 蒙自

舍资千户所

建水州[4]

石平州[5]

异龙湖，在石平州。湖有九里曲：一曰研和曲，二曰小研曲，三曰兀窠曲，四曰大朋练曲，五曰小朋练曲，六曰大锅西曲，七曰小锅西曲，八曰位梨曲，九曰红莲曲。源出湖西南二十里兀么山下，注于湖。产大鱼、



① 案：《地理志》说："洪武十五年三月为府，寻升军民府。"《实录》卷一百四十一说："（洪武十五年正月庚戌），改武定路为武定军民府。"是武定府始置即为军民府，《地理志》误。

② 引文见安宁州条。

③ 案：《地理志》说："本元临安路治，洪武初徙府治建水州。"

④ 案：《事文类聚翰墨全书·元混一方舆胜览》说："临安道宣慰司，建水州置司。"《元志》作"临安广西元江等处宣慰司兼管军万户府"。是元代临安路治通海，宣慰司治建水。明初移府治建水。

⑤ 案：《地理志》说："元曰石坪，洪武十五年三月改曰石平。"考《元志》《事文类聚翰墨全书》《事林广记》并作"石平州"，《地理志》误。

莲藕、红菱。湖中又有三岛：其一曰那私龙；[1]居二岛之中；其二曰小末木寨，[2]居右；其三曰孟播笼，[3]居其左，此岛多蛇毒，遇有罪者，法流于此。[4]

宁州　领县一

西沙

青鱼湖，在宁州。一名青鱼戏月湖。湖尾在本州境。[5]

广西府 领州三

师宗州

弥勒州

山湖，在广西府弥勒州境。湖方五十里，内产大鱼。[6]

维摩州

元江府

和泥府[7]领千户所一、蛮部三。

纳楼千户所[8]

伴溪部

七溪部[9]

阿撒部[10]

曲靖府　领县一、州五、州属县七

南宁

朊弄，在曲靖府南宁县。[11]

---

① 案："私"当为"和"之误，《云南志略》作"和龙"。

② 《云南志略》作"小末束"。

③ 《云南志略》作"孟继笼"。

④ 《永乐大典》卷二千二百七十引。

⑤ 《永乐大典》卷二千二百六十一引。

⑥ 《永乐大典》卷二千二百六十六引。

⑦ 案：元斡尼路。《元志》不载，见《事文类聚翰墨全书·元混一方舆胜览》。

⑧ 案：元纳楼部，属临安道宣慰司金齿百夷诸部。见《事文类聚翰墨全书》。

⑨ 案：《事文类聚翰墨全书》说："归附后，合思他、伴溪、七溪三部，立斡尼路。"

⑩ 案："阿撒"原作"乌撒"，据《地理志》改。沿革未详。

⑪ 《永乐大典》卷一万三千另八十三引。

陆凉州　领县二

芳华　河纳

合兴，在曲靖府陆凉州。坊郭乡镇名。[①]

纳城处，在曲靖府陆凉州。坊郭乡镇名。[②]

棹子树[③]

赤道岭，在曲靖府陆凉州河纳县。[④]

鱼弄，在曲靖府陆凉州河纳县。[⑤]

越州

罗雄州　领县一

亦佐

马龙州　领县一

通泉

沾益州　领县三

交水　石梁　罗山

仁德府　领县二

为美　归厚

聂湖，在仁德府为美县东南。有聂蛮者主之，故名。[⑥]

车湖，在仁德府为美县西五十里山涧中。周回十余里，水色澄碧，四时无盈缩。有车氏居其傍，故名车湖。[⑦]

普安府

普定府　领州四

习安州

镇宁州



① 《永乐大典》卷七千九百六十二引。

② 《永乐大典》卷一万四千五百四十四引。

③ 引文见安宁州条。

④ 《永乐大典》卷一万一千六百八十引。

⑤ 《永乐大典》卷一万三千另八十三引。

⑥ 《永乐大典》卷二千二百六十六引。

⑦ 同上引。

永宁州[①]

安顺州[②]

乌撒府

巴都许沙湖，在乌撒府乌撒部之东南三十里。源出巴的甸，因名。[③]

乌蒙府 领州一

归化州

东川府 领州四

会理州[④]

雄惠湖，在东川府会理州赊罗弥聚山，深不可测。中有二禽，一红一绿。湖傍林木茂蔚，每木落泉中，禽则衔去。土人谓其中有灵物。[⑤]

麻龙州[⑥]

通安州[⑦]

姜州[⑧]

芒部府 领蛮部三

阿头部

易溪部

易娘部[⑨]

建昌府　领州九，州属县三

建安州

永宁州　领县二

中县　北社

---

① 案：以上三州《元志》不载，见《事文类聚翰墨全书·元混一方舆胜览》。

② 案：明初析习安州置。

③ 《永乐大典》卷二千二百七十一引。

④ 案：《地理志》说："元属会川路。"

⑤ 《永乐大典》卷二千二百七十一引。

⑥ 案：《地理志》说："元属会川路。"

⑦ 案：元属会川路。《元志》不载，见《事林广记》前集卷四《郡邑类》。

⑧ 案：《地理志》说："元属建昌路。"

⑨ 案：《地理志》说："阿头、易溪、易娘三蛮部，元属乌撒路，洪武十五年三月属芒部府。"考芒部本易溪部，元于易娘部置益良州，属芒部路；其阿头部一名阿都部，元属乌撒路。见《事文类聚翰墨全书·元混一方舆胜览》。《地理志》以之俱属乌撒路，误。

居郎，在建昌府永宁州中县。坊郭乡镇名。①

旧蓬树，在建昌府。树有花皮。永宁州中县土产。②

里州

阔州

建昌府阔州、嵩盈州、③临安府并产酥油。④

泸州

隆州

箭杆岭，在建昌府隆州。⑤

鸭里弄，在建昌府隆州。⑥

阿崱郎、阿悮郎、犬郎⑦俱在建昌府隆州。坊郭乡镇名。⑧

礼州　领县一

芦马铺，在建昌府礼州。坊郭乡镇名。⑨

曳罗狗铺，在建昌府礼州。坊郭乡镇名。⑩

邛部州

苏州

德昌府　领州四

德州

昌州

威龙州

沙甲桥铺，在德昌府威龙州。坊郭乡镇名。⑪

普济州



① 《永乐大典》卷七千三百二十九引。
② 《永乐大典》卷一万四千五百三十六引。
③ 案：史无“嵩盈州”，当为“嵩盟州”之误。
④ 《永乐大典》卷八千八百四十一引。
⑤ 《永乐大典》卷一万一千六百八十引。
⑥ 《永乐大典》卷一万三千另八十三引。
⑦ 原注：镇名。
⑧ 《永乐大典》卷七千三百二十九引。
⑨ 《永乐大典》卷一万四千五百七十六引。
⑩ 同上引。
⑪ 《永乐大典》卷一万四千五百七十六引。

会川府　领州三

永昌州

昌楼铺，在会川府永昌州。坊郭乡镇名。①

武安州

黎溪州

柏兴府 领县二

闰盐 金

北胜府 领州三

永宁州

泸沽湖，在北胜府永宁州东三十里。湖周回二百里，中有三岛。湖尾东南流出闰盐县界。②

浪渠州

顺州

鹤庆府③ 领县一

剑川

丽江府　领州四，州属县一

巨津州　领县一

临西

通安州

宝山州

兰州

永昌府　领县一

永平

诸葛村，在永昌府南十里，有村曰诸葛，环居数百家，中有诸葛祠。夷传云，在昔诸葛亮出征至此，夷人感其威德，遂祠之。至今祭祀不绝，祈祷多灵应。俗习相传，自以为诸葛武侯之人。④

---

① 《永乐大典》卷一万四千五百七十六引。

② 《永乐大典》卷二千二百七十一引。

③ 案：《地理志》说："有木桉州，又有副州，元俱属府。洪武十五年俱废。"

④ 《永乐大典》卷三千五百七十九引。

万箭树，在永昌府东五十里。山道傍有古木一株，二丈围。昔清平官高公出征，经过道上，树俯首，有恭揖之状。后人过者，并不礼焉，遂射之。树梢之箭数以万计，故名万箭树。在澜沧江东五十里。①自段氏时，扑蛮作盗，出没于此，故过者射其树以压之。迄今过者必射，树高五丈余，箭镞如猬毛然。②

细柳弄，在永昌府。③

| | | | |
|---|---|---|---|
| 腾冲府 | 柔远府 | 芒施府 | 镇康府 |
| 南甸府 | 镇西府 | 平缅府 | 麓川府 |
| 彻里府 | 孟隆府 | 木连府 | 孟定府 |
| 谋粘府 | 云远府 | 孟杰府 | 木桉府 |
| 蒙怜府 | 蒙莱府 | 木朵府 | 孟爱府 |
| 通西府 | 木来府 | 木邦府 | 蒙光府 |
| 孟绢府 | 太公府 | 蒙庆府 | 木兰府 |



① 案：上文说“在永昌府东五十里”，此云“在澜沧江东五十里”，二者必有一误。景泰《云南图经志书》卷六说：“万箭树，在浪沧江南三十里。”故疑此句“江东”乃“江南”之误。

② 《永乐大典》卷一万四千五百三十七引。

③ 《永乐大典》卷一万三千另八十三引。

# 十三、南诏通纪

## 叙 例

明杨鼐所著《南诏通纪》，在云南地方史学的著作中，具有一定的划时代的意义。在它以前的云南地方的史学著作，如《白古通记》《玄峰年运志》《西南列国志》(见陈鼎《蛇谱》)和称为“白史”的一类书，都是用少数民族语言写的，内容是史实与神话杂揉，没有脱离宗教的束缚。这股涓涓泉流，还有待于汇入我国各族的浩瀚的史学海洋。《南诏通纪》的作者杨鼐是白族，他首先把这些记载翻译整理出来，并大量吸收我国内地的先进的史学成果，写成这部书。从而把云南少数民族的史学著作汇入我国的史学海洋，为进一步发展云南各族历史的研究，创造了有利的条件。继之而起的，如《南诏流源纪要》《南诏事略》《纪古滇说集》(伪托宋人)、《南诏野史》《滇载记》、万历《云南通志》《滇略》《滇史》《僰古通纪浅述》(伪托元人)、《滇考》等书，都直接或间接地取法于这部书。从而，它对这批云南地方史学著作是具有荜路蓝缕之功的。

作者杨鼐，“号敬庵。太和(今大理)人。弘治己酉(二年)举人。官至黄州通判”(道光《云南通志·艺文志》)。万历《云南通志·人物志》说：“致仕归里四十余年，无老少贤不肖皆称为长者。所著有《南诏通纪》。寿百岁乃卒。”根据这些仅有的记载推测，他大概是景泰至嘉靖间人。至于他何时著此书，史无明文。惟蒋彬在嘉靖十一年（公元1532年）著《南诏源流纪要》时，已经参考了这部书的抄本。而收藏这一抄本的人是杨鼎，他可能是杨鼐的兄弟行。据万历《云南通志·版刻》的记载，该书在明代有大理府刻本。蒋彬官兵备副使，分司大理，那时他只见到抄本而没有见到刻本，那么此书之刻当在嘉靖十一年以后到万历初年之间。

原书十六卷，《滇略·文略》著录，《滇系·滇中掌故》同。《明史·艺文志》作十卷，疑脱“六”字。万历《云南通志·艺文》《滇南杂志·滇人书目》未著卷数。道光《云南通志·艺文志》转载诸家书目所著卷数的异同而不能决，可能原书在那时已经失传，不能予以核实了。

群书所引或简称《南诏纪》，省一“通”字，《南诏源流纪要·序》《读史方舆纪要》。亦即是书。原书体例无考。今辑是篇，率以时代先后为序，庶几以符“通纪”之义；其无年代可寻者，次于篇末，以便省览。

叔武谨识



# 南诏通纪

（明）杨鼐　撰

（哀牢国），其先有蒙伽独，妻摩黎，羌名沙壹。居哀牢山，捕鱼为生。后死哀牢山水中，不获其尸。沙壹往哭，见一木浮触而来旁边漂沈，妇坐其上，平稳不动。遂常浣絮其上，若有感，因怀妊，生九子；复产一子。一日，行往池边，见沈木化为龙，忽语曰：“若为我生子，今何在？”九子见龙皆惊走，独小子不去，背龙而坐，因舐之，唤其名曰习农乐。母见之，乃鸟语，谓背为九，谓坐为隆，因名曰九隆。习农乐后有神异，诸兄见其为父所舐而与名，又有神异，遂推以为王，主哀牢山下。又有奴波息者夫妻，生十女子，习农乐兄弟皆娶之，渐相滋长。种人皆刻画其身，象龙文，衣著尾。①

低牟苴生九子，第八子蒙苴颂居白崖，因号白国，自号大白子国。昆弥氏代之，是为拜国。张氏继之，是为建宁国。昆弥氏莫可考。蒙氏始兴曰细奴罗，亦名独罗消，九隆五族蒙苴笃之三十六世孙也。其父曰龙迦独，将细奴罗自哀牢避难于蒙认白崖。②

阿南，酋长曼阿奴之妻。其夫为汉将郭世宗所杀，③欲妻之，赠以衣饰。④阿南恐其逼己，给之曰："妾欲从君，君能从我三事乎？"曰："从。"⑤曰："一须作幕次，祭故夫；二须焚故夫时衣，易君新衣；三须令国人遍知礼嫁。"明日如其言，聚国人，张松幕，置火其下。阿南袖刀出，令火炽盛，乃焚夫衣，告曰："妾忍以身事雠？"遂引刀自断，身仆火中。国人哀之，每岁以是日燃炬聚会以吊之。后人名为星回节。⑥及南诏灭六诏，亦以是日举火。或以星回节为灭六诏遗事，非是。⑦

仁果号大白子国。传至昆弥氏，改号拜国。⑧

张氏有国自仁果始。凤佑那，乃仁果十五代孙。⑨

诸葛武侯南征，师次白崖，封龙凤佑那为酋长，赐姓张氏。诸夷慕武侯之德，渐去山林，徙居平地，建城邑，务农桑。于是白种诸部始有姓氏。传十七世至张乐进求，而逊位于蒙氏。⑩

六诏者：一曰蒙舍诏，今蒙化府是；二曰浪穹诏，今浪穹县是，后移

---

① 《滇考·哀牢国内附》条引。

② 万历《赵州志》卷一《沿革史证》引。该《志》注云："别夷于蒙认呼为弥只，今赵州有蒙认村，有弥只里。"

③ "宗"，《滇史》引作"忠"。

④ 自首句至此，《滇史》引作："汉时有酋长曼阿奴，为汉将郭世忠所杀。其妻阿南，汉将欲妻之，赠以衣饰。""饰"，万历《云南通志》引作"筋"，此从《滇史》。

⑤ 《滇史》引作："能从我三事则可。问何事？"

⑥ 《滇史》引作："亦名星回节，盖腊月二十四日也。"《滇史》引止此。

⑦ 万历《云南通志》卷十一、《滇史》卷四引。自"及南诏灭六诏"以下，疑为引者所加。

⑧ 《南诏源流纪要·补漏》条引。

⑨ 《南诏源流纪要·折衷同异》条引。

⑩ 万历《赵州志》卷一引。

今剑川州，改剑浪诏；三曰邓赕诏，今邓川州是，亦作遻赕诏；四曰施浪诏，今浪穹县蒙次河山之地是，[①] 亦作施浪诏；[②] 五曰摩些诏，今丽江府是，亦作越析诏；六曰蒙巂诏，今四川建昌卫是。蒙舍最南，谓之南诏，五诏皆为所并。[③]

皮罗阁虽灭五诏，得其土地。而各诏之遗裔尚存，浪穹之铎罗望，保有剑浪；遻赕之皮罗邓，坚守德源；至于施望之施各皮，[④] 蒙巂之原罗，固已屈伏，然皆在宇下，死灰复燃，其心叵测。乃于国中预设一楼，极其华丽，楼上陈设锦绣；而中之户牖板楯，悉用松明。每举宴会，即与臣下登此楼，饮酒尽欢。至开元十八年六月二十五日，正值祭先之期，令人招聚五诏遗酋，同来助奠。诸酋闻命，不敢不来。至期，祭毕举宴，延众登楼，饮皆尽欢。须臾，皮罗阁佯醉，下楼击鼓，发火焚楼，各诏之首领尽成灰烬。南诏不复有遗患矣。国人始悟楼木用松明之意。滇俗迄今是夕点火满衢巷，名曰星回节。当亦纪胜相沿成俗云。[⑤]

（凤伽异），玄宗妻以公主。[⑥]

太和城蒙国大诏碑，乃（杜）光庭书。书有法度。碑今剥落殆尽矣。[⑦]

晟丰祐[⑧]

段宗牓，南诏臣。师子国将伐缅，缅求救于南诏，遣宗牓将兵救之。宗牓知诏已老，子世隆尚幼，权臣杨苴颠恣擅炽盛。宗牓恐其篡夺，乃请曰："今臣救缅，若权不重，人不用命。必专生杀，乃可往。"诏许之。受敕出令："限七日齐军于河尾。"惟统矢违限，遂斩其将，乃苴颠子也。既入缅，得胜，获师子国旗帜、金鼓、兵仗而还。缅王酬以金宝，不取；取

---

① 案："河"当作"和"。

② 案：上文"曰施浪诏"，此处不得重言"亦作施浪诏"，此"施浪诏"或系"施望诏"之误，见下条。

③ 《读史方舆纪要》卷一百十三引。

④ 案："施望"当即"施浪"，见上条。唯。"施望"当为诏主名"施望欠"之省。"施望诏"之名，他书罕见。

⑤ 《滇史》卷四《开元十七年》条文。原文系于开元十七年，注说："按《通纪》载此事为开元十八年六月二十五日。"是知《滇史》此文乃出自《南诏通纪》，兹据辑录。

⑥ 《滇史》卷五《天宝四载》条引。

⑦ 万历《云南通志》卷十《杜光庭》条、《滇史》卷五《乾元二年》条引。

⑧ 《滇史》卷六《长庆三年》条引。

佛舍利。至腾越，闻诏崩，苴颠果篡立。宗膀与苴颠书云：“王崩、子幼，闻公摄位，国家之福也。曩承诏旨，率师救缅，师子国不战而溃，缅王酬我佛舍利。今凯还，倘率国中多人迎舍利，境土荣甚。”苴颠得书，率国中耆艾，迎佛舍利。苴颠服龙衣，手执金炉，盛陈仪制，至义修相见。①宗膀云：“先拜舍利。”苴颠方下拜，宗膀斩之。归国，求世隆立焉。②

懿宗咸通元年，南诏遣清平官董成等诣成都。节度使李福囚之，刘潼释之。有诏，成等至京师。见别殿，遣还。③

段思平母阿垣，生于李实。先是其父名欢喜富，无男女，每日焚香告天求嗣。后，园中李树结实，夜半坠地有声。往视之，李实破两半，生一女。收而育之，名曰阿垣。④

（段思平）既长，凡牧牛、牧马、鸡鸣犬吠等处皆云：“段思平将为王。”大明杨诏闻此谶，遂忌而图之。思平觉而逃，匿阳和之药师佛背。寻投下关，牧奴藏。再匿津梁寺。时光圣元年也。将举兵，获商人遗以核桃一笼。思平取大者剖之，内有“青昔”二字。拆之曰：“青字是十二月，昔字是廿一日。岂非我在十二月二十一日为王耶？”遂励众云：“尔等协力，我得国必报之，减尔税粮半，宽尔徭役三载。”寻过赵之河尾。时大明杨诏据关，思平驻军，夜感梦三：一、被人斩其首，二、玉瓶缺嘴，三、镜破。思平忧，使董迦罗解之，曰：“公为大夫，去头是天字，为天子兆也；玉瓶缺嘴，是玉字傍缺一点，即王字，为王之兆也；镜中有影，如人有敌，镜破无影，是无敌也。三梦皆吉，奚忧？”⑤

（政和）七年，南诏⑥遣进奉使天驷爽彦贲李紫琮、副使坦绰李伯祥来朝，贡马三百八十匹，及麝香、牛黄、细毡、碧玕山诸物。诏册其王段

① 案：“义修”，今地未详。《滇史》卷六《大中十三年》条亦作“义修”，俟考。

② 万历《云南通志》卷十一《人物志》引。

③ 万历《云南通志》卷一《沿革大事考》引。

④ 《南诏源流纪要·去怪》条引。

⑤ 《南诏源流纪要》文。该书《补漏》说：“《南诏通纪》开称：……段思平剖桃拆字、三占吉梦等事，必有所据，似不可遗，……今并收之。”是知《南诏源流纪要》此文乃本之《南诏通纪》，兹据辑录。

⑥ 案：当作“大理”。

正严为大理国王。①

（安宁卧佛），先是金叶杨氏所建，被火。公主段氏延寿姐更建。氏，佛郎天王杨凌之妻也。旁石壁凿罗汉十八，世传一尊飞云。②

元世祖中统元年，段兴智入朝，道卒。以兴智族弟信苴宝为总管，守大理。③

陈惠，段氏臣。四川明玉珍红巾攻善阐，梁王奔威楚，召大理总管段功救援，与红巾战。间伺得玉珍母书，话平安，欲玉珍成功乃返。功更其词，募军中，无人敢为持书者。惠自荐愿往，功难之。惠曰："以吾一身救万人，当不负，但老母无养耳。"功曰："迎尔母，宫吾宫，膳吾膳，尔勿顾也。"惠遂持书往。玉珍得书，默然，挥之出饭。惠诣功言状。功下令曰："红巾今夜必回。"及使人伺之，但闻玉珍营内彻夜铃鼓之声不绝。诘朝，一军皆空，唯见一二悬羊足踏鼓面，与四五项铃鹅耳。功遂追及善阐，袭杀其半。复追至七星关，大胜而返。欲官惠，惠不受。④

牟浚（玉案山）诗："松鸣天籁玉珊珊，万象常应护此山。一局仙棋苍石烂，数声长啸白云间。乾坤不蔽西南境，金碧当分左右班。万古难磨真迹在，峰头鸾鹤几时还。"⑤

兜罗锦，出金齿木邦甸。又有火草布。草叶三四寸，蹋地而生。叶背有绵，取其端而抽之，成丝，织以为布，宽七寸许。以为可以为燧取火，故曰火草。然不知何所出也。⑥



① 《滇略》卷七《事略》文。原文"段正严"作"段和誉"，注说："《南诏通纪》作'段正严'。"兹据改录。

② 《滇南杂志·安宁卧佛》条引。

③ 《滇略》卷七《事略》文。"兴智族弟信苴宝"，原文作"子信苴日"，注说："《南诏通纪》作'兴智族弟信苴宝'。"兹据改录。

④ 万历《云南通志》卷十一《人物志》引。

⑤ 《滇略》卷二《胜略》引作"唐道南和尚诗"，注说："《南诏通纪》作牟浚诗。"兹据改录。牟浚，明云南府教授。

⑥ 《滇略》卷三《产略》引。

# 十四、滇　纪

## 叙　例

明、清之际记载云南史地的书，其名为《滇纪》(或作《滇记》)的有三种：其一，杨慎所著《滇载记》，一名《滇记》，见《天中记》卷二十三《梦类》引。而清人所编《学海类编》中的《滇记》，即《滇载记》；其二为《读史方舆纪要》所引的陆氏《滇纪》(也引作《滇记》)；其三，是清袁懋功所著的《滇纪》，十卷，《滇南杂志·滇客书目》著录；道光《云南通志·艺文志》说："是编乃顺治十七年至康熙六年懋功巡抚云南时所作。"这三种《滇纪》(《滇记》)，除《滇载记》流传的版本尚多外，后二种则都散佚了。

兹编所辑为陆氏《滇纪》，不见于诸家书目著录。卷帙、体例和作者的名字无考。曹学佺《云南名胜志》引有此书，则作者当为明代人。从辑录的佚文来看，此书专记云南的地理险要、途程及与此有关的历史、名胜和风俗等，故名《滇纪》。

由于此书晚出，在记载古史方面，颇有传闻失实之误。如记诸葛亮七擒孟获，不仅及于大理、顺宁、永昌，乃至远达缅甸。这一传闻首见于万历四十六年（公元1618年）诸葛元声所编的《滇史》，该书的作者"因先世遗迹，遍历滇省访求"，穿凿成文。本书因袭了这一传闻。他如"订盟山""石门道"等，也有类似的错误。不过本书的作者引用这些传闻，意图在于论证地理的险要罢了。但由此可证，本书约成于万历末至崇祯之间（公元1619—1643年）。

原书在记载明代云南的地理方面，根据辑录出来的佚文来看，应甚详明。故顾祖禹在《读史方舆纪要》的云南部分，除引用《滇程记》外，大量取证于本书。而本书的佚文，很多也因之保留下来。乾隆《清一统志》也有较多的征引。今辑是编，以途程远近为序，自黔至滇，先滇南，后滇西。《滇云历年传》所引的《滇记》，所记为历史制度，既非《滇载记》之文，也不类本书，或系袁氏《滇纪》之文亦未可知。今以陆、袁二氏之书体例不可考，未能遽断《历年传》所引是哪一种，谨以"存疑"之目附于编末，以备参考。

叔武谨识

# 滇纪

（明）陆氏（失名） 撰

由杉木箐出水西之卧遮、龙场，约五十里。又西有撒以河、乌西桥、六归河，皆水西境内之大道也。①

陆广河有水口砦，又有陆广城，为水西要地。②

由阁雅至大方，洞凡三十有四，而阁雅最险。③

（宛温废县），在（亦佐）县北二百里。今沾益州亦故宛温地也。④

亦佐旧治，在县东十里，遗址尚存。⑤

① 《读史方舆纪要》卷一百二十一《杨义长官司·杉木箐山》条引。
② 《读史方舆纪要》卷一百二十一《贵定县·陆广河》条引。
③ 《读史方舆纪要》卷一百二十三《水西宣慰司·阁雅洞》条引。
④ 《读史方舆纪要》卷一百十四《亦佐县·宛温废县》条引。
⑤ 同上引。

蒙氏名都曰苴咩，别都曰鄯阐。①

郡城，金马、碧鸡二山东西夹护，商山北来而环列于前，中开一大都会。滇池受邵甸牧羊山诸泉及黑、白龙潭、海源洞诸水，汇成巨浸，延袤三百余里。军民田庐环列其旁。而泄于稍西一小河，又折而北，不见其去，故又名滇海。②

横山水洞，隆庆六年，左布政使陈善始成是役。③引白厓水，④溉田四万五千六百余亩。⑤

（天马）山在（阳宗）县东三十里。⑥

（云龙山），在（澄江）府东十里。一名订盟山，相传诸葛武侯誓蛮于此。⑦

自（新兴）州境出博螺、龙马诸山，道宁州，入蒙自县界。⑧

宁州有甸苴关，旧置巡司于此。⑨

（阿迷州）有阿迷、矣马、罗台三驿。⑩

（蒙自）县有箐口关，旧置巡司。⑪

（蒙自）县有溪楮山，去八寨二十余里。又南至大江，地名安边。由县至底泥，又前渡三岔河，即至贺谜。⑫其地万山相接，正中地名慢老，左曰磨莫，右曰八洒，俱近安边。自慢老至江底，皆崇山峻岭，旁有黄角

① 《读史方舆纪要》卷一百十四《云南府》条、乾隆《清一统志》卷三百六十九《云南府·建置》引。

② 《读史方舆纪要》卷一百一十三《滇池》条引。自“滇池”以下，亦略见乾隆《清一统志》卷三百六十九《云南府·山川》引。

③ 乾隆《清一统志》引无“左”字，“始成是役”作“所开”。

④ 《读史方舆纪要》引脱此句。

⑤ 《读史方舆纪要》卷一百十四《昆明县·海源洞》条、乾隆《清一统志》卷三百六十九《云南府·山川》引。乾隆《清一统志》引末句作“溉田四万余亩”，盖节文。

⑥ 《读史方舆纪要》卷一百十五《阳宗县·天马山》条引。

⑦ 《读史方舆纪要》卷一百十五《河阳县·舞凤山》条引。

⑧ 《读史方舆纪要》卷一百十五《新兴州·博螺山》条引。

⑨ 《读史方舆纪要》卷一百十五《宁州·甸苴关》条引。

⑩ 《读史方舆纪要》卷一百十五《阿迷州·多萸铺》条引。

⑪ 《读史方舆纪要》卷一百十五《蒙自县·大窝关》条引。

⑫ 乾隆《清一统志》引无“即”字。

榆诸处。[①] 江南为笼阴山箐，入交趾界。[②]

自老寨、雾露结箐、洒哈诸地至八寨，又进至江底，其傍曰孟撒箐。渡江即交趾界。[③]

孟撒至交趾境内者阑州三十里。[④]

（蒙自）县南有雾露结箐，由此抵柏木芦寨。又有薄喇寨，去交趾者阑州仅五里。[⑤]

礼社江，自亏容司东流，出宁远州。俗呼河底，即故州治。[⑥]

蒙山五里有岩洞，亦谓之颜洞，以迁客颜闵所开而名。洞有三：曰云津洞，今名水云，洞门可容数百人，曲径萦纡，众水伏流其中，东会于盘江，游者架桥列炬而入；岩洞后曰南明洞，上有两窍，阳光射入，中多奇胜；曰万象洞，巉岩绝险，跻石磴数十级，隐隐闻风雷声。亦曰钩町三洞。[⑦]

自石屏州界坝罕渡江，而南至乐育。[⑧]

由石屏州坝罕甸，出猛甸，遂抵落恐大寨。又西，近元江府境。自大寨而东北，[⑨] 地名乃龙，出纳楼等司境。[⑩]

纳更司撒果山下有陇墩渡，七宝山下有蛮板渡，纳剌山下有蛮江渡，所谓纳更三渡也。[⑪]

永乐初，攻石崖、者达寨，外夷整线来降。又有六谷等三十三寨，亦

---

① “黄”，乾隆《清一统志》引作“横”。

② 《读史方舆纪要》卷一百十五《蒙自县·贺谜寨》条、乾隆《清一统志》卷三百七十一《临安府·关隘》引。

③ 《读史方舆纪要》卷一百十五《蒙自县·发果寨》条引。

④ 同上引。

⑤ 《读史方舆纪要》卷一百十五《蒙自县·柏木芦寨》条、乾隆《清一统志》卷三百七十一《临安府·关隘》引。乾隆《清一统志》引末句无“仅”字。

⑥ 乾隆《清一统志》卷三百七十一《临安府·古迹》引。

⑦ 《读史方舆纪要》卷一百十五《建水州·石岩山》条引。

⑧ 《读史方舆纪要》卷一百十五《左能寨长官司·乐育甸》条、乾隆《清一统志》卷三百七十一《临安府·关隘》引。

⑨ 自“又西”以下十三字，乾隆《清一统志》引作“东北”二字，属下句读，盖节文。

⑩ 《读史方舆纪要》卷一百十五《落恐甸长官司·大寨》条、乾隆《清一统志》卷三百七十一《临安府·关隘》引。

⑪ 乾隆《清一统志》卷三百七十一《临安府·津梁》引。

近（镇沅）府境。[①]

威远之地，东八十里至猛列村界，南八十里至车里所辖三圈江界，西百里至猛猛达笨江界，北六十里至景东府蛮折哨界，[②] 又东至元江府及新化州界。[③]

自景线渡江，出猛乌，又越黑江，走沙仁、孟乃；更渡江，便可达交岗，入交趾。[④]

天宝初，越嶲都督竹灵倩置府东爨，通安南，因开步头，筑安宁城。赋役繁重，群蛮作乱，攻陷安宁。[⑤]

初，群蛮陷安宁，唐发兵南讨，命南诏皮罗阁合兵击平之。九载，南诏益强，诸爨微弱，寇陷姚州，遂攻安宁。会鲜于仲通将兵南讨，乃解围去。及仲通败，遂取安宁。十三载，[⑥] 李宓讨南诏，自安南而北进，取安宁及盐井。未几，败没，安宁遂没于南诏。[⑦]

安宁州六亭而达禄嘌，即禄脿驿也。食釜盐。盐产黑井，筥盛首戴。任戴者皆黑爨，老者一人任华人壮者二人之事，壮者任一牛之力。[⑧]

（炼象）关北三十五里为牟者村，东十五里有清水沟。[⑨]

姚安有白石村，官军败贼自久于此。又蹙贼于马哈山、芦头山，皆在府境。[⑩]

自洱海卫城西行，通蒙化。歧左有清华洞，中极宽衍。[⑪]

---

① 《读史方舆纪要》卷一百十六《镇沅府·者达寨》条引。

② 乾隆《清一统志》引“府”作“厅”，盖依清制改。

③ 《读史方舆纪要》卷一百十九《威远御夷州·猛列村》条、乾隆《清一统志》卷三百七十七《普洱府·古迹》引。

④ 《读史方舆纪要》卷一百十九《孟琏长官司·景线村》条、乾隆《清一统志》卷三百八十《永昌府·古迹》引。

⑤ 《读史方舆纪要》卷一百十四《安宁州》条引。

⑥ “载”，《读史方舆纪要》引作“年”，据乾隆《清一统志》引正。

⑦ 《读史方舆纪要》卷一百十四《安宁州》条、乾隆《清一统志》卷三百六十九《云南府·古迹》引。乾隆《清一统志》引有删节。

⑧ 《云南名胜志》卷一《云南府志胜·安宁州》引。

⑨ 乾隆《清一统志》卷三百六十九《云南府·关隘》引。

⑩ 《读史方舆纪要》卷一百十六《姚州·普淜驿》条引。

⑪ 《读史方舆纪要》卷一百十七《云南县·青华山》条引。

滇西六诏之外，又有时傍诏、矣川罗识诏，谓之八诏。此外不称诏者，北有浪稽蛮、罗哥谷蛮，东有些获蛮、乌皮蛮，南有离东蛮、锅锉蛮，西有摩些蛮，与南诏、越析相姻娅。皆哀牢杂种九十九部之后也。诸蛮吞并而为八，又并而为六云。①

天宝中，鲜于仲通讨南诏，下兵南溪，石门道遂闭。韦皋通云南，以蛮经北谷，近吐蕃，乃复治石门道，由黎州出邛州，直达云南，谓之南道。②

史城，即太和县喜睑村。元初尝置喜州，旋废，盖讹史为喜也。③

唐开元中，邆赕诏酋咩罗皮据大厘，为南诏所攻，率所部据钟山之险以自守。④

唐贞元十五年，异牟寻谋击吐蕃，以邆川、宁北等城当寇路，乃峭山深堑，修战备，为北面之固。⑤

（诸葛）寨，在（邓川）州东三十里。⑥

（浪穹）县西北有石和城。唐开元末，施浪酋长分兵据此，以拒南诏。南诏袭败之，遂取其地。⑦

贞元十一年，异牟寻开北方赕，徙洱河、白蛮、罗落、么些、冬门、寻丁、娥昌七种蛮，以实其地。⑧

（兰津桥），旧在（景东）府西南，跨澜沧江上。后汉永平初所建，明朝永乐初修。高广千仞，两岸峭壁林立，飞泉急峡，复磴危峰，森罗上下。

---

① 《读史方舆纪要》卷一百十三《云南总论》引。

② 《读史方舆纪要》卷一百十三《石门》条引。案：此石门，《读史方舆纪要》说："在大理府北八十里，当点苍山之背，遵洱河而上。其山两壁墙立，有若门然，即唐时石门南道也。"今据以此条次于此。唯此非唐代之石门。

③ 《读史方舆纪要》卷一百十七《太和县·史城》条引。乾隆《清一统志》卷三百七十八《大理府·古迹》引作："喜郡即今喜睑村。元初尝置喜州，亦谓之喜州史城。"与此略异。

④ 《读史方舆纪要》卷一百十七《邓川州·钟山》条引。

⑤ 《读史方舆纪要》卷一百十七《邓川州·宁北城》条、乾隆《清一统志》卷三百七十八《大理府·古迹》引。

⑥ 《读史方舆纪要》卷一百十七《邓川州·豪猪洞》条引。

⑦ 《读史方舆纪要》卷一百十七《浪穹县·安宁城》条引。

⑧ 《读史方舆纪要》卷一百十七《北胜州》条引。

熔铁为柱，以铁索系南北为桥。自古称为巨险。[1]

孟获为孔明所纵，南走庆甸。[2] 今城南有孟获寨遗址。[3]

汉武置不韦县，其后复叛。建武末，酋长贤栗请降。永平初，复叛，太守张翕讨平之，立澜沧郡。[4]

诸葛武侯七擒孟获，驻兵怒江之浒。[5]

唐贞元十一年，南诏异牟寻破芒蛮。[6]

（干崖宣抚）司有蛮洒岗，旧为同知刘氏所居。其雷弄洞，则经历廖氏所居，后即其地为回龙营。又知事管氏居猛语岗。三姓皆华人，以功授。万历三年，雷弄洞土目廖元相为木邦叛酋罕拔所劫，附于缅。十一年，官军破缅，仍未归。[7]

景永城，在陇川宣抚司宅后，砖甃，万历六年建。[8]

（洞武城），在缅东千五百里。[9] 近时为缅境东偏要地，常以子弟帅重兵戍此。[10]

诸葛丞相六擒孟获，复纵使去。获携重赂，入缅夷、木鹿等国，[11] 借安都鲁兵来战。[12] 大败，复就擒，自是不复反。武侯乃于普坎立碑纪绩，遂班师。[13]

寻传畴壤沃饶，人物殷凑，南通勃海，西近大秦。自古未通中国。唐

---

① 《读史方舆纪要》卷一百十六《景东府·兰津桥》条引。

② 《读史方舆纪要》卷一百十八《顺宁府》条引止此。乾隆《清一统志》引作“孟获南走庆甸”，盖节文。

③ 乾隆《清一统志》卷三百八十一《顺宁府·古迹》引。

④ 《读史方舆纪要》卷一百十八《永昌军民府》条引。

⑤ 《读史方舆纪要》卷一百十三《潞江》条引。

⑥ 《读史方舆纪要》卷一百十九《芒市御夷长官司》条引。

⑦ 《读史方舆纪要》卷一百十九《干崖宣抚司·雷弄》条引。

⑧ 《读史方舆纪要》卷一百十八《潞江安抚司·景罕寨》条引。

⑨ 案：“千”字当误，疑是“南”字。

⑩ 《读史方舆纪要》卷一百十九《缅甸·阿瓦城》条引。

⑪ 案：“木鹿”，见《后汉书·安息传》及《新唐书·大食传》，疑非此之谓。此当为“maru”的对音，是景颇语对浪速人的称呼。

⑫ 案：“安都鲁”当为“Andhra”的对音，为印度古民族的称谓。

⑬ 《读史方舆纪要》卷一百十九《缅甸军民宣慰使司·普坎》条引。

上元初，南诏刊木通道，直抵其国，谕降之。①

## 存疑：《滇云历年传》引《滇记》文

蛮俗尚鬼，谓主祭者为鬼主，盖酋长也。②

正严勤于政事，故远方慕之，悉来贡献。③

正严向慕中国，与国主高量成谋入贡，从广南东道请之。④

土官替袭，原无纳银之例。弘治、正德间，地方多事，始议纳谷准袭。至是罢之。⑤



① 《读史方舆纪要》卷一百十九《敦忍乙国》条引。

② 卷四引。

③ 卷五《大观三年》条引。

④ 同上卷《政和五年》条引。

⑤ 卷八《嘉靖九年》条引。

# 附录一 云南买马记

嘉州峨眉县西十里有铜山寨，与西南生蕃相接界，户不满千，俗呼为小道虚恨姓。县尉例以十月一日上寨守护，谓之防秋，至四月一日罢归。意者以水潦方溢，而蕞尔虚恨无能为也。虚恨固无能为，仅六七百里有束密；束密之西百五十里至苴咩城，乃八诏王之巢穴也。其地东南距交趾，西北连吐蕃，而旁靠蜀，蜀自唐时常遭南诏难。惟太平兴国初，首领有白万者，款塞乞内附，我太宗册为云南八国都王。然不与朝贡，故久不谙蜀之蹊队焉。

熙宁六年，陕西诸蕃作梗，互相誓约，不欲与中国贸易，自是蕃马绝迹而不来。明年，朝旨委成都路相度，募诸色人入诏，招诱西南夷和买。峨眉有进士杨佐应募，自倾其家赀，呼群不逞佃民之强有力者，凡数十人，货蜀之缯锦，将假道于虚恨，以使南诏。乃裹十日粮，贮醯醢盐茗姜桂，以为数月之计。诸从行有蓑笠、铁甑、铜锣、弓箭、长枪、短刀、坐牌、网罟、佃渔之具。人斩轻桐以槖橐重，有余材，则束而赍之，大抵皆先窍凿聚勘，如屋之间架然，将以为寝处之备也。每望日之景，穿林箐而西，遇挚兽，先击锣以警之，或操弓箭、执刀枪以俟。会平林浅草长溪大涧，即施网罟，以从事于佃渔，其徒常鲜食以饱。日行才四五十里，未暮即相地架起桐材，上下周匝徽索而缠之，然后蔽以坐牌，副以网罟；将凑于其中，必积薪于其侧，钻燧火以待夜事。然其地多暑，或蒸而为瘴，值山深木茂，烟霾郁兴欲雨，而莫辨日之东西。间或迷路，竟日而不能逾一谷也。

初，铜山为蕃汉贸易之场，蕃人从汉境负大布囊盛麻荏以归，囊罅遗麻或荏，既久而蘩生。佐之徒蹑麻荏生踪，前寻去路，自达虚恨界分；十有八日而抵束密之墟。前此三四十里渐见土田，生苗稼，其山川风物略如东蜀之资、荣。又前此五七里，遥见数蛮锄高山。俄望及华人，遑遽叫号，招群蛮蚍聚。佐乃具巾纻，磬折而立，命其徒皆俯伏，毋辄动。须臾，有老髽自山而下，问佐何来。佐长揖不拜，俾其徒素谙夷语者，具以本路奉旨招诱买马事对。徐以二端茜罗啖之，老髽涕泣而徐言："我乃汉嘉之耕民也。皇祐中，以岁饥来活于兹。今发白齿落垂死矣！不图复见乡人也。"乃为佐更好于束密王。

久之，有马十数匹来邀迎，悉俾华人乘而入。束密王悦蜀之缯锦，且知市马之来其国也，待佐等甚厚，不惜椎羊刺豕，夜饮藤觜酒。蛮女、嫠妇与人乱，不禁；惟已嫁者，抵死。故饮散辄择其女、妇偏匹华人，抑所以重汉之贵也。凡如此未旬浃，会八国王廉得其状，遣使诘问，何故与华人杂处。束密惧，因悉以佐等所赍物偕行，三驿趣苴咩城，而献诸都王。

王馆佐于大云南驿。驿前有里堠，题："东至戎州，西至身毒国，东南至交趾，东北至成都，北至大雪山，南至海上。"悉著其道里之详。审询其里堠，多有完葺者。俄遣头囊儿来馆伴。所谓头囊者，乃唐士大夫不幸为蛮贼驱过大渡河而南，至今有子孙在都王世禄，多聪悟挺秀，往往能通汉语。佐抵大云南之翌日，都王令诸酋长各引兵，雄张旗队，拥佐等前通国信，即谕市马之实。而都王喜形于色，问劳赠送佐等各有差。寻以陕西诸蕃就汉境贸易如初，而西南市马之议罢。

明年，铜山寨申峨眉县，县申嘉州，州申本路钤辖司，以某日有云南蕃人贡马若干到寨，乃杨佐者奉帅府命通国信，招诱出来。钤辖司即下委嘉州通判郭九龄前视犒劳，且设辞以绐之，谓本路未尝有杨佐也。马竟不留。初，佐受云南八国都王回牒，归投帅庭。后缘颁示九龄，遂掌在嘉州军资库。蕃人知设辞相拒，其去也颇出怨语。元丰三年春三月生明日宋如愚东轩录。①

按：《云南买马记》一卷，诸家书目未著录，宋如愚录入其所著《剑



① 《续资治通鉴长编》卷二百六十七《熙宁八年八月庚寅》条《注》引。该《注》云："（熙宁）九年四月二十三日，罢买马司。宋如愚《剑南须知》有《云南买马记》，可证此事。今附注此。"

南须知》中。《剑南须知》十卷，《宋史》卷二百三《艺文志·史类·传记类》著录，今亦不传。独赖宋代史学家李焘将《云南买马记》采入《续资治通鉴长编》注中，得以流传至今，亦云幸矣。原文录自《续资治通鉴长编》卷二百六十七《熙宁八年八月庚寅》条注引《剑南须知》。原书作者未详。细玩书中语意，往往视当事人杨佐为客体，因疑此书当非杨佐所自撰，缺疑可也。此文记事翔实，深刻反映出宋代大理国与内地的密切关系，是一份不可多得的大理国史料。

# 附录二 郡大记

唐尧之兴，因颛帝所建为九州。其西南为梁州。[①]

虞舜肇十有二州。其一为梁州。

夏禹平水土，还为九州。华阳黑水为梁州。

商汤奄有九有，制如夏。

周武王受命，亦为九州。成王合梁于雍。[②]

楚顷襄王使庄蹻将兵略巴蜀黔中以西，至滇池，以兵威定属楚。欲报，会秦击楚巴黔中郡，道塞不通。因以其众王滇，长之。[③]

秦使常頞略五尺道，置吏。[④]

汉武帝元狩元年，命王然于、柏始昌、吕越人，间出西南夷，至滇，指求捐毒国。[⑤]

元鼎六年，复使王然于，以破越及诛南夷兵威，风谕滇王入朝。[⑥]

元封元年，郎中司马迁奉使西征巴蜀，南略邛、筰、昆明，还报命。[⑦]

二年，以中郎将司马相如持节开越巂，按道侯韩说开益州。(《南中志》。有司马相如《谕巴蜀檄》:“告巴蜀太守。蛮夷自擅，不讨之日久矣。时侵犯边境，劳士大夫。陛下即位，存抚天下，安集中国。然后兴师出兵，北征匈

---

① 《舆地考》。

② 以上俱见《通典》及《舆地考》。

③ 见《史》《汉》《西南夷传》。《史》《汉》及《世家》《年表》证之，当作“顷襄王”。

④ 《汉书》作“尝破”，见《史》《汉》《西南夷传》。

⑤ 见《西南夷传》。

⑥ 《西南夷传》。

⑦ 本《传》不书年，下书“是岁建汉家之封”，当是元封元年。

奴，单于怖骇，交臂受事，屈膝请和；康居、西域，重译纳贡，稽颡来享；移师东指，闽越相诛；右吊番禺，太子入朝。南夷之君、西僰之长，常效贡职，不敢堕怠，延颈举踵，喁喁然皆乡风慕义，欲为臣妾。道里辽远，山川阻深，不能自致。夫不顺者已诛，而为善者未赏，故遣中郎将往宾之，发巴蜀之士各五百人，以奉币帛、卫使者。不然，靡有兵革之事、战斗之患。今闻其乃发军兴制，惊惧子弟，忧患长老；又擅为转粟运输，皆非陛下之意也。当行者或亡逃、自贼杀，亦非人臣之节也。夫边郡之士闻烽举燧燔，皆摄弓而驰，荷兵而走，流汗相属，唯恐居后，触白刃，冒流矢，义不反顾，计不旋踵，人怀怒心，如报私仇。彼岂乐死恶生，非编列之民，而与巴蜀异主哉？计深虑远，急国家之难，而乐尽人臣之道也。故有剖符之封，析圭而爵，位为通侯，居列东第；终则遗显号于后世，传土地于子孙；行事甚忠敬，居位甚安佚，名声施于无穷，功烈著而不灭。是以贤人君子肝脑涂中原，膏液润野草，而不辞也。今奉币役至南夷，即自贼杀或亡逃抵诛，身死无名，谥为至愚，耻及父母，为天下笑，人之度量相越，岂不远哉！然此非独行者之罪也。父兄之教不先，子弟之率不谨，寡廉鲜耻，而俗不长厚也。其被刑戮不亦宜乎？陛下患使者有司之若彼，悼不肖愚民之如此，故遣信使晓谕百姓，以发卒之事因数之以不忠、死亡之罪，让三老孝悌以不教诲之过。方今田时，重烦百姓，已亲见近县；恐远所溪谷山泽之民不偏闻。檄到，亟下县、道，使咸谕陛下之意，无忽。”有相如《难蜀父老》：“汉兴七十有八载，德茂存乎六世，威武纷纭，湛恩汪涉，群生霑濡，洋溢乎方外。于是乃命使西征，随流而攘，风之所被，罔不披靡，因朝冉、从駹、定筰、存邛，略斯榆，举苞蒲。结轨还辕，东乡将报，至于蜀都，耆老、大夫、缙绅先生之徒二十有七人俨然造焉。辞毕，进曰：‘盖闻天子之牧夷狄也，其义羁縻勿绝而已。今罢三郡之士，通夜郎之涂，三年于兹，而功不竟，士卒劳倦，万民不赡；今又接之以西夷，百姓力屈，恐不能卒业，此亦使者之累也，窃为左右患之。且夫邛筰西僰之与中国并也，历年兹多，不可记已。仁者不以德来，强者不以力并，意者其殆不可乎？今割齐民以附夷狄，敝所恃以事无用，鄙人固陋，不识所谓。’使者曰：‘乌谓此乎！必若所云，则是蜀不变服而巴不化俗也。仆常恶闻若说，然斯事体大，固非观者之所觏也。余之行急，其详不可得而闻已，请为大夫粗陈其略。盖世必有非常之人，然后有非常之事；有非常之事，然后有非常之功。夫非常者，固常人之所异也。故曰，非常之原，黎民惧焉；及臻厥成，天下宴如也。昔者洪水沸出，氾滥衍溢，民人升降移徙崎岖而不安。夏后氏慼之，乃堙洪塞源，决江疏河，漉沈澹灾，东归之于海，而天下永宁。当斯之勤，岂唯民哉心烦于虑，而身亲其劳，躬胝无胈，肤不生毛。故休烈显乎无穷，声称浃乎于兹。且夫贤君之践位也，岂特委琐龌龊，拘文牵俗，循诵习传，当世取说云尔哉！必将崇论閎议，创业垂统，为万世规。故驰骛乎兼容并包，而勤思乎参天贰地。且《诗》不云乎：普天之下，莫非王土；率土之滨，莫非王臣。是以六合之内、八方之外，浸淫衍溢，怀生之物有不浸润于泽者，贤君耻之。今封疆之内冠带之伦，咸获嘉祉，靡有阙遗矣。而夷狄殊俗之国，辽绝异党之域，舟车不通，人迹罕至，政教未加，流风犹微。内之，则时犯义侵礼于边境；外之，则邪行横作放杀其上。君臣易位，尊卑失序，父老不辜，幼孤为奴虏，系累号泣，内乡而怨曰，盖闻中国有至仁焉，德洋恩普，物靡不得其所，今独曷为遗己。举踵思慕，若枯旱之望雨，戾夫为之垂泪，况乎上圣又恶能已。故北出师以讨强胡，南驰使以诮劲越，四面风德，二方之君鳞集仰流，愿得受号者以亿计。故乃关沫若，徼牂牁，镂灵山，梁孙原，创道德之涂，垂仁义之统；将博恩广施，远抚长驾，使疏逖不闭曶爽，暗昧得耀乎光明；以偃甲兵于此，而息讨伐于彼，遐迩一体；中外禔福，不亦康乎！夫拯民于沈溺，奉至尊之休德，反衰世之陵夷，继周氏之绝业，天子之急务也。百姓虽劳，又恶可以已乎哉？且夫王者固未有不始于忧勤，而终于佚乐者也。然则受命之符合在于此矣！方将增泰山之封，加梁父之事，鸣和鸾，扬乐颂，上减五，下登三，观者未睹旨，听者未闻音，犹鷦鹏已翔乎寥阔之宇，而罗者犹视乎薮泽，悲夫！'于是诸大夫茫然丧其所怀来，失厥所以进，喟然并称曰：'允哉汉德，此鄙人之所愿闻也。百姓虽劳，请以身先之。'敞罔靡徙，迁延而辞避。"）

是年，遣将军郭昌、卫广平西南夷未服者。降滇王，以为益州郡。[①]

六年，益州昆明反，遣拔胡将军郭昌击之。[②]

昭帝始元三年，姑缯、楪榆复反，遣水衡都尉吕辟胡将兵击之。明年，



① 《本纪》《西南夷传》。

② 《本纪》。

复遣军正王平、大鸿胪田广明等并进，大破之。[①]

宣帝五凤三年，遣谏大夫王褒求金马、碧鸡之神。[②]

平帝元始元年，益州塞外蛮夷献白雉。[③]

东汉光武建武初，征益州太守文齐为镇远将军，封成义侯。[④]

建武八年，渠帅栋蚕、姑复、楪榆、弄栋诸羌叛。益州太守繁胜退保朱提。

十九年，遣武威将军刘尚击诸叛羌。二十年、二十一年连破之，悉平。[⑤]

明帝永平元年，姑复夷复叛。益州刺史发兵讨破之，传首京师。[⑥]

以张翕为益州太守。[⑦]

十二年，哀牢王柳貌率众内属，以其地置哀牢、博南二县。割益州郡西部六县为永昌郡。[⑧]

十七年，楪榆等六处贡献。[⑨]

章帝建初元年，哀牢王类牢反，太守王寻奔楪榆。诏发夷汉讨之。

二年，卤承等应募，率诸郡兵，大破类牢于博南，斩之。封卤承为破虏旁邑侯。[⑩]

以西部都尉郑纯为永昌太守。[⑪]

云南县有神鹿，两头。[⑫]

---

① 《本纪》《西南夷传》。

② 荀悦《汉纪》。有王褒《颂》："持节使王褒谨拜南崖，敬移金精神马、缥碧之鸡，处南之荒，深溪回谷，非土之乡。归来归来！汉德无疆，广乎唐虞，泽配三皇。黄龙见兮白虎仁，归徕、归徕！可以为伦。归兮，翔兮！何事南荒也。"

③ 《列传》《通鉴》。

④ 《滇王传》《南中志》。

⑤ 《本纪》《滇王传》。

⑥ 《邛都夷传》。

⑦ 《邛都夷传》、旧《志》。

⑧ 《本纪》《哀牢传》。《古今注》曰："永平十年，置益州西部都尉，居嶲唐。《续汉志》，六县谓不韦、嶲唐、比苏、楪榆、邪龙、云南也。"

⑨ 《本纪》。

⑩ 《哀牢夷传》。

⑪ 《哀牢夷传》。

⑫ 《哀牢夷传》作云南县，《华阳国志》作点苍山。

和帝永元九年，掸国王雍由调遣重译奉国珍宝。①

安帝永宁元年，掸国王雍由调复遣使朝贺，献乐。封雍由调为汉大都尉。②

元初五年，永昌、益州及蜀郡夷叛应封离等，众至十余万。诏益州刺史张乔讨之，遣从事杨竦至楪榆击之，封离诣竦乞降。竦因奏长吏奸猾、侵犯蛮夷者九十人，皆减死。③

灵帝熹平五年，永昌太守曹鸾请赦党人，杀之。④

蜀汉先主章武元年，以李恢为庲降都督。⑤

后主建兴元年，以诸葛亮领益州牧。⑥

益州耆帅雍闿等反。⑦

二年，改益州郡为建宁郡，以李恢为太守。分建宁、永昌置云南郡，以吕凯为太守。分建宁、牂牁置兴古郡，以马忠为太守。⑧

丞相诸葛亮南征，讨雍闿，擒孟获，益州、永昌、牂牁、越巂四郡平。即其渠帅用龙佑那为酋长，赐姓张氏，改号建宁。⑨

九年，以张翼为庲降都督、绥南中郎将。⑩

---

① 《哀牢传》。掸国，海西大秦也。

② 《哀牢传》。

③ 《邛都夷传》。

④ 《本纪》。

⑤ 《本传》。

⑥ 《蜀传》《续大事记》。

⑦ 《通鉴》。

⑧ 《晋书》《南中志》《通鉴》《续大事记解题》。

⑨ 按旧《志》，龙佑那，仁果时之十七世孙。仁果时乃九隆八族牟苴颂之四世孙也，居白岩，号白子国。龙佑那改建宁国，传十七世至张乐进求，而逊位于蒙。自仁果时起，传三十世，为蒙氏所灭。《蜀传》及旧《志》。武侯破孟获处名天威径。有高骈诗："豺狼坑尽却朝天，战马休嘶瘴岭边。归路险巇今坦荡，一条千里直如弦。"顾云《天威行》："蛮岭高，蛮海阔，去舸回艘投此歇。一夜舟人得梦间，草草相呼一时发，飓风怒起云颠狂，波涛摆掣鱼龙僵；海神怕急上岸走，山神股栗入石藏；金蛇飞伏电闪过，白日倒挂银绳长；轰轰砢砢雷车转，霹雳一声天地战。风定云开始望看，万里有天才四片。车遥遥，马阗阗，平如砥，直如弦，云南八国万部落，皆知此路来朝天。耿恭拜出井底水，广利刺开山上泉。若论终古济物意，二将之功均小焉。"

⑩ 《本传》。

晋武帝泰始七年，分益州置宁州，以鲜于婴为刺史。①

泰康五年，罢宁州入益州，以李毅为南夷校尉护之。②

惠帝大安元年，毛诜、李睿、李猛叛，李毅讨破之。③

二年，复置宁州。④

李毅杀建宁太守马恢。⑤

光熙元年，五苓夷寇宁州。刺史李毅卒。⑥

怀帝永嘉四年，以王逊为南夷校尉、宁州刺史，灭五苓夷。以地势形便上，分永昌为梁水郡，改益州为晋宁郡，从之。⑦

愍帝以侍中第五猗为征南大将军，监荆、梁、益、宁四州军事。⑧

明帝大宁元年，成李雄遣李骧寇宁州。王逊遣将军姚崇等大破之。⑨

宁州刺史王逊卒。诏以其子坚为刺史。⑩

三年，陶侃表零陵太守尹凤（奉）为宁州刺史，征坚还。⑪。

成帝咸和二年，宁州秀才庞遗起义兵，攻李雄将任佪、李谦等。雄遣将罗恒等救之。刺史尹凤（奉）遣裨将姚岳、太守杨术援遗，战于台登。岳等败绩，术死之。⑫

四年，以陶侃为太尉，加都督交、广、宁州。⑬

八年，李雄陷宁州。⑭

---

① 《晋地理志》《南中志》《通鉴》。
② 《南中志》《晋地理志》《通鉴》。
③ 《南中志》。
④ 《晋地理志》。
⑤ 《南中志》。
⑥ 《通鉴纲目》。
⑦ 《本传》《通鉴纲目》。
⑧ 《周访传》。
⑨ 《本传》。
⑩ 《通鉴纲目》。
⑪ 《王逊传》。
⑫ 《本纪》。
⑬ 《本纪》《续大事记》。
⑭ 《通鉴》。

咸康三年，以邓岳加督宁州，进征虏将军，迁平南将军。[①]

以周抚为征虏将军，加督宁州诸军事。[②]

四年，分宁州置安州。[③]

五年，取宁州。[④]

八年，罢安州并宁州。[⑤]

穆帝永和九年，以桓温为安西将军、持节都督荆、司、雍、梁、益、宁六州军事、领护南蛮校尉。[⑥]

孝武帝大元二年，以谢安为司徒、都督荆、梁、宁、益、交、广六州军事。[⑦]

是年，以车骑将军桓冲都督荆、江、梁、益、宁、交、广七州军事。[⑧]

十四年，以骠骑长史王忱都督荆、益、宁州军事。[⑨]

十七年，以黄门侍郎殷仲堪都督荆、益、宁州军事。[⑩]

安帝义熙元年，以毛璩进征西将军，加散骑常侍、都督益、梁、秦、凉、宁五州军事。[⑪]

八年，以刘毅都督荆宁秦雍四州军事。[⑫]

宋文帝元嘉十八年，晋宁太守爨松子举兵反。宁州刺史徐循讨平之。[⑬]

明帝泰豫元年，以镇西将军沈攸之都督荆、湘、梁、宁八州军事。[⑭]

---

① 《本传》。
② 《本传》。
③ 《本纪》《地理志》。
④ 吕祖谦《标目》。
⑤ 《地理志》。
⑥ 《本纪》。
⑦ 《本传》。
⑧ 《本传》。
⑨ 《通鉴》。
⑩ 吕祖谦《标目》。
⑪ 《本传》。
⑫ 吕祖谦《标目》。
⑬ 《本传》。
⑭ 吕祖谦《标目》。

梁武帝时，建宁、越巂叛，都督王纪抚定之。①

天监十三年，梁杀宁州刺史李略。②

大同末，以徐文盛为宁州刺史。③

简文帝大宝元年，宁州刺史徐文盛败侯景兵于贝矶。④

隋开皇十五年，置益州总管。⑤

十七年，遣太平公史万岁讨南宁羌。自蜻蛉川，度西洱河，入渠滥川，平之。⑥

十八年，南宁羌复反。史万岁坐除名。⑦

唐高祖武德七年，命韦仁寿检校南宁州都督，寄治越巂。仁寿将兵循西洱河开地，置七州十五县，请徙治南宁州。假兵，遂抚定。诏可。⑧

太宗贞观二十二年，遣右武侯将军梁建方讨松外诸蛮，遣使诣西洱河，

---

① 旧《志》。

② 《通鉴纲目》。

③ 《本传》《两爨蛮传》。

④ 《通鉴》。

⑤ 《通鉴》、吕祖谦《标目》。有梁睿《疏》。梁睿威振西川，夷獠归附，唯南宁酋帅爨震恃远不宾。睿上《疏》曰："窃以远抚长驾，王者令图；易俗移风，有国恒典。南宁州，汉世牂牁之地。近代以来，分置兴古、云南、建宁、朱提四郡。户口殷众，金宝富饶。二河有骏马、明珠，益宁出盐井、犀角。晋大始七年，以益州旷远，分置宁州。至伪梁，南宁州刺史徐文盛被湘东征赴荆州。属东夏尚阻，未遑远略，土民爨瓒遂窃据一方，国家遥授刺史，其子震相承至今。而震臣礼多亏，贡赋不入，每年奉献不过数十匹马。其处去益，路止一千，朱提北境即与戎州接界。如闻彼人苦其苛政，思被皇风。伏唯大丞相匡赞圣朝，宁济区宇，裕后光前，方垂万代，辟土服远，今正其时。幸因平蜀士众，不烦重兴师旅，押獠既讫，即请略定南宁。自卢戎已来，军粮须给；过此，即于蛮夷征税，以供兵马。其宁州、朱提、云南、西爨并置总管州镇，计彼熟蛮租调，足供城防仓储。一则以肃蛮夷，二则裨益军国。今谨建南宁州、郡、县及事，意如别有，大都督杜神敬昔曾使彼，具所谙练，今并送往。"又请曰："窃以柔远能迩，著自前经；拓土开疆，王者所务。南宁州，汉代牂牁之郡。其地沃壤，多是汉人。既饶宝物，又出名马。今若规取，仍置州郡，一则远振威名，二则有益军国。其处与交广相接，路乃非遥，汉代开此，本为讨越之计；伐陈之日，复是一机。以此商量，决谓须取。"高祖深纳之。然以天下初定，恐民心不安，故未之许。后竟遣史万岁讨平之，并因睿之策也。

⑥ 《本纪》《本传》。

⑦ 《通鉴》。

⑧ 《通鉴》。

谕其帅杨威等，皆款降。[①]

是年，西洱河大首领杨栋、东洱河大首领杨敛皆入朝，授官秩。[②]

册建宁张乐进求为首领大将军。进求寻逊位于蒙氏。[③]

高宗永徽四年，蒙细奴罗代张氏，亦遣使入朝，赐以锦袍。[④]

大勃弄杨承颠私置将帅，寇麻州。都督任怀玉招之，不听。以左领军将军赵孝祖为郎州道行军总管，与怀玉讨定之。[⑤]

显庆元年西洱河大首领杨栋附。[⑥]

麟德元年，置姚州都督府于昆明之弄栋川。[⑦]

上元元年，细奴罗死，子罗盛炎嗣。[⑧]

咸亨三年，姚州蛮寇边，以太子右卫梁积寿为姚州道行军总管讨平之。[⑨]

武太后时，盛炎入朝。[⑩]



---

① 《本纪》《骠传》。

② 《西洱河蛮传》。

③ 旧《志》。古记不书年，当附此。

④ 《南诏传》。按旧《志》，张仁果时传至张乐进求，为蒙氏所灭。蒙氏自永昌徙居蒙舍川。细奴罗父龙迦独，本九隆五族牟苴笃三十六世孙也。奴罗数有神异，部落日盛。高宗永徽四年代张氏，自称奇王，筑龙屽图，号蒙舍诏。九隆事见《哀牢传》。

⑤ 《西爨蛮传》。

⑥ 《洱河蛮传》。

⑦ 《通典》《通考》。

⑧ 《南诏传》。

⑨ 《本纪》。

⑩ 《南诏传》。

武太后时神功二年，蜀川刺史张柬之乞省罢姚州，使隶巂州。不纳。[①]

睿宗景云元年，姚州先附吐蕃，摄监察御史李知古请发兵，击降之，增置州县。群蛮引吐蕃攻知古，杀之。姚巂路绝，盛炎犹奉唐正朔。[②]

太极元年，罗盛炎死，子晟罗皮嗣。授特进，封台登郡王。[③]

姚州蛮进攻蜀汉。诏灵武监军右台御史唐九徵为姚巂道讨击使。吐蕃以铁緪梁漾、濞二水，通西洱蛮，筑城戍之。九征毁緪、夷城，建铁柱于滇池以勒功。[④]

玄宗先天元年，晟罗皮始用兵于五诏。[⑤]

开元二年，晟罗皮遣张健成入朝。乃筑拓东龟城。[⑥]

七年，置剑南节度使。[⑦]

十六年，晟罗皮死，子皮罗阁嗣。[⑧]

十七年，巂州都督张审素克云南昆明城。[⑨]

二十五年，皮罗阁取太和城，又袭大厘城[⑩]，守之。因城龙口，以处阁罗凤。[⑪]

---

① 《列传》。有张柬之《奏疏》："姚州，古哀牢之旧国，本不与中国通。前汉唐蒙开夜郎、滇、筰，而哀牢不附。至光武季年，始请内属，汉置永昌郡以统理之，税其盐、布、毡、罽，以利中土。其国西通大秦，南通交趾，奇珍进贡，岁时不缺。及诸葛亮五月渡泸，收其金、银、盐、布以益军储，使张伯歧选其劲卒，以增武备。前代置郡，其利颇深。汉以得利既多，历博南，涉兰沧水，更置博南、哀牢二县。蜀人愁怨，行者作歌，歌曰："汉德广，开不宾，度博南，越兰津，渡兰沧，为他人。'汉得其利，人且怨歌；今姚府置官，既无安边静寇之心，又无诸葛且纵且擒之术，咨情割剥，积以为常，扇动酋渠，遂成啸聚。姚州，本武陵主簿石子仁奏置，后长史李孝让、辛文协、郎将刘惠、参军李棱并没于蛮。司马成琛请于泸南置镇七所，遣蜀兵防守，自此蜀中骚扰于今不息。伏乞省罢姚州，使隶巂郡，岁时朝觐同之。"

② 《通鉴》。

③ 《南诏传》。

④ 《吐蕃传》。

⑤ 《志要》。

⑥ 旧《志》。

⑦ 《方镇表》、吕祖谦《标目》。

⑧ 旧《志》。

⑨ 《本纪》。

⑩ 今喜州。

⑪ 《南诏传》。

二十六年，皮罗阁赂节度使王昱，求合六诏，许之。遣使册为云南王，赐名归义。徙治太和城。[①]

天宝元年，置姚州澄川守捉。[②]

二载，归义遣其孙凤伽异入朝。授鸿胪卿。[③]

七载，归义死，子阁罗凤嗣，袭王，以其子凤伽异为阳瓜州刺史。[④]

八载，遣特进何履光率十道兵定南诏境。[⑤]

九载，杨国忠以鲜于仲通为剑南节度使。云南太守张虔陀淫虐，云南

---

① 六诏本八诏，见《南诏传》。有《敕蒙归义书》云：“敕西南蛮大帅、特进蒙归义及诸酋首领等，卿近在边境，不比诸蕃，率种归诚，累代如此。况卿等更效忠赤，朕甚知之。顷者，诸酋之中或有携贰，相率自讨，恶党悉除，即日蕃中应且安帖。然则地临外境，亦须有预。人无远虑，必有近忧，卿可思之，岂虚语也。所有蕃中事意，使者具知之。比秋凉，卿及百姓并平安好。遣书，指不多及。”复《书》云：“敕蒙归义。吐蕃于蛮，拟行报复。又嶲州盐井本属国家，中间被其内侵，近日始复收得。卿彼蕃落，亦应具知。吐蕃唯利是贪，数论盐井，比有信使，频以为词。今知其将兵，拟侵蛮落，兼拟取盐井，事似不虚。国家与之通和，未常有恶。今既如此，不可不防。卿即与达奚守圭部落团练，候其有动，方可出兵；必无事趴，亦不得先举。嶲州相去，道里稍遥，若有惊急，复须为援。并委卿与达奚守圭计会，无失事宜。卿于国尽诚，在边为捍，委寄得所，朕复何忧。秋中渐凉，卿及首领、部落百姓并平安好！今故令内给事王承训往，一一口具。遣书，指不多及。”有《敕首领铎罗望书》：“敕故姚州管内大酋长郁傍时嫡孙将军铎罗望，卿之先祖，输忠奉国，遽闻徂逝，深伧于怀；言念边人，必藉抚绥；又逼蕃界，兼资镇遏。卿宜缵承先业，以副朕心。故遣宿卫首领王白于姚州都督达奚守圭计会，就彼吊慰，便授卿袭浪穹州刺史，并赐绫彩三百匹，至宜领取。秋中已凉，卿及首领已下并平安好！遣书，指不多及。”

② 《方镇表》。

③ 《南诏传》。

④ 《南诏传》。

⑤ 《本纪》《南诏传》。

诏阁罗凤忿怨，取夷州三十二。[①]

十载，剑南节度使鲜于仲通讨南诏，战于西洱河，大败绩，大将王天运死之，陷云南都护府。阁罗凤北臣吐蕃，为赞普钟，僭号大蒙国。(《本纪》《南诏传》。有白居易《新丰折臂翁》诗："新丰老翁八十八，头鬓眉须皆似雪。玄孙扶向店前行，左臂凭肩右臂折。问翁臂折来几年？兼问致折何因缘？翁云贯属新丰县，生逢圣代无征战，惯听黎园歌管声，不识旗枪与弓箭。无何天宝大征兵，户有三丁点一丁。点得驱将何处去，五月万里云南行。闻道云南有泸水，椒花落时瘴烟起。大军徒涉水如汤，未过十人二三死。村南村北哭声哀，儿别爷娘夫别妻，皆言前后征蛮者，千万人行无一回。是时翁年二十四，兵部牒中有名字。夜深不敢使人知，偷将大石锤折臂，张弓簸旗俱不堪，从兹使免征云南。骨碎筋伤非不苦，且图拣退归乡土。此臂折来六十年，一肢虽废一身全，至今风雨阴寒夜，直到天明痛不眠。痛不眠，终不悔，且喜老身今独在，不然当时泸水头，身死魂孤骨不收，应作云南望乡鬼，万人冢上哭呦呦。老人言，君听取。君不闻，开元宰相宋开府，不赏边功防黩武。又不闻，天宝宰相杨国忠，欲求恩幸立边功。边功未立生人怨，请问新丰折臂翁。"李白《书怀赠南陵常赞府诗》："岁星入汉年，方朔见明主，调笑当时人，中天谢云雨。一去麒麟阁，逆将朝市乖，故交不过门，秋草日上阶，当时何特达，遂与我心谐。置酒凌歊台，欢娱未曾歇，歌动白纻山，舞回天门月。问我心中事，为君前致辞，君看我才能，何似鲁仲尼？大圣犹不遇，小儒安足悲。云南五月中，频丧渡泸师，毒草杀汉马，张兵夺秦旗。至今西二河，流血拥僵尸，将无七擒略，鲁女惜圆葵。咸阳天下枢，累岁人不足，虽

① 《南诏传》《本纪》曰："云南蛮陷云南郡，都督张虔陀死之。"与《传》略异。杨齐贤曰："唐开元末，皮罗阁逐河蛮，取太和城，天子赐名归义，以利啖剑南节度，求合六诏为一，浸以骄大，册封云南王，治太和城。天宝七年，归义死，阁罗凤袭王。鲜于仲通领剑南节度，卞忿少方略。故事，南诏尝与妻子谒都督。过云南，太守张虔陀私之，多所求丐，阁罗凤不应。虔陀数诟靳之，阴表其罪。由是忿怨，反，发兵攻虔陀，杀之，取姚州及小夷州三十二。故仲通自将出靖州。罗凤遣使谢罪，愿还所虏得自新。如不听，则归命吐蕃，恐云南非唐有。仲通怒，因使者进薄白崖城，大败，引还。罗凤遂北附吐蕃。会杨国忠以剑南节度使当国，乃调天下兵十万，使御史李宓计之，辇饷而死者无数，涉海疫死者相踵于道。宓败死于西洱河，国忠矫为捷书上闻。自再兴兵，倾中国骁骑三十万，天下冤之。"

有数斗玉，不如一盘粟。赖得契宰衡，持钧慰风俗，自顾无所用，辞家方来归，霜惊壮士发，泪满逐臣衣。以此不安席，蹉跎身世违。终当灭卫谤，不受鲁人讥。”）

十一载，御史大夫兼剑南节度使杨国忠授兖州赵国珍黔中都督，屡败南诏。①

十三载，剑南节度使留后李宓击南诏于西洱河，败没。阁罗凤因取巂州会同军，据清溪关，以破越析，枭于赠，西降寻传、骠诸国。②

肃宗至德元载，南诏陷越巂。③

代宗大历十四年，阁罗凤死，子凤伽异先死，孙异牟寻嗣，连吐蕃入寇。神策都将李晟等破之。④

德宗兴元元年，异牟寻迁居史城⑤。

异牟寻僭封五岳四渎。⑥

① 《本纪》《兖州蛮传》。

② 《本纪》《南诏传》。有储光羲《送李云南伐蛮》诗：“昆明滨滇池，蠢尔敢逆常。天星耀鈇钺，吊彼西南方，冢宰统元戎，太守齿军行，囊括千万里，矢谟在庙堂，耀耀金虎符，一息到炎荒。搜兵自交趾，茇舍出泸阳，群山高崭岩，凌越如鸟翔，封豕骤跧伏，巨象遥披攘。回溪深天渊，揭厉逾舟梁，玄武扫孤蜮，蛟龙除方良，雷霆随神兵，硼磕动穹苍，斩伐若草木，系缧同犬羊。余丑隐弭河，啁啾乱行藏，君子恶薄险，王师耻重伤。广车设置梁，太白收光芒，边吏静县道，新书行纪纲。剑关掉鞅归，武弁朝建章，龙楼加命服，貙豸拥秋霜，邦人颂灵旗，侧听何洋洋，京观在七德，休哉我神皇。”高适诗：天宝十一载，有诏伐西南夷，右相杨公兼节制之寄，乃奏前云南守李宓涉海自交趾击之。道路险艰，往复数万里，盖百王所未通也。十二载四月，至于长安。君子是以知庙堂使能，而李公效节。适忝斯人之旧，因赋是诗：‘圣人赫斯怒，诏伐西南戎。肃穆庙堂上，深沉节制雄，遂令感激士，得建非常功，料死不料敌，顾恩宁顾终。鼓行天海外，转战蛮夷中，梯巘近高鸟，穿林经毒虫，鬼门无归客，北户多南风。蜂虿隔万里，云雷随九攻，长驱大浪破，急击群山空。饷道忽已远，悬军垂欲穷，精诚动白日，愤薄连苍穹，野食掘田鼠，哺餐兼僰僮。收兵列亭堠，拓地弥西东。临事耻苟免，履危能饬躬。将星独照耀，边色何溟濛，泸水夜可涉，交州今始通。归来长安道，召见甘泉宫，廉、蔺若未死，孙、吴知暗同。相逢论意气，慷慨谢深衷。’”有李白诗：“羽檄如流星，虎符合专城，喧呼救边急，群鸟皆夜鸣。白日曜紫微，三公运权衡，天地皆得一，澹然四海清。借问此何为，答言楚征兵，渡泸及五月，将赴云南征。”

③ 《通鉴》。

④ 《通鉴》。

⑤ 今喜洲。

⑥ 旧《志》。

贞元四年，异牟寻徙居羊苴咩城，请内附。①

五年，异牟寻遣乌蛮鬼主梦冲苴聘于剑南节度使韦皋，因入朝。韦皋遣其属崔佐时报之，盟于点苍山。②

九年，南诏遣使上表，诏册封云南王。③

诏韦皋为云南安抚使。异牟寻遣使杨嘉明。韦皋献夷中歌。(《骠传》:“南诏奉圣乐用正律黄钟之均，宫徵（zhi）一变，象西南顺也。角羽终变，象戎夷之革心也。舞六成，工六十四人，赞引二人，序曲二十八叠。舞南诏奉圣乐字，舞人十六，执羽翟，以四为列。舞南字，歌圣主无为化；舞诏字，歌南诏朝天乐；舞奉字，歌海宇修文化；舞圣字，歌雨露覃无外；舞乐字，歌辟土丁零塞，皆一章三叠而成。舞者初定，执羽，箫鼓等奏散序一叠。次奏第二叠，四行赞引以序入。将终，雷鼓作于四隅，舞者皆拜，金声作而起。执羽，稽首，以象朝觐，每拜跪节以钲鼓。次奏拍序一叠，舞者分左右蹈舞，每四拍，揖羽稽首。拍终，舞者拜。复奏一叠，蹈舞抃揖，以合南字。字成，遍终，舞者北面跪歌，导以丝竹。歌已，俯伏；钲作，复揖。舞余字皆如之；唯圣字词末皆恭揖，以明奉圣。每一字曲三叠，名为五成。次急奏一叠，四十八人分行罄折，象将臣御边也。字舞毕，舞者十六人为四列，又舞辟四门之舞，遽舞入遍两叠，与鼓吹合节，进舞三，退舞三，以象三才三统。舞终，皆稽首逡巡。又一人舞亿万寿之舞，歌天南滇越俗四章，歌舞七叠，六成而终。七者，火之成数，象天子南面生成之恩；六者，坤数，象西南向化。凡乐三十，工百九十六人，分四部：一龟兹部，二大鼓部，三胡部，四军乐部。龟兹部有羯鼓、楷鼓、腰鼓、鸡娄鼓、短笛、大小觱篥、拍板皆八，长短箫、横笛、方响、大铜钹、贝皆四；凡工八十八人，分四列，属舞筵四隅，以合节鼓。大鼓部以四为列，凡二十四，居龟部前。胡部有筝、大小箜篌、五弦琵琶、笙、横笛、短笛、拍板皆八，大、小觱篥皆四，工七十二人，分四列，属舞筵之隅，以导歌咏。军乐部，金铙、金铎皆二，㭎鼓、金钲皆四，钲鼓金饰盖，垂流苏，工十二人，服南诏服，立辟四门，舞筵四隅，节拜合乐。又十六人画半臂，

① 《南诏传》。

② 《通鉴》《南诏传》。

③ 《通鉴》。

执枫鼓，四人为列。舞人服南诏衣、绛裙襦、黑头囊、金佉苴、画皮靴，首饰袜额冠、金宝花鬘，襦上复加画半臂，执羽翟，舞俯伏，以象朝拜；裙襦画鸟兽草木文，以八彩杂华，以象庶物咸遂；羽葆四垂，以象天无不覆；正方布位，以象地无不载；分四列，以象四气；舞为五字，以象五行；秉羽翟，以象文德；节鼓，以象号令远布；振以铎，明采诗之义；用龟兹等乐以象远夷悦服，钲鼓则古者振旅献捷之乐也。黄钟、君声，配运为土，明土德常盛。黄钟得乾初九，自为其宫，则林钟四律以正声应之，象大君南面提天弦于上，乾道明也。林钟得坤初六，其位西南，西南感至化于下，坤体顺也。太簇得乾九二，是为人统，天地正而三才通，故次应以太簇。三才既通，南吕复以羽声应之。南吕、酉，西方金也；羽，北方水也；金水悦而应乎时，以象西戎、北狄悦服。然后姑洗以角音终之。姑、故也，洗、濯也，以象南诏背吐蕃归化，洗过日新。皋以五宫异用，独唱殊音；复述五均谱，分金石之节奏。一曰黄钟宫之宫，军士歌奉圣乐者用之。舞人服南诏衣，秉翟，俯伏拜抃，合南诏奉圣乐五字，唱词五，舞人乃易南方朝天之服，绛色，七节襦袖，节有青褾排衿，以象鸟翼。乐用龟兹、胡部金钲、枫鼓、铙、贝、大鼓。二曰太簇商之宫，女子歌奉圣乐者用之，合以管弦。若奏庭下，则独舞一曲。乐用龟兹鼓、笛各四部与胡部等合作，琵琶、笙、箜篌皆八，大、小觱篥、筝、五弦琵琶、长笛、短笛、方响各四，居龟兹部前；次贝一人，大鼓十二，分左右，余皆坐奏。三曰姑洗角之宫，应古律林钟为徵宫，女子歌奉圣乐者用之。舞者六十四人，饰罗彩襦袖，间以八采，曳云花履，首饰双凤八卦彩云花鬘，执羽，为拜抃之节。以林钟当地统，象岁功备万物成也。双凤明律吕之和也，八卦明还相为用也；彩云象气也，花鬘象冠也，合奉圣乐三字，唱词三，表天下怀圣也。小女子字舞，则碧色襦袖，象角音、主木，首饰巽卦，应姑洗之气。以六人略后，象六合一心也。乐用龟兹、胡部，其钲、枫、铙、铎皆覆以彩盖，饰以花，趺上陈锦绮，垂流苏。按《瑞图》曰：'王者有道，则仪凤在鼓。'故羽葆鼓栖似凤凰，钲栖孔雀，铙、铎集以翔鸾，钲、枫项足又饰南方鸟兽明泽及飞走翔伏。钲、枫、铙、铎皆二人执击之，贝及大鼓、工伎之数与军士奉圣乐同，而加鼓、笛四部。四曰林钟徵之宫，敛拍，单声奏奉圣乐。丈夫一人独舞，乐用龟兹，鼓、笛每色四人，方响二，置龟兹部前。二隅有金钲，中置金铎二、贝二、铃、钹二，大鼓十二，分左右。五曰南吕羽之宫，应古律黄钟为君之宫，乐用古黄钟，方响一、大琵琶、五弦琵琶、大箜篌、倍黄钟、觱篥、小觱篥、竽、笙、埙、篪、搊筝、轧筝、黄钟箫笛、倍笛、节鼓、拍板等工，皆一人坐奏之。丝竹缓作，一人独唱，歌工复通唱军士奉圣乐词。”）

韦皋遣幕府崔佐时，由石门趣云南。复通石门南道。①

十年，韦皋以南诏兵伐吐蕃，大破之。取铁桥十六城，俘其五王。来献捷。②

异牟寻遣弟献地图、土贡，请复号南诏。诏以袁滋为册使，赐以金印。③

十六年，南诏进奉圣乐舞，御麟德殿观之。④

宪宗元和三年，异牟寻死，子寻阁劝嗣，改赐元和章印。⑤

---

① 《韦皋传》。

② 《本纪》《南诏传》。有权德舆贺表：“臣某伏见剑南西川节度使某所奏，兵马使宋炅前月十八日与云南军合势，攻破吐蕃剑山保定城，当日斩城使者。伏以声教所被，遐迩大同，蠢兹西戎，尚有遗类，或犯亭鄣，且稽灵诛。陛下睿算无穷，天威远震，以夷裔感恩之众，犹藩隅制胜之臣。地取以多方，累献戎捷，事皆前定，必禀圣谟。斩将搴旗，出于料外，坚城便地，尽落彀中。通荒服会朝之途，绝余孽窥觎之隙。奉威怀之命，以律而臧；兼夷夏之师，在和而克。此皆陛下神武潜运，妖氛永清，由是成擒，自当尽敌。臣等谬当枢近，愧乏庙谟，幸睹成功，不胜大庆。无任欣忭之至，谨奉表陈贺以闻。”

③ 《南诏传》《通鉴》。白居易诗：“蛮子朝，泛皮船兮渡绳桥，来自嶲州道路遥。入界先经蜀川过，蜀将收功先表贺。臣国云南六诏蛮，东连牂牁西连蕃。六诏星居初琐碎，合为一诏渐强大。开元皇帝虽圣神，唯蛮倔强不来宾。鲜于仲通六万卒，征蛮一阵全军没，至今西洱河岸边，箭孔刀痕满枯骨。谁知今日慕华风，不劳一人蛮自通。诚由陛下休明德，亦赖微臣诱谕功。德宗看表知如此，笑令中使迎蛮子。蛮子导从者谁何，摩挲俗羽双隈伽，清平官持赤藤杖，大将军系金呿嵯。异牟寻男寻阁劝，待敕召对延英殿。上心贵在怀远蛮，引临玉座近天颜。冕旒不垂亲劳徕，赐衣赐食移时对。移时对，不可得，大臣相看有羡色。可怜宰相拖紫佩金章，朝日唯闻对一刻。”元稹诗：“西南六诏有遗种，僻在荒陬路寻壅，部落支离君长贱，比诸夷狄为幽冗。犬戎强盛频侵削，降有慎心战无勇，夜防钞盗保深山，朝望烟尘上高冢。鸟道绳桥来款附，非因慕化因危悚。清平官系金呿嵯，求天叩地持双珙。益州大将韦令公，顷实遭时定汧陇，自居剧镇无他绩，幸得蛮来固恩宠。为蛮开道引蛮朝，迎蛮送蛮常继踵。天子临轩四方贺，朝廷无事惟端拱。漏天走马春雨寒，泸水飞蛇瘴烟重。椎头丑类除忧患，瘇足役夫劳汹涌。匈奴互市岁不供，云蛮通好辔长駷，戎王养马渐多年，南人耗悴西人恐。”权德舆《送袁中丞持节册南诏》诗：“西南使星去，远徼通朝聘，烟雨僰道深，麾幢汉仪盛，途经五尺崄，水爱双流净。上国洽恩波，外臣遵礼命。离堂驻驺驭，且尽樽中圣。”

④ 《会要》。

⑤ 《南诏传》。

四年，寻阁劝死，子劝龙晟嗣。①

十一年，劝龙晟为其下弄栋节度使王嵯巅所弑，立其弟劝利晟。②

南诏寇安南。③

穆宗长庆四年，始赐劝利晟印。是岁，劝利晟死，弟丰佑嗣，不连父名。朝廷遣京兆少尹韦审规持节临册，丰佑遣洪成酋等入谢。④

文宗太和三年，南诏入寇，陷邛、戎、嶲。遣鄂、岳、襄、邓忠武军伐之。又寇成都，入其郛。遣右领军卫大将军董重质伐之。丰佑上表，请诛西川节度使杜元颖。诏贬元颖为循州司马。⑤

四年，以李德裕为西川节度使。⑥

六年，南诏掠骠国民三千，徙之拓东。⑦

武宗会昌六年，南诏寇安南，经略使裴元裕死之。⑧

宣宗大中十二年，南诏寇安南，陷都护府，发朱弩佉苴助守。犹岁朝贡。⑨

十三年，丰佑死，子酋龙嗣。朝廷以名近庙讳，不行册礼。酋龙僭号，改号大礼国，寇陷播州。⑩

懿宗咸通元年，南诏遣清平官董成等诣成都，节度使李福囚之，刘潼释之。有诏，成等至京师。见别殿，遣还。⑪

二年，南诏寇安南，攻陷邕州。⑫

南诏陷嶲州。遣左司郎中孟穆吊祭，不果行。⑬

---

① 《南诏传》。

② 《南诏传》。

③ 《本纪》。

④ 《南诏传》。

⑤ 《本纪》《南诏传》。

⑥ 《通鉴纲目》《世史正纲》。

⑦ 《本传》。

⑧ 《本纪》。

⑨ 《南诏传》。

⑩ 改号，旧《志》《元史》皆为异牟寻，今从《唐史·南诏传》《通鉴》。

⑪ 《南诏传》《通鉴》。

⑫ 《本纪》。

⑬ 《南诏传》。

三年，南诏寇安南。

四年，南诏陷安南，经略使蔡袭死之。①

五年，南诏寇邕州，官军败没。加康承训检校右仆射。②

七年，岭南节度使高骈大破南诏，复取交趾。③

八年，南诏遣杨酋庆来谢释董成之囚，且归成都俘三千人。节度使李师望杀其使。④

十年，南诏入寇，陷嘉、黎、雅三州。

十一年，南诏攻成都。⑤

十四年，南诏陷黔中。⑥

是年，以牛丛为剑南西川节度使。南诏谩书求入朝假道。丛囚其使

---

① 《本纪》《南诏传》。

② 《本纪》《南诏传》。

③ 《通鉴》吕祖谦《标目》。

④ 《南诏传》旧《志》。

⑤ 《本纪》、吕祖谦《标目》。有徐凝诗："守隘一夫何处在？长桥万里只堪伤。纷纷塞外乌蛮贼，驱尽江头濯锦娘。"雍陶诗："但见城池还汉将，岂知佳丽属蛮兵。锦江南渡遥闻哭，尽是离家别国声。""大渡河边蛮亦愁，汉人将渡尽回头。此中剩寄思乡泪，南去应无水北流。""欲去乡关行步迟，此生无复却回时。千冤万恨何人见，唯有空山鸟兽知。""越嶲城南无汉地，伤心从此便为蛮。冤声一恸悲风起，云暗青天日下山。""云南路出陷河西，毒草长青瘴色低。渐近蛮城谁敢哭，一时收泪羡猿啼。"

⑥ 《通鉴》。

四十人，释二人还。[①]

僖宗乾符元年，南诏寇西川，陷黎州，入邛来关。[②]

二年，南诏攻雅州。以高骈为西川节度使。诏骈数南诏罪，责之。(《本纪》《通鉴》。有高骈《回云南牒》："大唐剑南西川节度使牒云南诏国牒。我大唐圣皇帝德配二仪，光齐两曜，仁沾动植，圣役神龙。煦万国而尽若青天，养万民而皆同赤子。东邻若木，西届流沙，北通阴山，南抵铜柱，莫不贡珍而纳赆，航海而梯山，请混车书愿为臣妾。是知卑微萤耀，不敢并于太阳；蝩蜓蹄涔，焉能踵于神骥。且自九夷八狄七戎六蛮虽居要荒，尽遵中国。力争不得，天使其然。所以孔子云，夷狄之有君，不如诸夏之亡也。纵外夷骄倨，岂中国等伦。是以博古知今，但拟率凶逞志，虽恃荒陬之独力，皆以天时；必为寰海之诸蕃哂其僭越，力不足凭。且以蠓蠓之飞腾，不离沟渎；欲迫鸾凤之羽翼，拟接熛霄。虽是童儿亦知不可。且云南顷者"求合六诏并为一蕃，与开道途，得接邛蜀。许赐书而习读，遽降使而交欢。礼待情深，招延意厚，

---

① 《本传》。有牛丛《报坦绰书》。咸通十四年，兵部尚书牛公丛除剑南西川节度使。十二月，坦绰至雅州，差使送书上川主，云："此时止欲专诣京师，恳求朝见论理，枉遭谗间，隔绝梯航。冀与尚书继好息民，朝来暮往。今故假道贵府，请于蜀王殿安下三五日，即便前进。"公览书惊骇，乃复书曰："十二月二十四日，剑南西川节度观察安抚使、守兵部尚书、成都尹牛丛致书于云南诏国坦绰麾下，专人遽到，示翰忽临，承统押师徒，来及近界。窃以诏国自为背叛，积有岁年。乃祖出于六诏之微，非是西夷之长。禹会涂山之日，不得预万国之名；舜巡方岳之时，不闻见五年之幸。我大唐德宗皇帝仁沾动植，信及豚鱼，子育兆民，君临四海。悯其倾诚向化，率属来王，遂总诸蛮，令归君长，仍名诏国，永顺唐仪。赐孔子之诗书，颁周公之礼乐，数年之后蔼有华风，变腥膻蛮貊之邦，为馨香礼乐之域。岂期后嗣罔效忠诚，累肆猖狂，频为妖孽。自四、五年来，侵凌我疆土，围逼我城隍。盖以姑务含容，不虞搪突，遂令凶丑以害生灵。况乃毗桥丧师，沱江败绩，于何今日不改前非。妄设奸欺，诈言朝觐，辄举螗螂之臂，大兴豺豕之心，仍构狂词，乃云假道，所要于蜀王殿安下三五日，即便前去者。且先代帝王之治也，岂尝外蛮貊以薙之？是必天怒鬼诛，殒身丧国，以尔欲其亵渎，示彼诫惩。况天设华夷，国分大小，小当事大，夷不乱华。岂有兴动蛮师甲兵，侵凌天子藩屏。必是坦绰数尽之岁、殄灭之秋。不然，何以不恤其民，妄动于众。一旦天子赫怒，诸侯会兵，长驱渡泸之师，深入铸柱之境，必不更七擒七纵，即须剪蔓除根，当此之时，后悔无及。坦绰今已离彼巢穴，犯我封圻，当道已排比战场，点蜓戈甲，雄师十万，骁骑五千，即遂鼓行，併令擒戮。所差王保诚四十人送书，并已囚系，候于军前，用以衅鼓。今发遣鄭咙、段酉迁二人持此报书，望详览。不具。某白。"

② 《本纪》《通鉴》。

传周公之礼乐，习孔子之诗书。片善既知，大恩合报。忽穷兵渎武，掠土侵疆，再犯朗宁，重陷交趾，两俘邛蜀，一劫黔巫、涂灰城池而极多，皆为灰烬；驱归士庶而非少，尽作幽冤。转恣胸襟，罔知悛革。吞越巂之旧地，为相如之故城。凌犯不休，贪残转甚。昔时交趾都护不闲理兵，旧日朗宁元戎未解诛寇，受以侵欺，容其残暴。某比者亲征海裔，克复龙编，驱驾三千之师，剿除十万之寇；南定县则全军陷没，如乾镇则片马不回；罗和一空，嘉宁俱尽。赞卫段首迁之斩首，骑将麻光亮之亡躯，善龙则面缚于军前，张铨则生擒于阵上。沉白衣殁命之众，如赤日消冰；杀朱弩佉苴之军，若洪炉焰炽。膏涂草芥，骸积丘山，士卒睹之而称心，夷獠观之而快意。赵诺眉而就戮，杨思缙亦自裁，董铎龙之凄惶，范昵些之窘沮。每来侵扰，无非败亡。江桥则尽底焚烧，采筏则从头覆没；容易诛锄，若高原之纵燎；等闲扑灭，如顺坂之走丸；收复城池，扫殄妖孽；先伏睿谋之果断，后资神术而追擒；掩韩信灭赵之功，吞乐毅定齐之策；其于胜负，诏国洞知。昨日来镇西川，移从汶水，仗节而不施导骑，单车而直抵坤维。大开城门，放出人物；三军而遣归营幕，百姓而使返乡闾。此时诏王未离近地，固无疑阻，直拟诛锄。不比从前帅臣，只务姑息；凶丑唯将和好，便是策谋；今则已知天时，誓雪国耻。前诏王遣张栋成等将领军，但称是行人；未至府城，扬言和好；身才入境，兵已继来。况系诏王亲行，公然诈伪，侵欺大国，荧惑元戎。戮仆之仪，须依古典，其张栋成等并已军令处置。且诏国前后俘虏约十万人，今独送杜骧妻，言是没落。且杜骧守职本在安南，城陷驱行，故非没落。星霜半代，桎梏几年，李氏偷生余喘，而空令返国；杜骧早殁遗魂，而不得还乡。今则训练蕃兵，指挥汉将，铁衣十万，甲马五千，邕、交合从，黔、蜀齐晋。昔时汉相有七擒七纵之功，今日唐臣蕴百战百胜之术。勋名须立，国史永书。且杜骧官衔、李瑶门地，不是亲近，但王室疏宗天枝远派而已。李氏并诏国本夹，并差人押领进送朝廷讫，故牒。”又《牒》：“牒前件木夹。万里离南，一朝至北，开缄捧读，辞藻焕然，奖饰过多，欣慰何极！实以乍同边镇，才到藩篱，且按此朝之旧仪，未委彼国之新制，不知鹤拓，惟认苴咩，尚呼南诏之佳名，岂见大朝之美号，要从微耗，且是所宜。伏承骠信王化风行，君德云被，雕题屈膝，鴂舌折腰，卉服来庭，毳裘入贡，盖以深明豹略，精究龙韬，波伏西天，草偃南土者。然侵轶我华夏，无乃不可乎？将谓我皇帝有所负于彼邦，边臣有所负于彼国，虑彼直我曲，获罪于天，是陈木夹申怀，用贮荣报，及披回示，已见事根，止于囚系使人，放归彼国。始乎小怨，终此深雠，吞噬我朗宁，虔刘我交阯，取我越嶲，犯我益州，若报东门，乃及再四。夫物居中者尊也，处外者卑也，是以众星拱之北辰，百谷趋之东海，天地尚不能违，而况于人乎！我国家居天之心，宅地之腹，四方八表，莫不辐辏，亦犹北辰之与东海也。诚知土地山河归于有德，虽云有德，亦须相时。苟无其时，安可妄动？明公博识多闻，岂不见仲尼乎！仲尼之圣逾尧舜，颜子之贤过夔龙，六合茫茫，无立锥之地者，盖无其时也。适使仲尼生于秦末，乘胡亥之乱，用颜回、闵损为宰相，子路、冉有领将军，子贡、宰我充行人，子夏、言偃典书檄，虽六合鼎沸，可期月而定也。当此之时，刘项只可都头，韩彭不过十将耳。圣人虽有帝天下之德，而无帝天下之时，终不妄动。及子路欲使门人为臣，以为欺天乎！及自叹曰："凤鸟不至，河不出图，吾已矣夫！"止于负手曳杖，逍遥倚门，告终而已。王莽不识天时，苻坚不知历数，妄恃强富，争帝乾坤。莽以百万锐师来袭后汉，光武以五千之众破于昆阳，苻以六十万精兵寇于东晋，谢玄以八千之卒败于寿春，岂不以欺天罔地所致者也？国富兵强，何足恃也！周王仗箠于岐山，汉祖脱褐于泗水，我高祖起自陇州。盖明公只知其一，未知其二，见其形未知其兆也。今与明公陈之，望审参焉。昔周公承公刘之德，遇殷纣之暴，刳剔孕妇，涂炭生灵，剖贤人之心，斫朝涉之胫，三分天下而二归周，文王率诸侯而朝之。至武王观兵孟津，八百诸侯不期而会，尚曰，彼有人焉，未可图也。退归修德。观乎圣人去就，岂容易哉！及微子去，比干剖，箕子奴，民不聊生，皇天厌之，国人弃之，武王方援旗誓众，一举而灭纣者，盖天夺殷而与周也。我皇方宵衣旰食，肩尧踵舜，父事三老，兄友百僚，推赤心于比干腹中，悬白日于微子头上，诸侯合德，百姓欢心，唯天下有人圣如周王、家有姬旦、户生吕望者乎？汉祖承帝尧之德，遇秦皇无道，并吞六国，恃宇宙一家，焚烧诗书，坑灭贤哲，筑长城于紫塞，造阿房于皇州，鬼母哭蛇，人臣指鹿，民不聊生，皇天厌之，国人弃之。是以陈胜一呼，天下响应。汉祖西入，五星都聚者，盖天夺秦而与汉也。我皇帝方崇诗书，任贤哲，卑宫室，恤黔黎，野无歌凤之人，朝有问牛之杰，天下有人英如汉祖、家有韩信、户生张良者乎？我高祖承玄元之德，遇隋炀荒淫，徭役不均，征敛无度，竭民生之财产，为巡幸之资粮，虎噬群贤，猱蒸庶母，浮沉辽海，疏凿汴河，今年东征，明年西伐，民不聊生，皇天厌之，国人弃之。是以我高祖应天顺地奄有四海者，盖天夺隋而与唐也。我皇方淡薄声色，杜绝巡游，梦卜宰辅，倚注藩屏，思成垂拱，恶习干戈，皇天方赞，国人方欢，天下有人雄如唐祖、家有敬德、户生玄龄者乎？仆虽自绛纱，素耽黄石，既探师律，固识兵机。奉诏镇压三巴，抚安百姓，思敦礼乐，耻用干戈，每伤虞芮之争田，念姬周之让路，苟不获已，即须训戒。且蜀地阔数千里，郡列五十城，户口之多，士卒之众可以挥汗成雨，吐气成云。盖缘从前元戎皆是儒者，有昧见机而作，但守升平之元规，虽分常忧，不教民战，是以彼国得以深入，无备故也。仆示之以三令，教之以八阵，鼓声而进，钲动而退，甘与之共，苦与之均，义等埙篪，情犹瓜葛，悦礼乐而敦诗书，务耕桑而聚谷帛，使家藏甲胄，户贮干戈，赏罚并行，公私共贯，既识三略，便可七擒，不惟喝倒不周，亦可劈开太华。况彼国自长庆以来，搔扰益郡，杀人之父，孤人之母，掠人之妻，鳏人之夫；焚人之庐舍，使人暴露；翦人之桑麻，使人寒冻；蜀人怨恨，痛入骨髓。仆乘其众怒之势，示其暴怨之门；况抱鸡搏貍，不由人教；乳犬敌虎，自是物情；既仗宗庙之威灵，兼统华夏之精锐，若乘流纵棹，下坂推车，岂劳心哉！仆官是宰衡，位当侯伯，披坚执锐虽则未曾，济河焚舟平生所贮。彼国将帅之强弱，邦国之盈虚，坐可酌量，何烦询诱。且六合之外，舟车不至，圣人不言。彼国在圣人不言之乡，舟车不及之地，纵主上英哲，人臣俊乂，亦犹烛龙衔耀，只可照于一方，春雷震声，不能过于百里，天与不取，谈何容易！夫天有五贼，见之者昌。彼国纵晓六韬，未闲五贼，而欲泥封函谷，水灌晋阳，何其谬哉！五贼者，夏桀张罗，殷汤祝纲，是以仁而贼不仁也；殷纣剖生人，周文葬枯骨，是以德而贼不德也；齐国厚征薄贷，鲁国厚贷薄征，是以恩而贼不恩也，项羽杀义帝，汉高祖举哀，是以义而贼不义也；陈后主骄奢，隋文帝恭俭，是以道而贼不道也。能行五贼，兼晓六韬，方可夺人山河，倾人社稷。我朝未有五失，彼国徒自陆梁，以此推之，兴亡可鉴。何劳远离庭户，始识安危；久习韬钤，方明胜负。而妄要姑息，不务通和，回示荒唐，一何乖戾！罔念孔、颜之知命，翻效莽、坚之覆车！交阯丧亡，可知人事；新都失律，足见天时。若望降尊，便希抗礼。但百谷不趋东海，众星不拱北辰，则不可议也。苟未如是，则不可改图。昔管仲入周，不受上卿之礼；苏武在虏，无亏中国之仪。事有前规，固难更易。况小不事大，《春秋》所诛；若彼直我曲，恐招天殃；既彼傲我谦，何患神怒？见已训齐士卒，调集糗粮，或玉露垂槐，金风动柳，建鼓数里，命车指南，涉嶲吊民，渡泸会猎，继齐鲁之夹谷，绍秦赵之渑池，便是行人，岂遗佳策！皇帝圣旨已具前缄奉闻，臣下不复多谈，恐乖忠告。谨牒。”）

四年，酋龙死，子法嗣。请和亲，许之。

五年，南诏请和亲。①

六年，岭南节度使辛谠遣使徐云虔如南诏。②

以崔安潜为西川节度使。③

广明元年，遣宗正少卿李龟年使南诏，与和亲。④

中和元年，南诏上表款附。

三年，以宗室女为安化公主，妻南诏。⑤

南诏遣赵隆眉、杨奇鲲、段义宗朝行在。⑥

昭宗乾宁四年，法死，子舜化嗣。上书。⑦

天复二年，南诏清平官郑买嗣夺蒙氏而灭之，僭号大长和国。⑧

后梁开平四年，买嗣死，子旻嗣。⑨

乾化四年，南诏寇蜀。王建发兵，大破之。⑩

后唐同光三年，长和郑旻以朱鬃白马求婚。南汉以增城公主妻之。⑪

魏王继岌奏，赍书招谕南诏。⑫

同光四年，郑旻死，子隆嗣。

---

① 《南诏传》《通鉴纲目》。

② 《南诏传》《通鉴纲目》。

③ 《南诏传》《通鉴纲目》。

④ 《南诏传》《通鉴纲目》。

⑤ 《南诏传》《通鉴纲目》。

⑥ 《南诏传》。

⑦ 《南诏传》《通鉴纲目》。

⑧ 旧《志》。

⑨ 旧《志》。

⑩ 《通鉴》。

⑪ 《南汉世家》。《史》作“贞明三年”。又《通鉴纲目》。

⑫ 《四裔考》《五代史·南诏附录》。

明宗天成元年，东川节度使杨干贞弑郑隆，立侍中赵善政。①

三年，赵善政僭号大天兴国。干贞废之，自立，僭号大义宁国。②

后晋天福元年，通海节度使段思平讨杨干贞。干贞走死。③

二年，段思平自立，僭号大理国，居羊苴咩城。④

开运三年，段思平死，子思英嗣。思平弟思良废之，自立。⑤

后周广顺元年，思良死，子思聪嗣。⑥

宋太祖乾德三年，王全斌平蜀，欲因兵威取云南，太祖弃之，遂为段氏窃据。⑦

开宝二年，思聪死，子素顺嗣。⑧

太宗雍熙二年，素顺死，子素英嗣。⑨

淳化五年，李顺乱蜀，招安使雷有终遣辛怡显使南诏。⑩

贞宗大中祥符二年，素英死，子素廉嗣。⑪

仁宗乾兴元年，素廉死，素英之孙素隆嗣。避位为僧，传于素廉之孙素贞。⑫

天圣四年，素贞死，孙素兴嗣。⑬

庆历元年，国人废素兴，立思平曾孙智恩之子思廉嗣。⑭

皇祐五年，以狄青为荆湖宣抚使，讨侬智高。智高走大理。募死士求

---

① 旧《志》。
② 旧《志》。
③ 旧《志》。
④ 旧《志》。
⑤ 旧《志》。
⑥ 旧《志》。
⑦ 旧《志》以建隆三年平蜀。按：全斌平蜀在乾德三年，今正之。《通考》。
⑧ 旧《志》。
⑨ 旧《志》。
⑩ 怡显《云南录》。“招安使”，《史》作“转运使”。
⑪ 旧《志》。
⑫ 旧《志》。
⑬ 旧《志》。
⑭ 旧《志》。

之，函首京师。[1]

神宗熙宁八年，思廉避位，传子廉义。[2]

九年，廉义遣使入贡。后为臣杨义贞所弑。[3]

元丰三年，杨义贞篡凡四月。段氏臣高智升讨之，立廉义之子寿辉。善阐侯高升泰废之，立思廉庶孙正明。[4]

五年，正明避位。国人奉升泰为主。段氏中绝。[5]

哲宗绍圣元年，升泰僭号大中国。子泰明以父命，求正明弟正淳立之。号后礼国。[6]

三年，正淳嗣。[7]

徽宗崇宁二年，正淳遣高泰连入朝，求经籍，得六十九家。[8]

大观二年，正淳避位。子正严立。[9]

政和五年，广州观察使黄璘奏，大理求款附。

七年，正严遣进奉使李紫琮、副使李伯祥入贡。诏册为大理国王。[10]

宋两遣使入聘。[11]

高宗绍兴三年，广西奏，大理求入贡。却之。

六年，广西经略安抚司奏，大理贡象、马，诏护送行在所，优礼答之。[12]

十七年，正严避位。子正兴嗣。[13]

孝宗乾道八年，正兴避位。子智兴嗣。[14]

---

① 《宋史，萧注传》及《交趾志》《四裔考》。
② 旧《志》。
③ 《宋史·大理传》。
④ 旧《志》。
⑤ 旧《志》。
⑥ 旧《志》。
⑦ 旧《志》。
⑧ 旧《志》。
⑨ 旧《志》。
⑩ “正严”，《宋史》作“和誉”。《四裔考》及《宋史列传》。
⑪ 《志要》。
⑫ 《南诏四裔考》《宋食货志》。
⑬ 旧《志》。
⑭ 旧《志》。

九年，大理李观音得至横山寨，求市马。[①]

淳熙二年，宋知静江府张栻令邕管提举司精选峒丁，以制大理。[②]

宁宗庆元六年，智兴死，子智廉嗣。[③]

开禧元年，智廉死，传弟智祥。[④]

理宗嘉熙二年，智祥避位。子祥兴嗣。[⑤]

淳祐元年，黎守阎师古言，大理请道黎、雅入贡。安抚使孟珙却之，使道邕、广。[⑥]

四年，蒙古来攻祥兴。高禾逆战，败死。宋遣使祭之。[⑦]

十一年，祥兴死，子兴智嗣。[⑧]

十二年，蒙古主使忽必烈击大理。[⑨]

蒙古遣玉律术、王君候、王鉴谕大理。[⑩]

宝祐元年，蒙古忽必烈灭大理，遂入吐蕃，降之。(《世史正纲》。有程文海撰《世祖平云南碑》："国家继天立极，日月所照，罔有内外。云南，秦、汉郡县也。负险弗庭。乃宪庙践祚之二年，岁在壬子，我世祖圣德神功文武皇帝以介弟亲王之重，授钺专征。秋九月出师，冬十二月济河。明年春，历盐、夏。夏四月，出萧关，驻六盘。八月，绝洮，逾吐蕃，分军为三道，禁杀掠焚庐舍。先遣使大理招之，道阻而还。十月，过大渡河。上率劲骑由中道先进。十一月，渡泸，所过望风款附。再使招之，至其国，遇害。十二月，薄其都城。城倚点苍山、西洱河为固。国王段兴智及其柄臣高太祥背城出战，大败。又使招之，三返，弗听，下令攻之。东西道兵亦至，乃登点苍山，临

---

① 范石湖《桂海虞衡志》。

② 《宋史·列传》。

③ 旧《志》。

④ 旧《志》。

⑤ 旧《志》。

⑥ 《本传》。

⑦ 旧《志》。

⑧ 旧《志》。

⑨ 《元史本纪》有世祖为皇弟奉诏入大理事由。宪宗癸丑岁，世祖以皇弟奉诏征西南夷。命兀良哈台为先驱。明年，还朝，兀良哈台东征。至五年，悉定，凡得城五、府八、郡四、蛮部三十七。至元四年，册宗室忽哥赤为云南王，遣就国镇抚，兼郡县其地。

⑩ 《本纪》。

视城中，城中宵溃。兴智奔善阐，追及太祥于姚州，俘斩以徇。分兵略地，所向皆下，惟善阐未附。明年春，留大将兀良合台经略之，上振旅而还。未几，拔善阐，得兴智以献，释不杀。进军平乌蛮部落三十七；攻交趾，破其都；收特磨溪洞三十六；金齿、百夷、罗鬼、缅中诸蛮相继纳款。云南平，列为郡县，凡总府三十七、散府八、州六十、县五十、甸部寨六十一，见户百二十八万七千七百五十三，分隶诸道，立行中书省于中庆以统之。大德八年，平章政事也速答儿建言，所领云南，地居徼外，历世所不能臣。先皇帝天戈一麾，无思不服。今其民衣被圣明，同于方夏，幼长少老怡怡熙熙，皆自忘其往陋，非神武不杀之恩不及此。惟点苍之山尝驻跸焉！若非纪圣功，刻石其上，使臣民永永瞻仰，于事为宜。中书以闻。制曰：可。以命词臣。臣程文海再拜稽首而言曰：世祖皇帝之德大矣！譬如天地之无不持载、无不覆祷，而生生之意恒寓于雪霜、风雨、寒暑变化之中，物之蒙之者熏然而温，洒然而濯，翕然而同，靡然而顺，有不自知其然而然者。故其功烈之崇，基业之广，贯三灵而轶千古。夫以大理之昏迷，旅拒虐我，使人若奋其武怒，俾无遗育可也！而招徕绥缉，终释其主弗诛。呜呼！微天地之德，孰能与于此乎！今陛下建中和之政，凡以绳祖武、厚生民，无所不用其极。中外钦承，无远弗届。是以藩方大臣于钱谷甲兵之外，惓惓以光昭令德为请，其知为政之本也已。汉世宗从事西南夷，天下为之骚动，蜀民恣怨，喻之谆谆，凿池莅习，再驾而后取之，其视今也孰愈。穆王周行寓县，必皆有车辙马迹焉，初非疆理天下也，而世犹诵之至今，其视跋履山川、洒濯其民、而纳于礼义之域，孰愈？彼碧鸡、金马与夫点苍，皆其山之望者也。汉使祭之，唐季盟之，夫各有畏焉耳！今也镌未始磨之崖，纪无能名之绩，桓桓烨烨，与世无极，岂惟足以震百蛮、荣千古，其余光所被，山川鬼神与皆赖之。呜呼，盛矣哉！臣事先皇帝早受眷知，今复待罪禁林，发扬蹈厉，职也，不敢以荒落辞，谨再拜稽首而系之以诗曰：于皇惟元，载地统天，大噫小嘘，曰寒以暄。粤西南陬，水驶山峭，风霆流形，气交神州。跂息蠕蠕，勾萌鲜鲜，谷饮巢居，燕及跕鸢。繄谁之思，圣祖神孙，武列文谟，湔祓生存。既有典常，被之服章，我吏我民，我工我商，万国一家，孰为要荒？点苍苍苍，禹迹尧墙，井钺参旗，终夜有光。威不违颜，作善降祥。嗟尔耄倪，视此勿忘！”）

忽必烈命姚枢搜访图籍。祭三使。[①]

斩高祥于姚州。[②]

忽必烈以刘时中为宣抚使，同段兴智安辑大理。遂班师。[③]

元世祖中统元年，段兴智入朝，道卒。以子信苴日为总管，守大理。

二年，信苴日入朝，赐虎符，诏领大理等诸郡。[④]

三年，置元帅府于大理，命昔撒昔总制鬼国、大理两路。[⑤]

至元二年，诸爨部叛，信苴日讨平之。[⑥]

三年，遣云南王忽哥赤镇大理等处。[⑦]

八年，分大理三十六部为三路。[⑧]

敕遣阿鲁忒儿等抚治大理。[⑨]

大理八部蛮酋新附，降诏抚谕。[⑩]

十一年，更定诸路名号。以信苴日为大理总管。

十三年，授信苴日大理等处宣抚使。

十八年，以信苴日为宣抚使都元帅。寻拜云南路行中书省参知政事。[⑪]

十九年，诏信苴日同右丞答儿迎征缅师。卒，弟忠以功授大理等处宣慰使兼管军民万户府。[⑫]

以信苴日子庆为大理等处宣慰使都元帅，佩金虎符。

---

① 《本纪》。

② 《本纪》。

③ 《本纪》。

④ 《纪》《传》。

⑤ 《本纪》。

⑥ 《本传》。

⑦ 《本纪》。

⑧ 《本纪》。

⑨ 《本纪》。

⑩ 《本纪》。

⑪ 《列传》

⑫ 《列传》。

庆子隆、隆子光皆相继为总管。①

二十二年，以参知政事郝相分政大理。②

二十五年，以云南王也先铁木儿镇大理。③

至元中，封大理段庆为宣武将军，尚公主。

成宗大德元年，移云南御史于陕西，谓之西台。④

梁王以元宗室镇善阐，与段氏构隙分域。

至治元年，大理玉案山产小赤犬无数，群吠。

是年，雨铁丸，人物触之即毙。

武宗至大二年，梁王老的大破段光兵。⑤

泰定二年，遣亦喇马丹等使大理，招谕蛮寇。⑥

顺帝元统二年，大理诸路请官赈恤灾伤饥民，从之。⑦

至正四年，段功袭蒙化州知州。

十四年，以段功为总管。

二十二年，明玉珍陷云南，段功进兵击败之于关滩。又追至回蹬关，大破之。梁王帖木儿不花奏授功云南行省平章。⑧

梁王杀段功。

癸卯，明玉珍红巾贼攻云南，段功追而火之，红巾大败。梁王深得段功，以女阿禮妻之，为奏授云南平章。段功遇害，阿禮公主及从官杨渊海死之。

二十七年，梁王攻大理不克。奏升段宝为云南左丞。大明洪武初，段宝遣段真奉表归款。高皇帝诏谕之。

---

① 《列传》。有段光《克蕃兵奏凯》诗："两锁金门百里城，神州花木管弦声。齐天苍岳蟠龙卧，截地长河半月明。梵宇三千连碧海，招提八百向林青。恒河善策长江似，何患诸夷路不平。"

② 《元史》。

③ 《年表》。

④ 出《雍大记》。陕西与云南接壤，此亦可验。元时路通今不通故也。黑水出张掖，益信。

⑤ 旧《志》。

⑥ 《本纪》。

⑦ 《本纪》。

⑧ 旧《志》。

洪武十五年，征南将军颍川侯傅有德、西平侯沐英等平云南，遂克大理，擒段世，世二子仁、义。至京，赐名归仁、归义。仁、授武昌卫镇抚，义、雁门卫镇抚。①

十六年八月，土酋高大惠复叛。征南将军傅友德、都督郭英破佛光寨，平之。元右丞伯颜笃自焚死。大惠逃，为白夷所杀。②

成祖文皇帝永乐元年，封汝南王于大理。末年，移封于湖广武冈州，为岷王。

敬皇帝弘治二年，城赵州。

七年置宾川州，城大罗卫。

**按**："杨士云《郡大记》一卷"，《明史艺文志·史类·地理类》《千顷堂书目·史部·地理类》均著录。惟万历《云南通志·艺文志》《滇略·文略》、天启《滇志·艺文志》均不载。尤以万历《志》作者李元阳，视杨氏为先辈，二人过从甚密。他在杨卒后五年（嘉靖三十八年）为杨作《墓表》中，犹言其所著有"《郡大记》一卷"，怎么过了十四年在他编纂《云南通志》时，竟然忘却而未与著录呢？盖嘉靖二十一年杨、李曾同修《大理府志》，据杨慎《序》说："阅数月而新志成，集二美而卷帙合。"是在较短时期内二人分工合编的，《郡大记》当即于此时由杨氏编入此《志》中。此《志》今亦不传，篇目难以查考。后二十年，杨氏已卒十年，李氏承命重修《府志》时，依新例，将总目、地理志分目及篇题均已改题为"沿革史证"，独于"地理志第一之一其目四"中保留了《郡大记》之名，是亦改之而未尽者，抑李氏尚怀忆旧之情欤！由此可知，新《志》的《沿革史证》即旧《志》的《郡大记》。此篇纪事上自远古下终弘治七年，距旧《志》编纂于嘉靖二十一年已有四十八年，而距新《志》编纂于嘉靖四十二年竟达六十九年，其间所发生的事件俱缺而不书。这虽然不符合新《志》因旧《志》"近事无记"须重编的要求（见李《序》），却给后人留下了原篇的面貌与规模。由此可以推知，《郡大记》成书约在正德至嘉靖初年间。此书在当时已为世所重，故被编入《府志》中，但亦因之而书佚。

① 旧《志》。

② 旧《志》《功臣录》。

作者杨士云（1447—1554）“字从龙，别号弘山，一号九龙真逸。世为太和喜洲人。姓本董氏。考玹，祖姑抱为己子，因姓杨氏。”（见《墓表》）弘治辛酉云贵乡试第一名，正德丁丑科进士。曾官“福州知府、庶吉士、户科左给事中”（《千顷堂书目》卷廿二）。所著有《黑水集证》一卷、《郡大记》一卷，均佚；通行有《杨弘山存稿》十二卷，《云南丛书》本。

明代嘉靖年间，云南大理府人才辈出，先后有杨鼐、杨黼、杨士云、李元阳、赵汝濂、董难、吴懋等，他们都是僰人，又都是进士、举人，熟习中国古典文献。适其时全国知名文士杨慎谪戍云南，相与交游甚密。他们把文献记载与地方掌故结合起来，整理出一批地方历史著作，把云南文化向前推进了一步，对云南后世文化的发展有着深远的影响。

这批著作列表如下：

| 年代 | 书名 | 撰者 | 根据或附注 |
|---|---|---|---|
| 约嘉靖初 | 南诏通记 | 杨鼐 | 蒋彬曾见钞本 |
| 约嘉靖初 | 郡大记 | 杨士云 | 记事下止弘治七年 |
| 嘉靖十一年（1532） | 南诏源流纪要 | 蒋彬据南诏记、白古记 | 蒋彬自序 |
| 嘉靖二十一年（1542） | 大理府志（壬寅） | 杨士云、李元阳 | 杨慎序、赵汝濂序 |
| 嘉靖二十二年（1543） | 滇载记 | 杨慎据白古通、玄峰年运志 | 姜龙序 |
| 嘉靖二十八年（1549） | 纪古滇说集 | 题为张道宗撰 | 沐朝弼序 |
| 嘉靖二十九年（1550） | 南诏野史 | 倪辂 | 杨慎序 |
| 嘉靖三十一年（1552） | 壬寅《府志》刻印 |  | 赵汝濂序 |
| 嘉靖四十一年（1562） | 重修大理府志 | 李元阳 | 李元阳序、癸亥杀青 |
| 隆庆六年（1572） | 云南通志 | 李元阳 | 李元阳序 |
| 万历二年（1573） | 云南通志（刻印） |  | 记事下及万历二年 |

从上列著述年表中可以看出，这些著作大致可分为两类。一类是属于传记类或掌故类，是以地方掌故为主结合文献记载进行撰写的，以《南诏通记》为代表，包括《南诏源流纪要》《滇载记》《纪古滇说集》《南诏野史》。而《郡大记》则开创了以正史为主要依据的云南编年史的先河，为后世云南方志的沿革大事记定下了基调。不仅两嘉靖《大理府志》将其全部编入，万历《云南通志·沿革大事考》也以此为蓝本。万历《志》虽对明代事件作了大量补充，下及万历二年；并将《郡大记》所引诗文，根据方志体例全部移入《艺文志》外，仍保持着《郡大记》的规模。而万历《志》对明、清云南方志又起着深远的影响。因之，《郡大记》一书在云南文化史上尤其是在云南方志史方面有着特殊的贡献。

原文录自嘉靖（癸亥）《大理府志》卷一《地理志》第一之一《郡大记》（《沿革史证》）。

# 附录三　云南古佚书目

本书目只著录明以前有关史地专著，由于方志多为后修者所承，故略。本书已辑者，解说见《叙例》，不赘述。

**《哀牢传》一卷　（汉）杨终撰。　已辑。**

万历《云南通志·艺文志》、天启《滇志·艺文志》并著录。万历《志》误为晋人。

**《南中八郡志》　（晋）魏完撰。　已辑。**

解说已见《叙例》。但《云南史料丛刊》对本书的成书年代、书名的涵义提出了异议，认为《南中八郡志》是东晋时作，与魏完的时代不同，当是另一书。该书《南中八郡志概说》说：

> 《南中八郡志》作书时代，从书名观之，应在太安二年（公元 303 年）之后，盖南中原为七郡，至是成八郡也。又自永嘉二年以后，南中增至十六郡，但东晋仍称“南中八郡”，如《华阳国志》卷十一《李毅传》说：“永嘉中，……蜀郡张峻、绍茂为监南中八部事”，即八郡之误。《爨龙颜碑》称其父官职为“宁州刺史八郡监军”（按：当作“龙骧辅国将军八郡监军”），时在东晋晚年也。则《南中八郡志》为东晋时作。应在咸和八年（公元 333 年）晋兵在南中失败之前。

《丛刊》此说语词多含混，混淆了地理方位名词的“南中”与行政区划实体的“宁州”之间的差别。在时间跨度上，从晋初（公元265年）至《爨龙颜碑》立石之年（公元458年），已将近两个世纪。其间经过蜀汉、西晋、成汉、东晋、刘宋五个政权更替，还不包括短暂的苻秦、后魏的势力，是这一地区战乱的时代。见于记载的州、郡、县区划变更废置极为频繁，怎么可以把“南中七郡”与“宁州七郡”“南中八郡”与假设的“宁州八郡”等同起来，并进而将“监南中八部事、西夷校尉持节事”，省去后半称谓（因西夷校尉驻地在越巂，属益州），并毫无根据地认为“八部”为“八郡”之误，以附会“南中八郡”；更等而下之以刘宋的“宁州刺史八郡监军”（按：《碑》作“龙骧辅国将军八郡监军”）与晋初的“南中八郡”等同起来。必须指出，刘宋的宁州虽较晋初数量上已增至为十五郡，但已省去永昌郡，与晋初甚至成汉时期的南中范畴已缩小了。事实上，成汉以后史书上很少称这一地区为“南中”。

“南中”，义为“南国”或“南方地区”，为一地理方位名词，如汉陆贾《南越行记》，后人也称为《南中行记》；《南中异物志》说：“自然灰，生南海畔。”《通志艺文略·医方类·岭南方》有《南中四时摄生论》。此处“南中”都是指岭南地区。晋贾充诗：“有凤适南中，终日无欢娱。”此“南中”指吴地，即今江南地区。王勃《蜀中九日诗》：“人今已厌南中苦，鸿雁那从北地来。”此“南中”指“蜀中”，即西川。由于蜀汉、成汉两政权偏居西南，建都成都，称其南方诸郡为“南中”，这是一个在特定历史时期的一个特定地区名词，但不是一个实质性的行政区划名词。随着成汉政权的结束，这一特定地区名词在文书中也逐渐消失了。

蜀汉的“南中”无确定的郡数。据《诸葛亮传》：“（建兴元年）南中诸郡并皆叛乱。”这“南中诸郡”是哪几郡呢？《后主传》说：“建兴元年夏，牂牁太守朱褒拥郡反。……益州郡有大姓雍闿反，……越巂夷王高定亦背叛。”是“南中诸郡”中有牂牁、益州、越巂三郡，加上吴遥授雍闿为太守的永昌郡，正合诸葛亮“南征四郡”之数。但这不是全部的“南中”诸郡，比较完整概念的“南中”，还应包括犍为郡，至少要包括蜀汉以犍为属国改置的朱提郡。《后主传》又说：“四郡皆平，改益州郡为建宁郡，分建宁、永昌郡为云南郡，又分建宁、牂牁为兴古郡。”到了晋“泰始六年，以益州大，分南中四郡为宁州”。此“南中四郡”即为蜀汉分设的建宁、云南、兴古、永昌四郡，只相当诸葛亮征南中时益州、永昌两郡及牂牁郡的一小部分。由此可见，蜀汉建兴三年前后的两个“南中四郡”，由于时间和郡县设置的不同，其范畴大小是不相同的。不可因名词或语词相同，而不论其出现在不同的历史运动点上，就把它们等同起来，进行索引式的研究，虽然省力，但是极不科学的。由此亦可知，晋初的宁州管辖范围远较诸葛亮征南中时的“南中”概念范畴为小。

成汉的“南中”，由于有《华阳国志·南中志》，比较有了根据。该书作者常璩是成汉的散骑常侍，号称“蜀史”，他的观点具有一定的时代代表性。《华阳国志》是李势降晋后之作，必然要适当照顾晋制。该书《南中志》首称：“宁州，晋泰始六年初置。蜀之南中诸郡、庲降都督治也”。这是一句追始之笔，约略之言，不必深究。其实，晋初的宁州辖地，远比“蜀之南中诸郡”为小，上文已论及之。庲降都督相当于晋代的南夷校尉，就其辖区来说也较晋初的宁州为大。庲降都督先治南昌，继治平夷，后移屯田所在地味县。南昌属犍为属国，先主改置朱提郡，平夷属牂牁郡。晋武帝所置的宁州，不包括朱提郡和牂牁郡，因而比庲降都督的辖区为小。

“太康三年，罢宁州”。到了太安元年，“部永昌从事江阳孙辨上南中形势：‘七郡斗绝，晋弱夷强，加其土人屈塞，应复宁州，以相镇慰。’冬十一月丙戌，诏书复置宁州，增统牂牁、益州、朱提，合七郡为刺史。”这就是《丛刊》所谓的“南中七郡”。孙辨上书中所说的“七郡”是那七郡？史无明文。复置宁州时所增的三郡是否如孙辨上书所言，这却未必，因为连《丛刊》作者都不相信，将它改了。正确的说法只能是“宁州七郡”。这七郡是：建宁、兴古、云南、永昌、牂牁、益州（后改晋宁）、朱提。可是《丛刊》认为常璩错了，将益州改为越巂。该书《南中志后记》说：“按：越巂原误作益州，今据《晋书·地理志》《宋书·州郡志》改。”《晋书》成书于唐初，《宋书》为梁沈约撰，晚于《华阳国志》一百二十多年和二百六十多年，用后人的书来改当时人的著作，要十分慎重。今检《华阳国志·南中志》没有越巂郡，越巂郡在《蜀志》中，是当时的观点越巂郡已不在南中范畴。从行政上来说，越巂郡属益州刺史管辖，后来虽经几度分合，也未曾属宁州。因此，宁州七郡不应当包括越巂郡，常璩在《华阳国志》中前后观点是一致的。可惜《华阳国志校注》也没有遵守此例，非常氏功臣。所幸还没有把《蜀志》中的《越嶲郡》文，以错简而移入《南中志》来。由此可知，常璩时的“南中”地理概念范畴，较之诸葛亮时的“南中”地理概念范畴，已有所缩小而向南推移了一步。这可能因晋代从益州分出宁州的缘故，不排除因四十年的经营，越嶲郡的政治社会经济已有所发展。

《丛刊》作者为了考释大明二年（公元458年）建立的《爨龙颜碑》，对其中“考龙骧辅国将军、八郡监军、晋宁建宁二郡太守，追谥宁州刺史、邛都县侯”的“八郡”找出解释，不惜违背常璩的意愿和当时的行政建置体制，将《南中志》的益州郡改为《蜀志》的越嶲郡，让宁州刺史去管理益州刺史管的郡，以便留下空位，将太安二年分设的益州郡补入，这不就成了八郡吗？此处的益州郡与上文所引“太安元年冬十一月丙戌，诏书复置宁州”中的益州郡，因上年冬天下的诏书到宁州完成建置已是太安二年了，有的地方就写作“太安二年”，实际是一回事。因此，太安二年宁州的建置只辖七郡，何来八郡呢？爨龙颜的父亲生活于东晋末年，在《华阳国志》作者常璩之后。《华阳国志·南中志》记事下及咸和八年，即“南中尽为雄所有”之年，未涉及成汉的州郡调整，这应是常璩最熟悉的，可惜他未写。即使根据《南中志》所记西晋设置的宁州已“统郡十四”。“（咸和）九年，分宁州置交州。”①“其后，李寿分宁州兴古、永昌、云南、朱提、越嶲、河阳六郡为汉州。咸康四年，分牂牁、夜郎、朱提、越嶲四郡置安州。八年，又罢，并宁州，以越嶲还属益州，省永昌郡焉。”②到了刘宋，据《宋书·州郡志·宁州》已“领郡十五”，还不包括原永昌郡。《爨龙颜碑》中所述其父为“八郡监军”是那八郡？只能在当时州郡建置中的这十多个郡中去找，因为现任官吏有一定的施权界限，不能虚设，怎能在百年前经过几度调整过的旧的行政区划建置中去找现实权力界限的答案呢？如有不知，仅从盖阙。

《丛刊》又说：“《华阳国志》卷十一《李毅传》说：‘永嘉中，……



① 《李特、雄、期、寿、势志》。

② 《晋书·地理志》，亦略见《宋书·州郡志》。

蜀郡张峻、绍茂为监南中八部事'，即八郡之误。"今按："部"为南中各族的组织单位，一直沿用到元、明，今幸得《华阳国志》记载可追溯到晋代。除此处称"部"外，无独有偶，天水李毅就曾"持节镇南中，统五十八部夷族都监行事"。这两个军事官职是同一系列的，李毅是"都监"，"统五十八部"；而张峻止是"监"，是诸"监"之一，只管"八部"，这是理所当然的事。《丛刊》混淆了军事建制单位名称和行政建制单位名称而不别之，竟毫无根据地指责常璩为误，将"部"改为"郡"，而为自己的妄解作证，使这条难得的少数民族基层组织史料几被掩没，无乃不可乎？至《校注》竟据而将它改"正"，错误地继承了明清人勇改古书之弊，已未足深究了！

《丛刊》又说："此书名《南中八郡志》，即是以南中之八郡成为专名，若犍为郡地不在南中，亦未曾属南中，不得为南中八郡之一，此乃易为理解者。"本文上面已经讨论过，"南中七郡"是那七郡，史无明文，仅有可能是"宁州七郡"。那么"南中八郡"又是何时成为"专名"的呢？"南中"是地理方位名称，不是行政区划，它不属任何州郡，任何州郡也不属于它。它的范畴大小，视当时当地政治社会经济乃至军事的发展而定，不是一成不变的。这一点已在上面讨论过。至于犍为郡何时被开除出"南中"，"不得为南中八郡之一"，也查无实据。

犍为郡果真与南中没有关系吗？就在《丛刊》所引用的《华阳国志》卷十一《李毅传》中就有明确的记载。该《传》说：

> "吴平，（毅）封关内侯，除陇西护军，以疾去官。徙繁令，迁云南太守。后，武帝思（王）浚勋（据钱钞本增"勋"字。），问毅所在？徙犍为，使持节、南夷校尉。"

晋武帝把李毅从云南郡调到犍为郡来，并提升他为南中军事统帅——南夷校尉，统治南中的军事统帅府——南夷府就设在这里。与此记载相一致的，《南中志》说：

> "太康三年，罢宁州，置南夷，以天水李毅为校尉，持节、

统兵镇南中，统五十八部夷族都监行事。……毅后，永昌吕祥为校尉。祥后数人，李广汉（广汉李毅）从云南、犍为郡守为校尉。”

由此可知，在太康三年（公元282年）罢宁州和太安二年（公元303年）复置宁州的二十年间，宁州诸郡还归益州管辖。新设置的军事统帅机构南夷府，就设立在原宁州与益州之间的犍为郡，以便指挥领导，对南中实行军事管制。《南中八郡志》就是在这一时期写作的。作者从当时的南中军事统帅部——南夷府所在地犍为郡出发南行，并开始记录犍为郡的风土物产，这是十分自然的事。所记有犍为、朱提、建宁、越嶲、云南、永昌、牂牁、兴古等八郡，无独有偶，恰与《永昌郡传》所记郡名相同，都从犍为郡出发，都记有不属晋代宁州管辖的越嶲郡，都未言及太安二年设置的益州郡。足证二书的写作时代相当，在晋代“复置宁州”以前。

由此可见，《南中八郡志》成书于太康三年“置南夷”之后至太安二年“复置宁州”以前，亦即公元282—303年之间。与《丛刊》所谓的“南中原为七郡，至是成为八郡”之说，除名词“八郡”二字形同外，其内涵完全无关，因为二者的历史时代不同，《丛刊》之说已是此后发生的事了。由此亦证，距今一千多年前成书的《唐会要》认为《南中八郡志》是“魏、晋间”人所著，是正确的，因其时尚可得见一些今已失传的故籍，故其说应是有根据的。既然《南中八郡志》的著者与魏完的时代一致，书名和性质又相同，题作“魏完撰”，应是大致不差的。

必须指出，这段历史史实错综参差，过去研究甚少，而为所谓“南中大姓”的研究所一笔带过。今因事涉本书篇目，不得不稍加论述之。

**《永昌郡传》（晋）失名撰。已辑。**

解说见《叙例》。王谟《汉唐地理书钞》有辑本。

**《云南记》五卷　（唐）袁滋撰。**

《新唐书·艺文志·乙部史录地理类》著录五卷，《通志艺文略·史类蛮夷》著录已只有一卷。此书为樊绰采入《蛮书》中，其书遂佚。

**《云南别录》一卷 （唐）窦滂撰。 已辑。**

《新唐书·艺文志》《宋史·艺文志》《通志艺文略》《崇文总目》均著录。

**《云南行记》二卷 （唐）韦齐休撰。 已辑。**

《新唐书·艺文志》《通志·艺文略》均著录一卷，《崇文总目》无卷数。《宋史·艺文志》著录作二卷，唯齐休误作济沐。《郡斋读书志》卷七《伪史类》著录"《云南行记》二卷，右唐韦齐休撰。齐休，长庆三年从韦审规使云南，记其往来道里及其见闻。"详见辑本。

**《南诏录》三卷 （唐）徐云虔撰。 已辑。**

《新唐书·艺文志乙部·地理类》著录云："乾符中人。"详见《叙例》。

**《西南备边录》十三卷 （唐）李德裕撰。**

《新唐书·艺文志》《通志·艺文略》均作十三卷，《宋史·艺文志》《崇文总目》并作一卷，盖已残佚了。《玉海》卷一百四十一《兵法·唐西南备边录》条说："在文宗朝，吐蕃间衅，河陇失险，缔从南诏，协以谋我，井络坤维，我圉孔棘。守臣韦皋凿清溪道，要结蛮好，掎鹿效顺。纂集事状，为卷十七。质弊结辙，阊户诲盗。爰命德裕改纪其政，乃建筹边之楼。凡险要与蛮相入者图之左，与戎密迩者图之右，而部落馈饵靡不察。乃立雄边之军，其精兵曰南燕及连弩，骑士曰飞星及突骑，而农战器械靡不饰。筑仗义城以制大渡、清溪关之阻，作御侮城以控荣经犄角势，作柔远城以扼西山吐蕃，复邛崃关，徙嶲州治台登，以夺蛮险。犹虑敌去而备弛也，兵将、粮械之数，城镇、种落之名，岁计、经用之目，讲求利病辑为一书。诸郡固实、外夷情况，胪分缕析，粲如指掌。创立陴垒，咸以朱书总绘小图标之首卷，而第四卷叙维州本末尤详。书成于太和六祀，迨会昌中秉国之钧，始奏上之。唐《艺文志》列在兵书，今《馆阁书目》存者一卷。"《直斋书录解题》卷七《传记类》著录说："《西南备边录》一卷，唐宰相李德裕文饶撰。太和中镇蜀所作。内州县城镇兵食之数大略具矣。"

《资治通鉴考异》卷二十《太和五年五月》条引有一条："南诏以所虏男女五千三百六十四人归于我"。万历《云南通志·艺文志》、天启《滇志·艺文志》《滇系》均载《李德裕西南备边录序》一篇，今考此文乃出自王应麟《辞学指南》卷四。该书乃考博学弘辞者课本，为考生拟作此序，非真书序也。

**《开复西南夷事状》十七卷　（唐）韦皋撰**

《新唐书·艺文志》《通志·艺文略》均作十七卷，惟《宋史·艺文志》作二十卷，恐误。《资治通鉴考异》卷十九《贞元十年五月》条引有一条。"（贞元）四年，皋微闻异牟寻之意，始因诸蛮寓书于牟寻，自是比年招谕，至九年，牟寻始遣使分皋书以来。朝廷赐之诏书，皋乃遣（崔）佐时赍诏以往。牟寻犹欲使佐时易服而入。"

**《咸通解围录》（唐）张云撰。　已辑。**

《新唐书·艺文志·杂史类》著录。详见《叙例》。

**《西南蛮入朝首领记》一卷　（唐）失名撰**

《旧唐书·经籍志·乙部史录地理类》著录。《新唐书·艺文志》《通志·艺文略·史类朝聘》同。未见群书征引。

**《云南事状》一卷　（唐）失名撰。已辑。**

解说见《叙例》。

**《云南风俗记》一卷　作者未详。**

《崇文总目·史部地理类》著录。钱绎按："《玉海》引《崇文目》同。《宋志》十卷，'记'作'录'。"《滇略·文略》著录为"唐李克"撰。《新纂云南通志·艺文考》以为"唐达奚通"，盖据《宋志》上条"达奚洪一作通《海外三十六国记》"而言，非别有据。未知孰是。

**《七科义状》一卷　（唐）神澈撰**

《新唐书·艺文志·子录道家类释氏》著录："云南国使段立之问，僧悟达答。"《崇文总目·释书类》《通志·艺文略·诸子类释类语录》同。《宋史·艺文志·子类释氏类》著录为神澈撰，今从之。

**《云南赵和杂诗笺》一卷　（五代）赵和撰。**

顾櫰三《补五代史艺文志·诗文集类》著录。《旧五代史·唐书·明宗纪》："（天成二年九月）戊寅，西川奏，据黎州状，云南使赵和于大渡河南起舍一间，留信物十五笼并杂笺诗一卷，递至阙下。"则"杂诗笺"当作"杂笺诗"。

《册府元龟》卷九百八十《外臣部》二十五《通好》载："（天成）二年四月奏，黎州状，云南使赵和于大渡河南起舍一间，留信物十五笼，并杂笺诗一卷，递至阙下。初，郭崇韬平蜀之后，得王衍昔获蛮俘数十，以天子命，令殿直李楷持国信，赐其国王，并归其俘囚。楷入其部，为止于界上，惟国信与蛮俘得往。月余，乏食而还。续有转牒，称督爽大长和国宰相布燮等上大唐皇帝舅奏疏一封，自鹤拓发递，历几美、白崖爽等，又入弄栋演习、白鷚鹉郡、缮裔爽等，又入平夷、新安、宁远、标莎，差人转送黎州。其纸厚硬若皮，笔力遒健，有书诏体。后有督爽陁酋、忍爽王宝、督爽弥勤、忍爽董德义、督爽长、坦绰爽、杨布燮等所署。有彩笺一轴，转韵诗三章，章三韵，共十联，有类击筑词，时有思本朝姻亲之意，理亦不逊。其褚中之物，即却返其国，信旧封犹存。复命左卫上将军乌昭远等再往使焉。至西川，知李楷又不能进，遂回。"所记经过甚详，所惜未录诗之全文，故不传。

**《至道云南录》三卷　（宋）辛怡显撰。　已辑。**

《玉海·艺文录》引《中兴书目》作《天禧云南录》二卷。《志》云："天禧元年，监虔州商税辛怡显撰。淳化五年，以西蜀顺贼与南蛮结连，诏募命官、士庶通边土者，往黎巂界招抚。时怡显自荐请行，至道元年讫事而归。是书备载始末云。"则怡显于至道讫事，天禧书成。因疑书名《云南录》，"至道""天禧"皆后人各据己意所增。详见《叙例》。

**《云南买马记》（宋）未详。 已录。**

群书未著录，《续资治通鉴长编》卷二百六十七注引。详见本书《附录一》。

**《政和大理入贡录》一卷 （宋）周邦撰**

尤袤《遂初堂书目》“录”作“记”。《直斋书录解题》卷七《传记类》著录说：“右迪功郎周邦撰。其祖种为集贤修撰，知桂州。时归明人黄璘招来大理国入贡，诏种考究其真伪。种言伪妄不可凭，乞依熙宁故事，支马价发还。璘至京师，力主其事。种落职，奉祠。久而觉其诈，乃改正复职，知广州。”

《世善堂藏书目录》著录，作者为“钱塘周邦政”。多一“政”字，未知孰是。则是书于明万历间犹存。

**《大理国行程》一卷 （宋）檀林撰。**

《宋史·艺文志》三《史类·地理类》《宋秘书省续编到四库阙书目》均著录。

**《蒲甘国行程略》一卷 （宋）失名撰。**

《通志·艺文略》第四《史部地里蛮夷》《宋秘书省续编到四库阙书目》著录。

**《白古通记》一卷 （元）失名撰。 已辑。**

《滇略·文略》著录“僰文白古通一卷”。此为本书书目著录之始，原书已佚。详见《叙例》。明代群书所引均作“白（僰）古通（记）”，字句略有歧异，亦犹今日译自少数民族语文书籍一样，不足为怪。清人所引多有误作“白虎通”者。

**《云南实录》五卷 （元）郝天挺撰。**

《千顷堂书目》卷八《史部舆地类》《绛云楼书目·地志类》、钱大昕

《补元史艺文志》卷二《史类地理类》、倪灿《补辽金元艺文志·史部地理类》均著录。《绛云楼书目》作《云南日录》，未知何据。应据《元史本传》作“实录”。

**《云南风土记》（元）张立道撰。**

见《元史本传》，缺卷数。《千顷堂书目》《绛云楼节目》《补元史艺文志》《补辽金元艺文志》均著录。

**《六诏通说》（元）张立道撰。**

见《元史本传》，缺卷数。《千顷堂书目》《补元史艺文志》《补辽金元艺文志》均著录。

**《玄峰年运志》（明）失名撰。已辑。**

解说见《叙例》。明人所引均作《白古通》《玄峰年运志》，唯《云南史料丛刊》于《僰古通记概说》说：“《滇载记》出自《白古通玄峰年运志》，应作《白古通绎年运志》，乃从《白古通》䌷出年历史事为书，非《白古通》全书仅此也。”这一解说毫无根据，如果说杨慎一人有误，或可有之，岂李元阳、王世贞等非一时、一地、一人之书全错？今《丛刊》既认为《年运志》之文是从《白古通》内䌷绎出来的，那么辑《白古通》时，应将《年运志》之文归入《白古通》，而《丛刊》又辑有《绎年运志》一书，是亦不能自信其说。于《绎年运志概说》中又认为《云南名胜志》所引的译《年运志》的“译”字，是《读史方舆纪要》的“绎”字之误。《云南名胜志》是（明）曹学佺所著，为清顾祖禹《读史方舆纪要·云南》的蓝本之一，将两书比勘读后便知。如“白古通”，《读史方舆纪要》误作“白虎通”；“译《年运志》”，《读史方舆纪要》误作“绎《年运志》”。今《丛刊》乃倒认《云南名胜志》“误‘绎’作‘译’”，无乃不可乎？今以事关书目解题，故略述之。

**洪武《云南志书》六十一卷 已辑。**

《千顷堂书目》卷七《史部地理类》中著录说：“洪武十四年既平云

南，上命儒臣考按图籍及前代所有志书，更定而删正之。明年六月，书成。”余见《叙例》。

**《南诏通纪》十卷　（明）杨鼐撰。　已辑。**

《国史经籍志·史类地理郡邑》《明史·艺文志》均著录十卷，《滇略·文略》著录为十六卷，未知孰是。详见《叙例》。

**《郡大记》一卷　（明）杨士云撰。　已录。**

《千顷堂书目》卷七《史部地理类》《明史艺文志·史类地理类》均著录，万历《云南通志·艺文志》未著卷数。详见本书《附录二》。

**《黑水集证》一卷　（明）杨士云撰。**

《千顷堂书目》卷七《史部地理类》《明史艺文志》二《史类·地理类》著录。未见征引，其说部分散见嘉靖《大理府志》中。《杨弘山存稿》卷十一《山川辩》也略见其说。

**《叶榆檀林志》八卷　（明）吴懋撰。**

《国史经籍志》卷三《史类·地理·郡邑》《千顷堂书目》卷七《史部·地理类》《滇略》卷八《文略·滇中掌故》《明史·艺文志》二《史类·地理类》均著录，唯万历《云南通志》卷十五《艺文志·乡人著述》著录无卷数。《千顷堂书目》卷二十二说：“嘉靖庚子科进士。字德懋，大理人。顺庆府通判，升阶州知州，未任，卒。善古文词，尝为写韵楼赋，杨升庵服其工，以为己所不及。李元阳言其诗为明初高、杨的裔。”著有《南霞集》《行剑子》《乘槎集》，今皆未见。

**嘉靖《顺宁府志》　（明）猛寅撰。**

《千顷堂书目》卷七《史部地理类》中著录：“土官猛寅《顺宁府志》，嘉靖壬寅修。”顺宁府土官知府猛寅，蒲人（今佤族、布朗族）。此为蒲人著作见于著录之始。

**《滇南纪乱录》一卷　（明）倪钜撰。**

《千顷堂书目·史部别史类》《绛云楼书目·本朝国纪类》著录。《绛云楼书目》谓："常熟老儒倪钜著。倪于万历中客滇南，遇阿克之乱，故详记之。"《千顷堂书目》谓其"字伟长"。未获见。

**《滇纪》　（明）陆 氏撰。　已辑。**

群书未著录。详见《叙例》。

# 第二部分
# 大理行记校注

（元）郭松年撰

王叔武辑校

# 叙 例

《大理行记》一名《南诏纪行》。元大德七年（1303）李京撰《云南志略》时在其《自序》中说："盖尝览乐史《寰宇记》、樊绰《云南志》及郭松年《南诏纪行》……"则是书在当时即已流传。明代著录如《千顷堂书目》《世善堂藏书目录》《南诏野史·引用书目》及明代云南方志均作《南诏纪行》。唯云南方志《艺文》录文时，则题作《大理行记》；通行本如清陆烜《奇晋斋丛书》及近代《丛书集成》所收，亦题作《大理行记》，今从之。

作者郭松年，生平事迹不详。据正德《云南志》卷四十二《艺文》录其《题筇竹寺壁诗》，注云："号方斋，西台御史。"所谓"西台"，万历《云南通志》卷一引《雍大记》："成宗大德元年移云南御史于陕西，谓之西台。"事见《元史·百官志》"陕西诸道行御史台"条。则松年官西台御史应在大德元年后。而景泰《云南图经志书》卷一《云南府·祠庙》引元西台御史郭松年《大成殿记》有"岁在癸丑，今皇帝居潜邸"之语，则松年撰此文时，忽必烈尚在，故称"今皇帝"；《志》称其官"西台御史"，取其为官之位显者。是知松年官云南在至元、大德年间。

他何时作《大理行记》，说者不一。道光《云南通志·艺文志》以为"至元以后松年巡行云南时作"。方国瑜先生在《大理行记概说》中说："松年至大理，应在至元二十五年以前，亦即在十七年至二十年之间，《大理行记》即此行所作。"今按：《行记》中所记路、府、州、县名，其建置年代较晚而可考者，据《元史·地理志》，镇南州系"至元二十一年改欠舍千户"置，鹤庆路军民府由鹤州于"（至元）二十三年升为鹤庆府"。

今《记》中有“镇南”“鹤庆”之名，则松年至大理必在至元二十三年以后。方先生谓“应在至元二十五年以前”，理或然也。盖至元二十六年以大理“上下二千户立”太和县，《行记》只载“太和城”，未出太和县名。唯《行记》记澄城则说：“乃世祖驻跸之所也。”书称庙号，则其时忽必烈应已死，故道光《云南通志》以为“至元以后”时作。或松年至大理在至元年间，而成书于至元后，亦未可知。如此，则《大理行记》当作于至元二十三年（1286年）至大德四年（1300年）之间，亦即公元十三世纪末叶之作。盖大德五年春李京来云南，似未遇松年但睹其书，故其在《云南志略自序》中将松年与古人乐史、樊绰并列，颇具微词。

是书记述了元初大理地区的社会经济生活状况以及山川、风物、土宜之庶美。虽然此时上距蒙古平大理已四十年，元王朝在这里也做了一些有利于农业生产的事，但是封建社会的生产发展是很缓慢的，仍可于此窥见大理国社会经济生活的概貌。《行记》不仅记述了该地的“江山之美”“灌溉之利”“禾麻蔽野”“百姓富庶”，还对南诏、大理国的佛教与政治文化关系作了如下的精要记述：

“其俗多尚浮屠法，家无贫富，皆有佛堂；人不以老壮，手不释数珠。凡诸寺宇皆有得道居之。得道者，非师僧之比也。师僧有妻子，然往往读儒书，段氏而上有国家者设科选士，皆出此辈。”

《云南志略·诸夷风俗·白人》条有关记载即本于此。作者不仅注意到南诏、大理国政治文化的特点，更注意到它与中原政治文化的密切关系，他说：

“故大理之民，数百年之间五姓守固。……相与使传往来，通于中国。故其宫室、楼观、言语、书数，以至冠婚丧祭之礼、干戈战阵之法，虽不能尽善尽美，其规模、服色、动作、云为，略本于汉。自今观之，犹有故国之遗风焉。”

为我们研究南诏、大理国历史，提供了不可多得的重要资料和依据。

作者以其简练的文笔，寓千里之遥于千余字之中；摘今揽古，摭景摅怀，疏密有致，夭娇无方，得唐宋笔记文学之正体。在元人行记中也是一篇难得的佳作。虽然《行记》偶有传闻失实之辞，这种“大醇而小疵”的情况，在游记文学中往往见之，丝毫不影响它的文学价值。

现在流传的《大理行记》，以明代云南方志所录为完本，较之通行的《奇晋斋丛书》（简称“陆本”）及据陆本排印的《丛书集成》本多四十余字；而通行本误刻、误改者，方志亦多不误。故《校注》即以景泰《云南图经志书》卷八所录为底本，而以其他云南方志所录文及陆本校。各本皆误者，或以他书校，或取实物证。《注》文主要取材于省、府、州、县志，盖方志记载当地名物故事，或为有据。一地之方志因编纂时间不同而有数种，典故率多因袭，今为免于注文繁复，不以编纂时间先后一一序列，但取其中比较切于《行记》之文者为之注。其有所不知，谨存疑阙。

1959年，我因参加编写《白族简史》旅居大理二年，常以《大理行记》置案首，有所得则识诸简端，简端既满，益以浮签；久之，成《大理行记校注》一稿。不幸在动乱中此稿与《云南古佚书钞》《桂海虞衡志校补》《招捕总录校注》诸稿一并逸去。所幸旧简犹存，尚可陆续董理成编，其中《云南古佚书钞》已整理出版。今国家振兴，整理古籍已提到日程上来，《大理行记》一书已列入国家古籍整理规划。友人方龄贵教授来舍间，看到我过去批注的《大理行记》原书，敦促我把它重加整理成编，以应国家之需。爰就简端所记，删繁芟芜；并拜读了方国瑜先生《大理行记概说》，写成此稿。尤忆汪师辟疆昔日教诲：“校书难，校地理书尤难。往往非亲历其地者，不能遽定其是非；非潜心于学者，往往失之目睫。”我虽谨遵师命，但以学力、经历两不逮，深惧其间仍有所失，尚希识者予以指正之。

末附拙作《〈南诏德化碑〉作者考》及《〈南诏德化碑〉作者问题答疑》二文，因事涉《大理行记》之文，录之以供读者参考。

# 大理行记校注

（元）郭松年撰
王叔武校注

中庆[①]距大理，城西顾里有千[②]。历府治一，曰威楚[③]；州四，曰安宁[④]、

① 中庆路治今昆明市，明、清为云南府。景泰《云南图经志书》卷一《云南府·建置沿革》："云南，古西夷靡莫之属，其君长以十数，而滇最大。以地有滇池，因为名也。春秋战国时，楚顷襄王遣弟庄蹻略地黔中，西至滇池，即其地矣。……元封二年，（汉武帝）以兵临滇，滇举国降，请置吏、入朝，于是以为益州郡。蜀汉建兴三年，诸葛武侯南征，斩益州耆帅雍闿，遂入滇池，改益州郡为建宁郡。晋、唐以来，分隶更置，徒为羁縻而已。蒙氏筑柘东城，亦此地也。段氏以此为八府之一，号鄯阐府。元改为中庆路，置行省。今洪武十五年，天兵南下，改为云南府。"唯《元史·地理志》以为阁罗凤"子凤伽异增筑城曰柘东，六世孙券丰祐改曰善阐"。是"鄯阐"一名起自南诏，大理国段氏沿用之。关于庄蹻出身及其活动年代，请参看《云南各族古代史略》第二篇《庄蹻入滇》正文及参考资料。

② 嘉靖《大理府志》卷二《疆域》：大理"府治在云南布政使司西北九百里。"此云千里，盖虚数。"顾"，连接虚词。

③ 威楚路治今楚雄，明、清为楚雄府。"威楚"，今彝族先民首领名。《元史·地理志》："夷名俄碌，历代无郡邑。后爨酋威楚筑城俄碌睒居之。"景泰《云南图经志书》卷四《楚雄府·建置沿革》："蛮云硪碌。唐为览州。蒙氏立石桑郡。段氏改白鹿郡，又改威楚郡。元初立威楚万户，后改威楚路总管府。今洪武十五年改为楚雄府。""硪碌"，即"俄碌"，亦作"峩崀"。康熙《楚雄府志》卷一《山川》："峩崀山，在治西郭外。上有峩崀石，形如屏，高八尺余。郡之得名本此。"

④ 安宁州，今安宁县，属昆明市。景泰《云南图经志书》卷一《安宁州·建置沿革》："汉为连然县，又名螳螂川，蛮云阿宁部。初，东川罗罗阿宁者牵牛车过此，牛舐地不去，取土得鹹鹾，后掘地为盐池，因以阿宁名部。元改为安宁州。"明、清因之。

镇南①、云南②、赵州③；县三，禄品④、安边⑤，白嵓⑥，皆三府支

① 镇南州，今南华县。《元史地理志·镇南州》："昔朴落蛮所居，川名欠舍，有城曰鸡和。至唐时，蒙氏并六诏，征东蛮，取和子、鸡和二城，置石鼓县；又于沙却置俗富郡。沙却即今州治。至段氏封高明量为楚公，欠舍、沙却皆隶之。元宪宗三年，其酋内附。七年，立欠舍千户、石鼓百户。至元二十一年，改欠舍千户为镇南州，立定边、石鼓二县。二十四年，革二县为乡，仍隶本州。"案："朴落"当即今之"朴拉"，为彝族的一支。"沙却"当即今之"沙桥"，曾为元代镇南州治，在今南华县治龙川镇西三十五里，明、清为沙桥驿。《滇史》卷五以为沙却"今镇南州黑盐井也"，未详所据；光绪《镇南州志略》卷三以为"非也"。《州志略》又说："鸡和城在州东四十里，地名白土城。…川名欠舍。"万历《云南通志》卷三《楚雄府·古迹》："废石鼓县，在镇南州东三十里。""和子城，在州东二里。"

② 云南州，元末降为县，明、清因之，今祥云县。万历《云南志》卷二《大理府·属州县司沿革》："云南县，汉置云南县，隶益州郡，东汉属永昌郡，蜀汉改属云南郡。唐初置云南郡；贞观中改匡州，领勃弄、匡川二县。后，张仁果据之，号白子国。蒙氏为云南州，改品甸县。晋（大理国）亦为云南州。元立品甸千户所，至元中复为云南州，后降为县，隶大理路。"光绪《云南县志》卷三《建置志》引旧《志》："云南城在今云南县南八十里安南坡。"

③ 赵州，民国改凤仪县，今为凤仪公社，属大理市。《元史地理志》："昔为罗落蛮所居地。蒙氏立国有十睑，赵州郡其一也；夷语睑若州。皮罗阁置赵郡，阁罗凤改为州，段氏改天水郡。宪宗七年，立赵睑千户，隶大理下万户。至元十一年，改为州，又于白崖睑立建宁县，隶本州，即古勃弄地。二十五年，县革入州，隶大理路。"万历《赵州志》卷二《治职》："赵州治旧在里仁乡，洪武十七年迁建于凤山麓。"

④ 禄品县，建置沿革未详。方国瑜先生《大理行记概说》认为："禄品即禄丰，《地理志》曰：'俗名禄琫'。作禄品者，乃同音异写。"惟杨慎《滇程记》说："安宁州六亭而达禄脿，脿音剽，古《志》作'品'。"是禄品即禄脿，今作禄𠻗，属安宁县，何时立县未详。

⑤ 安边县，建置沿革未详。《大理行记概说》云："安边即定边，《地理志·镇南州》曰：'至元十一年立定边县，二十四年革为乡，仍隶本州。'作安边者，为传写之误。"案：《事文类聚翰墨全书》后乙集《圣朝混一方舆胜览》卷中："定边，蛮云南涧。"即今南涧彝族自治县，其地在白嵓之南。自白嵓经南涧至大理，必经巍山（蒙化），但郭松年所记无蒙化州名；且郭氏所记途程，安边在禄品、白嵓之间，其不当为定边甚明。故《概说》又说："自昆明至大理之途程，明清以来驿站有广通县，《元史地理志·南安州广通》曰：'夷名路赕。至元十二年改为广通县。'后来未废，松年亦当经其县。则所称安边者，或即南安之误。"案：南安即今双柏，亦不当此道上。《概说》前言"安边即定边"，此又云"或即南安之误"，皆疑似之辞。盖一代建置兴革，史籍难以详考，阙疑可也。唯此地当在禄品与威楚之间。

⑥ 白嵓，今名红岩，属弥渡县。万历《赵州志》卷一《沿革表》："至元十一年又于白崖睑立县，即古勃弄地也。至元二十五年又革县入州。"唯据《元史地理志》，县名建宁，不曰白嵓。则白嵓县于何时建立，亦未详。

属[①]。镇南而西有雌岭[②]，即大理之境。

出[③]行七十里有甸焉，川原坦夷，山势回合，周二百余里，乃云南州也[④]。州西北十余里山麓间，有石如镜，光可鉴面[⑤]，故旧名镜州[⑥]。张氏进求时[⑦]，州北龙兴和山[⑧]，忽五色云起，萧索轮囷，终日不散，人以为祥。州居云之南，因改今名。

---

① 三府谓中庆、威楚、大理。安宁州、禄品县属中庆路，镇南州、安边县属威楚路，云南州、赵州、白崖县属大理路。

② “雌岭”，万历《赵州志》作“雄岭”，二者均无考，未知孰是。《滇程记》：“镇南州三亭而畸达沙桥，……沙桥驿八亭而遥达普淜，途经小孤山、鹦鹉关、七里坡、普昌关、麦地哨，道历巨箐危石。普淜驿六亭而及云南，土人曰小云南，以别于治城也。途经桃树坡、金鸡庙、孟获箐，武侯擒获所也。下安南坡，地复坦夷，古云南郡治此，去驿有古城村焉。”案：沙桥属镇南州，普淜属姚州，则大理之境的雌岭，当为安南坡之山。

③ “出”，《读史方舆纪要》卷一百十七引作“山”，疑作“山”字是。下文云：“又山行三十里至白崖甸”，“又山行四十里至赵州甸”，则“山行”一词乃本书之语例。

④ 元代云南州治在安南坡下古城村，洪武十五年迁于品甸。见光绪《云南县志》卷三《建置志》。

⑤ “鉴”，明程本立《巽隐集》卷三《云南西行记》引作“照”，与《记古滇说》同。

⑥ “旧名”，《云南西行记》引作“又名”。嘉靖《大理府志》卷二《古迹》：“镜州城，在县西南，唐置，领夷郎等六县，遗址尚存。”《新唐书地理志·羁縻州》：“镜州，县六：夷郎、宾唐、溪琳、琮连、池临、野并。”光绪《云南县志》卷十二《杂志》：“古镜州废城，在治之南关外，仅有西南二方，刁补风脉。”又《叶镜湖光》条：“在县治之东南三十五里官道旁，储水为塘，方余三十亩。岸旁有石如镜，作蔚蓝色，以水涤拭，湖光山色一一毕见。”案：叶镜湖一名镜湖。

⑦ “张氏进求”，万历《赵州志》作“张乐进求”，与南诏《中兴国史画·题记》《南诏源流纪要》《滇载记》《南诏野史》等云南地方史志诸书合。《中兴国史画·题记》：“都知云南国诏西二河侯前拜大首领将军张乐进求。”《滇史》卷四：“（武德七年），以建宁酋长张乐进求为首领大将军，自称云南王。乐进求，九龙之裔。武侯南征，即其渠帅而用之，乃以仁果时十七世孙龙佑那为建宁酋长，赐姓张；传十六世为乐进求。唐初，镜州之北龙兴和山忽五色云起，萧索轮囷，终日不散。乐进求以为庆云之瑞，乃改建宁为云南。及（韦）仁寿抚治南宁，进求以遣使内附，上因其归义，册进求为首领大将军，进求自称云南王。”注云：“前汉元封初已置云南县，隶益州，则云南之称非自张氏。”惟册乐进求为首领大将军事，嘉靖《大理府志》卷一《沿革史证》引旧《志》，附于贞观二十二年梁建方讨松外蛮事后，万历《云南通志》《滇略》《滇系》等书并从之。嘉靖《府志》复注云：“古记不书年，当附此。”则事有非必然者。

⑧ 光绪《云南县志》卷二《地理志》：“龙兴和山，在县东二十五里，古匡州地。”唯嘉靖《大理府志》卷二《山川》、万历《云南通志》卷二《大理府山川·众山》并以为“在县西二十五里”。

又西行三十余里，至品甸[①]。按唐史，尝置波州[②]，亦名清子川。其川泽土壤不减云南，而民种莳为不及尔。甸中有池，名曰青湖[③]，灌溉之利达于云南之野。湖西官道中有石焉，纹如古篆，号曰地符[④]，行人谨避，莫敢践之。

又山行三十里至白崖甸，其地形南北袤，大小略与云南、品甸相埒。居民凑[⑤]集，禾麻蔽野，县西[⑥]石崖斩绝，其色如雪，故曰白崖。赤水江[⑦]回环曲折，经于其中。甸西南有古庙，中有铁柱[⑧]，高七尺五寸，径二

---

① 光绪《云南县志》卷三《建置志》："今云南县乃旧品甸，即今品澹睑，亦曰品睑赕，亦曰波州，亦曰坡大驿，皆一地也。"

② "波州"，《奇晋斋丛书》本（以下简称"陆本"）及各本明代云南省志所载本文均作"坡州"，唯康熙《大理府志·艺文》所录作"波州"，与《蛮书》《新唐书·南蛮列传》下合，今据正。《蛮书》卷六《云南城》条说："品睑赕，亦名清字川，尝为波州。大池绕山，长二十余里，波州废地在池东南隅。故渭北节度段子英，此州人也，故居坟墓皆在云南。""清字川"，本文作"清子川"。本文所称"唐史"，系泛称，以文句校之，实出自《蛮书》。

③ "青湖"，陆本作"清湖"。青湖一名清湖，一名龙池。嘉靖《大理府志》卷二《山川》："龙池一名清湖，在县西南一里，其深不测。"光绪《云南县志》卷二《地理志》："一抱江，源分为三流，一东经县城南，东南流青湖。"注："一名龙池。"此湖即《蛮书》所称之"大池"。

④ 景泰《云南图经志书》卷五《大理府赵州古迹》："地符石在（云南）县西二十五里官道傍。"正德《云南志》卷三以为在"县西十五里"，嘉靖《大理府志》卷二《古迹》又以为"在县西三里"，万历《云南通志》卷二《大理府古迹》亦以为"在县治西三里"。惟光绪《云南县志》卷十二《杂志》："地符石，在县东南十五里，即晒经坡，有石如篆，赤如丹砂，人莫能辨；一县西三里，今存；一县西二十五里，石上有篆文如印，人不敢践。"是《县志》以三说并存，而以"县西二十五里"者当郭松年所记。

⑤ "凑"，陆本作"辏"，音义并同。

⑥ "县西"，《读史方舆纪要》引作"西山"。

⑦ 万历《赵州志》卷一《山川》："赤水江与大江同源分流，自南由涧谷中出，行经白崖川，会昆雌江，南流入浪沧江。"案：赤水江会昆雌江后为元江即红河上游，其不得入浪沧江甚明。大江又名波罗江，会洱海后入浪沧江。盖此二水为双子河，同源异流。

⑧ 在今弥渡县治西十余里，今存。

尺八寸，乃昔时蒙氏第十一主景庄王[①]所造，题曰[②]“建极[③]十三年壬辰四月庚子[④]朔十有四日癸丑[⑤]”铸[⑥]。土人岁岁贴金其上，号[⑦]天尊柱，四时享祀，有祷必应。或以为武侯[⑧]所立，非也[⑨]。

又山行四十里至赵州甸，即赵睑也。山形四周回抱，有藏风蔽气[⑩]之

---

① 南诏王姓蒙，其十一主为：细奴罗、罗盛、盛罗皮、皮罗阁、阁罗凤、异牟寻、寻阁劝、劝龙晟、劝利、劝丰祐、世隆。唐以世隆之名犯李世民、李隆基名讳，称酋龙。世龙卒，谥景庄。参见两《唐书》《通鉴》《云南志略》《南诏源流纪要》《滇载记》《南诏野史》等书，文多不录。

② “题曰”，《云南西行记》引作“标曰”。

③ 《云南志略》：“世隆立，始僭帝号，改元建极。”建极十三年当唐咸通十三年、公元872年。

④ “庚子”，各本明代云南方志及陆本均误作“庚午”。如为庚午朔，则十四日为癸未，不得为癸丑，今据原物改正。

⑤ “癸丑”，天启《滇志》误作“癸酉”。《记古滇说》因据“庚午朔”误文，将此处改作“癸未”。唯《记古滇说集》（明阮元声考正本）仍作“癸丑”。

⑥ 铁柱题款全文为“维建极十三年岁次壬辰四月庚子朔十四日癸丑建立”，阳文正书。

⑦ 《云南西行记》引“号”下有“曰”字。

⑧ 景泰《云南图经志书》卷五《赵州古迹·铁柱》条引作“诸葛武侯”，有“诸葛”二字。

⑨ “非也”，陆本误作“柱也”，与上文连读，文义似嫌与上文扞格，今从众本。惟云南方志有此传说，即以此柱初为武侯所立，今录一则以概其余。嘉靖《大理府志》卷二《古迹·赵州孔明铁柱》条：“在州南百里白崖。武侯既擒孟获，回白崖，立铁柱纪功，改益州郡曰建宁，即其地也；时为大白子国，今名迷渡。侯以白子国主仁果十七世孙龙佑那善抚其众，赐姓张氏，领之。柱岁久剥泐。至唐懿宗咸通间，龙佑那十五世孙张乐进求等思武侯之劝，重铸铁柱，合酋长九人祭天于柱侧。是日，有鸟五色集于铁柱，顷之，飞憩蒙舍酋长习农乐左肩上，众以为异，戒勿惊扰。农乐寝食惟谨，经十八日，鸟乃去，众以为天命攸属。张乐进求遂逊位农乐，农乐不敢当，众强之，立为兴宗王，是为蒙南诏。”万历《云南通志》卷二《大理府古迹·铁柱》条所记略同。这一后起传说括约了白子国三个连续故事并附会铁柱题款而成。案：习农乐即细奴罗，为唐初贞观年间人；张乐进求祭铁柱事，始见于南诏《中兴国史画》。《府志》因惑于铁柱款识为“建极十三年”，故附会于唐咸通间事。

⑩ 天启《滇志》脱“蔽气”二字。

势。川泽平旷，故家乔木①犹有存者。神庄江②贯于其中，溉田千顷，以故百姓富庶，少旱虐之灾。出州治十五里，路转峰回，茂林修竹，蔚然深秀，中而建峰神庙③在焉。凡水旱疾疫，祈请④有征，州人赖之。州之北，行约数百步，地极明秀，蒙昭成王保和⑤九年，有高将军者即其地建遍知寺⑥。其殿像壁绘于今罕见，意非汉匠名笔，不能造也。出寺门，东北行一里余，有高原，号澄城⑦。其地空而不耕，乃世祖驻跸之所也。近岁州案建一佛宇，遇旦望焚香祝寿，盖以报圣恩之万一焉⑧。

---

① “故家乔木”犹言勳旧望族。《孟子·公孙丑》：“纣之去武丁，未久也。其故家遗俗、流风善政，犹有存者。”

② 神庄江当即凤仪大江。万历《赵州志》卷一《山川》：“大江，一名波罗江，出昆沵，与白崖赤水江同源分流。”同书《沟洫·大洱》条：“旧名大江。其源自定西岭三子龙发，次至赤佛后黑龙潭，环流入（洱）海，灌溉军民田地，通州共赖。”然不谓之神庄江。唯嘉靖《大理府志》卷二《桥梁》：“神庄桥，在（赵州）治东北。”是江名已改而桥名存。

③ “中而建峰神庙”，陆本作“中峰旧建神庙”，盖以不知建峰为寺庙名而误改。道光《赵州志》卷二《群祀》：“建峰庙在城东十里羊耿村。唐高宗仪凤元年，有东川人赵康居此，蒙兴宗见其非常人，授以睑川牧，有功德于赵。及殁，立庙祀之。”

④ “祈请”，陆本作“祈晴”，误。“祈请”乃佛教密宗之恒言。上文云：“凡水旱疾疫”，则下文不得专言“祈晴”。

⑤ 《云南志略》：“劵丰祐立，是为昭成王，改元保和。”保和九年当唐太和六年，公元832年。

⑥ 道光《赵州志》卷二《寺观》：“遍知寺在城西一里凤山麓。创自宋高将军，明初徙于此。”案：遍知寺建于南诏保和九年，则高氏当为唐人。同书《仙释》：“王左梨，州人，有功行，能动鬼神。南诏时，高将军建遍知寺，塑佛三，令张子辰书释迦咒，董迦罗书迦叶咒，王左梨书阿难咒。”亦言高将军为南诏时人。

⑦ “澄城”，陆本倒作“城澄”，《云南西行记》引作“城墱”。“城澄”“城墱”或并为“城墩”之误，盖澄城又名城墩。万历《赵州志》卷一《古迹》：“澄城，在遍知寺东北，世祖驻跸之所。至今草木不生，即安东城也。”又《安东城》条：“在州治东二里，蒙氏安东将军李专珠所筑，今废。”又《驻跸城墩》条：“在遍知寺东北二里，世祖驻跸之地，有城址焉，俗呼城墩。”道光《赵州志》卷二《古迹》：“澄城，在城东北一里，今名老邵园。”

⑧ 自“近岁”至此二十四字，陆本脱。

川[①]行三十里，至河尾桥[②]，即洱水之下流也；架木为梁，长十五丈余，穹形饮水，睨而视之，如虹霓然。顺流而下约一里许，有石门，巨石横楣，号石马桥[③]，为群波争道之地，悬流奔注，云涛雪浪，声闻数里。河尾桥之西有关焉，北入大理，名龙尾关[④]，即蒙氏之[⑤]所筑也。此为州县之大观，故记之[⑥]。西阨苍山，东属洱水，其高壁危构，岿然犹存。

入关十五里，山壑浓秀，望之蔚然前陈者，乃点苍之奔冲也；诸峰罗列，前后参从，有城在其下，是曰太和[⑦]，周十有余里。夷语以坡陀为和，和在城中[⑧]，故谓之太和。昔蒙归义王皮罗阁自蒙舍[⑨]徙河西，乃筑此城。后阁罗凤以张虔陀谗构，乃杀之，陷鲜于仲通兵。因自结之吐蕃，受

---

① “川”，《读史方舆纪要》卷一百十三引作“舟”。

② “河尾桥”，各本误作“河尾关”，盖校者失之目晓。案：下文云：“即洱水之下游也，架木为梁，长十五丈余，穹形饮水，睨而视之如虹霓。”此乃形容桥之状，非指关而言；且下文又云：“河尾桥之西有关焉”，正承此处“河尾桥”成文。如作“河尾关”，不仅下文无所承，且全段文义扞格难通。今从《读史方舆纪要》引此文改正。河尾桥，今名黑龙桥。嘉靖《大理府志》卷二《桥梁》：“青风桥，虹跨海尾，一名黑龙桥，在下关城南，长一十五丈。”

③ 石马桥，今名天生桥。景泰《云南图经志书》卷五《大理府古迹》：“天桥，又名石马桥，在龙尾关之右。有石长丈余，横跨于水，状如桥形；酾水之洞仅七尺余，洱海之水过于其下，两傍巨石扼塞，人莫敢行。”

④ 龙尾关，今名下关。康熙《大理府志》卷五《下关》条：“城南三十里。倚苍山斜阳峰麓，扼洱河之尾，负山阻水，为郡南屏蔽。山势逆回，如游龙之掉尾，故又名龙尾关。”

⑤ 陆本无“之”字。

⑥ 陆本脱“也此为”至此十一字。

⑦ 景泰《云南图经志书》卷五《大理府古迹》：“太和旧城，蒙氏皮罗阁所筑，在今城南十五里太和村，遗址尚存。”遗址情况详见吴金鼎等《云南苍洱境考古报告》（1942. 李庄）。

⑧ “和在城中”，陆本误作“和在坡陀”，义不可通，盖和即坡陀。《新唐书·南蛮列传》上：“夷语山坡陀为和”，《蛮书》卷五以为是乌蛮语。

⑨ 《新唐书·南蛮列传》上：“天子诏赐皮罗阁名归义”，是皮罗阁姓蒙，赐名归义，蒙归义即皮罗阁。今此文作“蒙归义王”，岂皮罗阁曾为归义王欤？此于唐史无征，唯云南地方史书如《南诏野史》等书有此说。“蒙舍”，陆本作“蒙社”，亦见云南地方史书如《记古滇说集》（明阮元声考正本）等，唯当从唐史作“舍”为正。

钟王[①]，刻石记功，明不得已而改号蒙国大诏，立德化碑[②]，使蜀人郑回制文[③]，其碑今在，即唐代宗大历元年也。

又北行十五里至大理，名阳苴咩城[④]，亦名紫城[⑤]，方围四五里，即蒙氏第五主神武王阁罗凤赞[⑥]普锺十三年甲辰岁[⑦]所筑，时唐代宗广德二年

① 《新唐书·南蛮列传》上："鲜于仲通领剑南节度使，卞忿少方略"。故事：南诏尝与妻子谒都督，过云南，太守张虔陀私之，多所求丐，阁罗凤不应；虔陀数诟勒之，阴表其罪。由是忿怨，反，发兵攻虔陀，杀之，取姚州及小夷州凡三十二。明年，仲通自将出戎、嶲州，分二道进，次曲州、靖州。阁罗凤遣使者谢罪："愿还所虏，得自新，且城姚州。如不听，则归命吐蕃，恐云南非唐有。"仲通怒，囚使者，进薄白厓城。大败，引还。阁罗凤敛战胔，筑京观，遂北臣吐蕃，吐蕃以为弟，夷谓弟、锺，故称赞普锺。给金印，号东帝，揭碑国门，明不得已而叛。尝曰："我上世世奉中国，累封赏。后嗣容归之，若唐使者至，可指碑澡祓吾罪也。""锺王"，即赞普锺之汉译，盖"赞普"义即汉语之"王"。

② "立德化碑"，万历《云南通志》作"德化颂碑"。嘉靖《大理府志》卷二《古迹》："南诏碑，在太和古城。"碑今存，在太和城遗址中。《碑》文称"赞普锺蒙国大诏"。

③ 《旧唐书·南诏传》："有郑回者，本相州人。"相州在今河南，此云"蜀人"，误。且撰文者亦非郑回。《碑》文中作者自述："蛮盛家世汉臣，八王称乎晋业。"所谓"八王"，是指晋代琅邪临沂县姓王的八个代表人物，当时人称之为"八王"。是作者自述姓王，名蛮盛，为阁罗凤的清平官。而郑回在南诏改名郑蛮利，未闻改姓王，与《碑》文中作者自述其姓名不合；且郑回乃异牟寻的清平官，与立《碑》的年代不相及。盖元初上距立碑之时已五百年，《德化碑》的作者题款恐已剥蚀，松年不可得见，但从俗说著为丹青。不然，郑回怎能误署自己的籍贯呢？应以作者在《碑》文中自述其姓名为正。详见附录拙作《〈南诏德化碑〉作者考》及《〈南诏德化碑〉作者问题答疑》。

④ 《事文类聚翰墨全书》后乙集《圣朝混一方舆胜览·大理路沿革》："古名叶榆，南诏之都会也；蒙氏为阳睑，又谓之阳苴咩城。""阳苴咩"，《新唐书·南蛮列传》作"羊苴咩"，《蛮书》卷一又称为"苴咩城"，盖译音无定字。"苴咩"与现代彝语"兹莫"为双声，当为"兹莫"的对音，义为"王"，"苴咩城"即"王城"之义。吴金鼎等《云南苍洱境考古报告》甲编：羊苴咩城故址"在中和峰下梅溪南岸，高出洱海面约二百六十公尺。有断断续续之土墙一道，自山坡直达县城东北角"。是羊苴咩故城在今大理城之西南，今大理城为明代所建。

⑤ 嘉靖《大理府志》卷二《古迹》："叶榆城，一名紫城。"

⑥ "賛"陆本讹"辇"。"賛普锺"乃南诏阁罗凤的年号。王忠《新唐书南诏传笺证》以为"賛普锺即藏语'bcan-po-čhuṅ'，义为小賛普"。

⑦ 《南译德化碑》："天宝十一载，……改年为賛普锺元年。"是年为壬辰岁，则十三年正值甲辰岁。此为阳苴咩城建置年代之可考者。

也。自后郑[①]、赵[②]、杨[③]、段[④]四氏皆都其中。是城也，西倚苍山之险，东挟洱水之阸[⑤]，龙首关[⑥]于邓川[⑦]之南，龙尾关于赵睑之北；昔人用心，自以为金城汤池，可以传之万世。及天兵北来，一鼓而下，良可叹哉[⑧]！此[⑨]非在德不在险之明效大验欤？

故大理之民，数百年之间五姓[⑩]守固。值唐末五季衰乱之世，尝与中国抗衡。宋兴，北有大敌，不暇远略，相与使传往来，通于中国。故其宫[⑪]室、楼观、言语、书数，以至冠昏丧祭之礼，干戈战陈之法，虽不能尽善尽美，其规模、服色、动作、云为，略本于汉。自今观之，犹有故国之遗风焉。

若夫点苍之山，条冈南北，百有余里；峰峦岩岫，萦云戴雪，四时不

---

① 嘉靖《大理府志》卷一《沿革史证》（《郡大记》）引旧《志》："天复二年，南诏清平官郑买嗣夺蒙氏而灭之，僭号大长和国。"《南诏野史》："郑买嗣更名昶，唐西泸令郑回七世孙。"惟《云南志略》以为郑氏灭蒙氏于唐光化二年，《滇载记》以为在光化三年，与此异。

② 《滇载记》："赵氏名善政，为封民清平。杨干贞既杀灭郑氏，遂援善政而立之，后唐明宗之天成三年也。改国号曰大天兴。立仅十月，干贞又夺之而为杨氏。"

③ 《滇载记》："杨氏名干贞，既夺赵氏而有蒙国，改国号曰大义宁。"

④ 嘉靖《大理府志》卷一《沿革史证》引旧《志》："后晋天福元年，通海节度使段思平讨杨干贞，干贞走死。二年，段思平自立，僭号大理国，居羊苴咩城。"

⑤ "阸"原本作"垢"，陆本作"沍"，未闻。今从康熙《大理府志》作"阸"。

⑥ 康熙《大理府志》卷五《上关》："城北七十里。倚苍山云弄峰麓，以箝洱河之口，山水交牙，为郡北要害。昂然突起，如游龙之矫首，故又名龙首关。"

⑦ "邓川"陆本误作"邓州"。

⑧ 陆本脱"良可叹哉"四字。

⑨ "此"，康熙《大理府志》、陆本作"岂"。

⑩ 五姓，即南诏蒙氏、大长和国郑氏、大天兴国赵氏、大义宁国杨氏、大理国段氏。

⑪ "宫"，天启《滇志》作"居"。

消[①]；上则高河[②]、窦海，泉源喷涌，水镜澄澈，纤芥不容[③]，佳木奇卉，垂光倒景，吹风嘘云，神龙所宅，岁旱祈祷，灵贶昭著[④]；派为十八溪，悬流飞瀑，泻于群峰之间，雷霆砰轰，烟霞晻霭，功利布散，皆可灌溉[⑤]。

① 景泰《云南图经志书》卷五《大理府山川》："点苍山在大理府治之后，高千余仞。山有十九峰：曰斜阳，曰马耳，曰佛顶，曰圣应，曰马龙，曰夏云，曰龙泉，曰岑峰，曰应乐，曰雪人，曰尖庄，曰三阳，曰龙峰，曰现佛，曰五台，曰苍崀，曰花山，曰豹罗，曰云弄。苍翠如玉，而峻峙起伏，若拱若揖，盘亘三百余里。蒙氏立国于其下，异牟寻封为中岳，与唐使者崔佐时定盟，以载书一藏于此山，一投于洱海。"惟十九峰之名，嘉靖《大理府志》卷二《山川》作斜阳峰、马耳峰、佛顶峰、圣应峰、马龙峰、玉局峰、龙泉峰、中峰、观音峰、应乐峰、雪人峰、兰峰、三阳峰、鹤云峰、白云峰、莲花峰、五台峰、苍崀峰、云弄峰，相沿至今，与景泰《志》所记略有不同。嘉靖《府志》云："点苍山在（太和）县（今大理县）治西五里。凡十九峰，连脊屏列，内抱如驰弓。然峯各夹涧，自山椒悬瀑，注为十八溪。翠峦条分，青嶂并峙，如大鸟之连翼将翔也。山色翠黛殷润，历秋冬不枯，高六十里，接连云气，滇西山川联络拱揖，若将翼之。蒙氏封为中岳。《汉书》曰'邪龙、云南'，《注》'山似扶风太乙之状，上有冯河，周回万步，五月积雪皓然'，即此山也。"案：《府志》所引《汉书》，当为《续汉书·郡国志》及其《注》文。

② 康熙《大理府志》卷五《山川》："山顶又有冯河，亦名高河。"胡蔚《增订南诏野史》卷上："会昌元年，（丰）祐遣军将晟君筑横渠道，自磨用江至于鹤拓，灌东皋城阳田，与龙佉江合流，入于河，谓之锦浪江。又潴点苍山玉局峰顶之南为池，谓之高河，又名冯河。更异山泉，共泄流为川，灌田数万顷，民得耕种之利。"

③ 明吴懋《点苍山记》："上有泉窦、冯河，璇渊碧树，潭开水镜，纤芥不容，堕叶飘枝，鸟輙啣去。"

④ 嘉靖《大理府志》卷二《古迹》："香岩在苍山中峰之半，草石皆香，芬酷袭人。"又说："冯河在苍山玉局峰顶之南。世传：黑龙为患，观音大士请佛敕放之于冯河。……冯河潭围万步，崖壁耸削，奇木交加；潭以版石，皆人力为者，修饰整整，尘埃不到；潭面清彻，其深莫测，忽有堕叶，鸟輙啣去。"

⑤ 景泰《云南图经志书》卷五《大理府山川》："十八溪，其源皆出点苍山，虽远近高下不同，而各有名：曰阻蛮，曰葶溟，曰磨残，曰青碧，曰龙溪，曰玉溪，曰碧圩，曰山字，曰隐仙，曰中溪，曰白石，曰灵泉，曰磻溪，曰阳溪，曰花香，曰茫涌，曰花浪，曰银矿。其所经之处，皆有灌溉之利，而同入于洱海。"嘉靖《大理府志》卷二、万历《云南通志》卷二所记十八溪之名为：阳南、葶溟、莫残、青碧、龙、绿玉、中、桃、梅、隐仙、双鸳、白石、灵泉、锦、茫涌、阳、万花、霞移，相沿至今，与景泰《志》所记略有不同。

洱水则源于浪穹①，涉历三郡②，渟滀紫城之东；北自河首，南尽河尾，波涛二关之间③，周围④百有余里；内则四洲、三岛、九皋之奇⑤，浩荡汪洋，烟波无际。于以见江山之美，有足称者。

然而此邦之人，西去天竺为近，其俗多尚浮屠法，家无贫富皆有佛堂，人不以老壮，手不释数珠；一岁之间斋戒几半，绝不茹荤、饮酒，至斋毕乃已⑥。沿山寺宇极多，不可殚纪。中峰之下有庙焉，是为点苍山神⑦，亦号中岳。中峰之北有崇圣寺⑧，中有三塔，一大二小，大者高二百余尺，

① 嘉靖《大理府志》卷二《山川》："西洱河出浪穹县罢谷山下，数处涌起如珠树。"景泰《云南图经志书》卷五以为"其源自丽江过剑川、邓川而来"，盖误以黑惠江源当之。

② "郡"，原本作"部"，兹从正德《云南志》、天启《滇志》及《读史方舆纪要》改。

③ "二关"，即上文所言龙首关、龙尾关。

④ "周围"，《读史方舆纪要》作"周回"，于义为长。

⑤ 嘉靖《大理府志》卷二《山川》："水中有三岛：曰金梭，曰赤文，曰玉几；水涯有四洲：曰青莎鼻，曰大贯溯，曰鸳鸯，曰马簾；九曲：曰莲花，曰大鹳，曰蟠矶，曰凤翼，曰萝莳，曰牛角，曰波阼，曰高崀；皆可田可庐。而大鹳洲随水升沉，如世称鹦鹉洲然。""九皋"即"九曲"。

⑥ 景泰《云南图经志书》卷五《大理府风俗》："其尚浮屠，……大抵与云南府同。"卷一《云南府风俗》："旧《志书》云：'僰人无问贫富，家有佛堂，老幼手不释数珠。一岁之间，斋戒过半，朔望则裹饭袖香入寺，礼佛饭僧。其僧有二种，居山寺者曰净戒，居家室者曰阿吒力，事之甚谨。二月八日为迎佛会，相率罄其貲以从事，虽费万钱莫之惜者。'"

⑦ 万历《云南通志》卷十二《祠祀》："苍山神祠在府城西三里、中峰之麓，国初建。"案：《新唐书·南诏传》："（异牟寻）使其子閤劝及清平官与佐时盟点苍山，载书四：一藏神祠石室，一枕西洱水，一置祖庙，一以进天子。"则南诏时已有苍山神祠，万历《志》所载，当为明初重建者。

⑧ 万历《云南通志》卷十三《寺观》："崇圣寺一名三塔寺，在府城西北一里，莫详其始。有三浮屠，其一高四百余尺、十六级，旁二浮屠差小。各错金为顶，顶有金鹏。世传龙性敬塔而畏鹏。大理旧为龙泽，故以此压之。唐开元元年癸丑南诏请唐匠恭韬、徽义重造。"

凡十六级，样制精巧，即唐遣大匠恭韬、徽义所造[①]。塔成，韬、义乃归。中峰之南有玉局寺[②]，又西南有上山寺[③]。凡诸寺宇皆有得道居之。得道者，非师僧之比也[④]。师僧有妻子，然往往读儒书，段氏而上有国家者设科选士，皆出此辈。今则不尔。其[⑤]得道者，戒行精严，日中一食，所诵经律一如中国；所居洒扫清洁，云烟静境，花木禅房，水濊濊循堂厨，至其处者，使人名利之心俱尽。

---

① 《南诏野史·晟丰祐》条："开成元年，嵯巅建大理崇圣寺，基方七里。圣僧李贤者定立三塔，高三十丈，佛一万一千四百，屋八百九十，铜四万五百五十斤。自保和十年至天启元年功始完。匠人恭韬、徽义、徐正。"而该书《晟罗皮》条又说："开元元年，唐大匠恭韬、徽义建大理崇圣寺并塔，刻石纪年。"景泰《云南图经志书》卷五《寺观·崇圣寺》条亦云："塔石刻云：'唐玄宗开元元年癸丑岁大匠恭韬、徽义所造'。"案：此石刻未详何时所镌，且开元元年(713年)距开成元年(836年)为一百二十二年，二者必有一误。考开元元年南诏尚未统一六诏，《蛮书》卷五："大和城、大厘城、阳苴咩城，本皆河蛮所居之地也。开元二十五年，蒙归义逐河蛮，夺据大和城。后数月，又袭破咩罗皮，取大厘城，仍筑龙口城为保障。阁罗凤多由大和、大厘、澄川来往。蒙归义男等初立大和城，以为不安，遂改䂓阳苴咩城。"阳苴咩城即后之大理城，开元元年尚未䂓建，而南诏亦未于此立国，其兴建规模宏伟之崇圣寺可能性甚微。作"开成元年"者，差得其实。至于杨慎《重修弘圣寺记》（万历《云南通志》卷十三《寺观志》）说："在崇圣者有塔顶铁铸款识云：'贞观尉迟敬德监造'。"恐系传闻失实之辞。

② 万历《云南通志》卷十三《寺观志》："玉局寺在府治西南四里、玉局峰麓。寺左有唐杜公祠。公，名光庭，青城人，以文章教邦人，故祠之。"

③ 景泰《云南图经志书》卷五《大理府寺观》："感通寺，旧名荡山，又名上山寺，唐僖宗时所创也。去府治十里许。寺有三十八院，林木葱蒨，幽雅响绝，甲于诸寺，贵客多游其中。而傍近有金相、玉局二寺。"

④ 《云南志略·诸夷风俗·白人》："佛教甚盛。戒律精严者名得道，俗甚重之。有家室者名师僧，教童子，多读佛书，少知六经者；段氏而上，选官置吏皆出此。""师僧"亦自称"儒释"，习见于大理时期石刻。景泰《云南图经志书》卷一引旧《志》云："其僧有二种：居山寺者曰净戒，居家室者曰阿吒力，事之甚谨。"是明代称得道者为净戒，师僧为阿吒力。阿吒力即阿阇黎，为梵文译音，即"僧"义。

⑤ "其"，万历《云南通志》、天启《滇志》作"而"。

此大理之大观。南游则永昌[①]、腾冲[②]，北走则鹤庆[③]、丽江[④]，周行数千里，皆莫若此也。

1983.1. 重订于存真室

① 永昌府治在今保山。明、清均为府。万历《云南通志》卷二《永昌军民府沿革》："古为哀牢国，九隆氏居之。汉武帝时内附，置不韦县，属益州郡。后叛。建武中，其王贤栗等率其种万余，诣越嶲太守郑鸿降，光武封为酋长。永平元年，诸夷复叛，遣益州太守张翕讨平之，立澜沧郡；寻改永昌郡，以广汉郑纯为太守，遂置哀牢、博南二县，割益州西部都尉所领六县隶焉。蜀汉仍为永昌郡，晋因之。唐属姚州都督府，后为南诏蒙氏所据，历段氏、高氏皆为永昌府。元宪宗七年于永昌立三千户所，隶大理万户府。至元十一年置永昌州，十五年复为府，隶大理路。"

② 《元史·地理志》："腾冲府在永昌之西，即越睒地。唐置羁縻郡。蒙氏九世孙异牟寻取越睒地，逐诸蛮有其地，为软化府。其后白蛮徙居之，改腾冲府。元宪宗三年，府酋高救内附。至元十一年改藤越州，又立藤越县，十四年改腾冲府；二十五年罢州、县，府如故。"明、清为腾越州，后改为厅。今腾冲县。

③ 鹤庆路军民府治今鹤庆县。《元史·地理志》："夷名其地曰鹤川、样共，昔隶越析诏。……太和中，蒙劝封佑于样共立谋统郡。蒙氏后，经数姓如故。元宪宗三年内附，为鹤州。七年，立二千户，仍称谋统，隶大理上万户。至元十一年，罢谋统千户，复为鹤州。二十年，为燕王分地，隶行省。二十三年升为鹤庆府。"明、清皆为府，后降为州。

④ 丽江路军民宣抚司治在今丽江县。《元史·地理志》："昔麽蛮、些蛮居之，遂为越析诏；二部皆乌蛮种，居铁桥。贞元中，其地归南诏。元宪宗三年征大理，从金沙济江，麽些负固不服。四年春平之，立茶罕章管民官。至元八年立宣慰司，十三年改为丽江路，立军民总管府。二十二年府罢，于通安、巨津之间立宣抚司。"明、清均为丽江府。

# 附一：《南诏德化碑》作者考

《南诏德化碑》是我国重点保护文物之一，是研究唐史特别是南诏史的第一手资料。公元766年（唐大历元年），南诏阁罗凤立此碑于太和城（今大理太和村），表明南诏"世奉中国"，辩解他的"叛唐"是出于"不得已"；（《新唐书·南诏传》）后代"归唐"，"但指太和城碑及表疏旧本呈示汉使，足以雪吾前过也"（《蛮书》卷3）。从而在他的继承者异牟寻时，南诏又归属唐王朝。《碑》文记述了南诏在唐王朝的扶植下统一六诏、合并两爨、叛唐附吐蕃和统一云南的具体经过，足以增补和订正两《唐书》和《蛮书》记载的缺失。《碑》文语势矫健，词藻斐然；学宗《左氏》，叙事典雅；寓散于骈，得唐碑之正体。是一篇很好的唐代碑传文。

但是，《碑》文的作者是谁呢？由于该碑剥落太甚，撰文题名无存，不能直接得知作者的姓名。到了十三世纪末，元郭松年在其所著《大理行记》（又名《南诏纪行》）中认为是"郑回制文"，至今近七百年间，历代学者无不风从其说，竟相为之找证据、创解说，连篇累牍，以致"流连忘返"，终不悟此说与《碑》文相抵牾，是一个"张冠李戴"的误说。

唐樊绰《蛮书》卷五说："（太和）城中有大碑，阁罗凤清平官王蛮利之文。"此碑即《南诏德化碑》。那么，"王蛮利"是否即郑回？清四库馆臣《蛮书》校语说："按《旧唐书》，阁罗凤得西泸令郑回，甚爱重之，更名蛮利，后为清平官。此云'王蛮利'，疑即其人也。"道光《云南通志》卷195根据这一校语，将末句改为"王蛮利当即其人"，将疑问变为肯定。但"郑蛮利"何以称为"王蛮利"？他们回避了这一矛盾，以致把后人引入歧途。向达《蛮书校注》习焉不察，径将《蛮书》本文的"王蛮利"改为"郑蛮利"（见该书116页），颇有"窜改史籍"之嫌。而王忠在《新唐书南诏传笺证》中，不仅认定"'清平官王蛮利'之称，即指郑回"；并且臆度说："'清平官王'亦当是清平官而封王爵"（见该书76页）。他把作为姓氏的"王"字解释为爵位之称，并在南诏官制中杜撰一个"清平官王"来，真是"望文生义"。这些解说，与《德化碑》文作者的自述是毫无共同之处。

作者在《碑》文末段表述自己的身世时说："蛮盛家世汉臣，八王称乎晋业（叶）；锺铭代袭，百世定于当朝。"对于作者这一自述的姓名，历代学者由于笃信"郑回制文"的误说，都没有给予应有的注意和正确的解释；有的甚至妄改《碑》文，以附会误说。《新纂云南通志》卷86说："《李志》（即万历《云南通志》）载碑文有'回家世汉臣'之语，而今存碑字作'蛮盛家世汉臣'。'蛮盛'即撰文者自称。《李志》盖因碑文署郑回撰，而'蛮盛'二字易于混淆，故改之。"又说："按：康熙《云南通志》即删'蛮盛'二字，阮福《滇南古金石录》删'蛮'字，师范《滇系·艺文》七改为'盖'字，即因'蛮盛'二字之义难晓。"向达《蛮书校注》录此碑，也删去"蛮"字。《新纂云南通志》在总结诸家删改碑文中，虽然揭出了"'蛮盛'即撰文者自称"，迈出了可喜的一步，但又回过头来走老路，误认为"蛮盛即郑回"。为了调和"蛮盛"与"蛮利"的矛盾，该书又"疑'蛮盛'与'蛮利'即一人"，"或'利'字相沿而误，郑回更名'蛮盛'或'蛮利'，用以自称之"。那么，郑回究竟是更名"蛮盛"，还是更名"蛮利"呢？抑或一人而兼二名？是郑回更名"蛮利"的"'利'字相沿而误"呢？还是撰碑文的"王蛮利"的"'利'字相沿而误"呢？该书由于将"蛮盛"一名一味地附会到郑回身上，又未解"八王"之义，故自陷于混乱之中。清陈寿祺认为："'蛮盛'二字，《通志》无其义，未详。'八王'及'吉甫''奚斯'，皆以往事相譬况"（《左海文集》卷3）。"吉甫""奚斯"固为作者自况之词（《碑》文有"心怀吉甫，愧无赞于周诗；志效奚斯，愿齐声于鲁颂"之句），但"八王"乃述其先祖，与自况之词不类。陈氏蒙混类举，盖亦未解"八王"之义，故仍误认为《碑》文是郑回作的。

所谓"八王"，是指魏晋时期姓王的八个具有代表性的人物，他们是王祥、王衍、王绥、王澄、王敦、王导、王戎、王玄，时称"八王"，与"八裴"并称。《世说新语·品藻第九》说："正始中，人士比论，以五荀方五陈。……又以八裴方八王。裴徽方王祥，裴楷方王夷甫，裴康方王绥，裴绰方王澄，裴瓒方王敦，裴遐方王导，裴颜方王戎，裴邈方王玄。”《晋书·裴楷传》也说：“初，裴、王二族盛于魏晋之世，时人以八裴方八王。”《德化碑》的作者正是应用这一典故，从述其先祖的事迹中，表明自己是姓王的后代。故下联接着说：“锺铭代袭，百世定于当朝”（“百世”是应用“本支百世”的成语典故）。作者在这里自言是姓王，而不是姓郑，这一点就把他和郑回区别开来。因而“蛮盛”和“蛮利”是两个人的名字，而不是一人，是不能强同的。“蛮盛”当是作者来南诏后的更名，亦犹郑回“更名曰蛮利”。由此可见，《南诏德化碑》的作者是“王蛮盛”，而不是“郑蛮利”，诸家之说并误。

不仅如此，二人为南诏清平官的时代也不同。作者在《碑》文中说：“赖先君之遗德，沐求旧之鸿恩，改委清平，用兼耳目。”是作者在撰《碑》文前，已为阁罗凤“改委清平”;《蛮书》卷五也说作者是“阁罗凤清平官”。而郑蛮利乃是异牟寻时的清平官。《旧唐书·南诏传》说：“有郑回者，本相州人。天宝中举明经，授嶲州西泸县令。嶲州陷，为所虏。阁罗凤以回有儒学，更名曰蛮利，甚爱重之，命教凤伽异。及异牟寻立，又令教其子寻梦凑。回久为蛮师，凡授学，虽牟寻、梦凑，回得箠挞，故牟寻以下皆严惮之。蛮谓相为清平官，凡置六人。牟寻以回为清平官，事皆咨之，秉政用事。”是郑回为阁罗凤虏来后，更名蛮利，“久为蛮师”；至异牟寻时，始“以回为清平官”。由此可知，《碑》文作者王蛮盛是阁罗凤时的清平官，而郑蛮利乃是异牟寻时的清平官，二人虽同为南诏清平官，但时代不相侔，怎么能将二人混为一谈呢?

今本《蛮书》的误文“王蛮利”，既不是如向达所武断的，“必是郑蛮利之误”；更不能像王忠那样，杜撰一个“清平官王”来臆释。当从《德化碑》作“王蛮盛”。“王”乃作者之姓，“利”字乃“盛”字之误。“盛”字草书坏烂，有似草书“利”字；或则钞者习于唐史“蛮利”之文而臆改，亦未可知。《蛮书》在明初已“字多谬误，非善本也”（万历刊本《巽隐集》卷3）。今本《蛮书》又是清四库馆臣从《永乐大典》里辑出来的，几经转写，谬误就更多了。《德化碑》是南诏阁罗凤时刻的，作者在《碑》文中自述其姓名，是最可靠的，无待于后人连篇累牍的揣测和臆说。

由此可知，《南诏德化碑》的作者是阁罗凤的清平官王蛮盛，而不是异牟寻的清平官郑蛮利（即郑回）。对于风行学术界几达七百年之久“郑回制文”的误说，于此应得到必要的驳正和澄清。

（原载《思想战线》1978年2期）

# 附二：《南诏德化碑》作者问题答疑

近承友人相告，王宏道先生在《云南社会科学》1985年4、5期上著文，对我于1978年发表在《思想战线》2期上的一篇札记短文《〈南诏德化碑〉作者考》提出了“质疑”。我因亟取读之，始则惊而终则喜。初不料这条札记于七年后还能引起同行们的注意，真是“受宠若惊”；读毕，顿觉该文适足以成吾说之反证，岂不又是一喜嘛！何以言之？答疑如下：

## 一、问题的提出及其实质

《南诏德化碑》作者问题的提出及其实质性问题，是《德化碑》的本证，亦即该《碑》向读者所表述的内容与“郑回制文”的旧说相矛盾，其中最著者有三：（1）该《碑》写作及立碑的年代与郑回为清平官的年代不合；（2）该《碑》表述的内容与郑回从政的事迹不合；（3）作者在《碑》中自述其姓名为“王蛮盛”，与郑回在南诏更名为“郑蛮利”不合。这三者是互相关联、互相制约的辨证的统一体，该《碑》的年代、内容制约着研究作者问题的时间和史实范畴；同样，我们也不可以把作者在《碑》中的自述部分从全篇中孤立出来，脱离年代和内容去随意解释。因此，必须从整体中去考虑这个具体问题，从全篇中去理解这段作者的自述，才能得到符合历史事实的答案。

宏道君在该文中虽然用功甚勤，翻阅了数十百种资料；但他可能忽略了本题讨论的基础史料——《南诏德化碑》。不然，他会发现该《碑》始作于公元765年，碑立于766年，而不会将十几年以后即公元779年以后才发生的事拿来作证。该《碑》记事的最后一年，明言阁罗凤已立凤伽异为“二诏”，居柘东；其时阁罗凤、凤伽异二人俱健在，当然还谈不上“以凤伽异前死，立其孙异牟寻以嗣”的事，因这与《南诏德化碑》的年代不相及。由于他没有注意到该《碑》的年代与史实，从而把该《碑》中的作者自述部分从全篇中孤立了出来，不能对其中的一些词句作出合乎《碑》义的解释，导致了其文在一定程度上陷入了逻辑的混乱。例如，该文一开始就大论氏族郡望问题，大力抨击“八王”一词没有表出郡望；继而又不得不承认事实，“八王”是琅邪王氏，既表氏族，又表郡望，这已“出尔反尔”。但“八王”终是姓王而不能姓郑，于是他又将“八王”改作“八坐”，以附会姓郑。众所周知；“八坐”是八个高级官职的总称，诸大姓中曾官居此职者俯拾即是，不仅姓郑的有，即“八王”中就有三人曾官居此职，它既不能表姓氏，更不表郡望。那他把“八王”改作“八坐”，这岂不又与他自己开始所立的标榜氏族郡望的原则大相径庭了吗？在一篇文章中就同一问题竟如此反复“自破其说”，这主要是由于他对该《碑》的一些词句孤立地予以理解，而没有把他们放在整段、整篇中求得意义一致的解释。至于他说蛮盛是蛮利“讳避嫌名”而改写等论点，亦复如是，详见下文。

## 二、《南诏德化碑》的年代和作者

《南诏德化碑》的作者是阁罗凤时的清平官，这是《碑》文说的。但是这个清平官是谁呢？该《碑》作者自述是王蛮盛，宏道君认为是郑蛮利亦即郑回。那么郑回在何时曾做过阁罗凤的清平官呢？由于查无实据，他称引两《唐书·南诏传》的文句，杂以己意，编制了一份大历十四年南诏的“重大历史事件的进程”：

> “大历十四年阁罗凤子凤迦异死，——阁罗凤立其孙异牟寻以嗣，——阁罗凤令异牟寻、寻梦凑师事郑回，——以郑回为清平官；——九月，阁罗凤死，异牟寻即王位；（下略）”

必须指出，这一“进程”是他“看来”“似乎”是如此的。关于“阁罗凤在死前”，是否如这一“进程”所设计的为其接班人异牟寻配备了班子（该文所谓“俾辅佐异牟寻”）呢？因此事比《德化碑》的年代晚了十几年，不属本题讨论范围，姑置不论。现仅就该文据此进一步所下结论而与本题有关的，即“郑回之为清平官是阁罗凤在世之时，亦即在异牟寻为嗣王储君期间”；而《德化碑》“碑文‘改委清平’一语……那就是（郑回）从‘蛮师’改任‘蛮相”等论点，予以解答。该文还特别强调说：“要证明郑回是阁罗凤在世时的清平官，其最有说服力的第一手材料，自然莫过于碑文的‘改委清平’一语。”果真如此吗？

历史好像是一个不断向前运动着的、不规则多面形的发光晶体，它五光十色而又运动着，往往令人眼花缭乱；因为是运动着的，从而是有时间性的，一定的历史事件要放在一定的历史运动时间内来研究。从某种严格意义上讲，无年代即无历史。因为无年代，就可以把它放在任意选择的一个运动点上去作任意解释。因此，要研究《南诏德化碑》问题也包括作者问题，首先就要确定该《碑》的年代，把问题放在该年代内来解决。

《南诏德化碑》叙事下止于赞普钟十四年，即唐代宗永泰元年（公元765年）。《碑》中说：“（赞普钟）十四年春，命长男凤伽异于昆川置柘东城，居二诏，佐镇抚。”是其时阁罗凤已立其子凤伽异为“二诏”（副国王），自无又“立其孙异牟寻以嗣”之必要，何况其时异牟寻年幼，阁罗凤、凤伽异俱健在。《碑》又说：“时清平官段忠国、段寻铨等咸曰：‘有国而致理，君主之美也；有美而无扬，臣子之过也。…可以刊石勒碑，志功颂德，用传不朽，俾达将来。’”此句首的“时”字即承上文赞普钟十四年而言，则碑文之作亦应始于是年；碑立于次年，“即唐代宗大历元年也。”（郭松年《大理行记》）。因此《南诏德化碑》中所说的都是大历元年（公元766年）以前的事。那么该《碑》作者在《碑》中自述其官职的“改委清平”一语，也就是该文所强调的“其最有说服力的第一手材料”，只能解释是该《碑》作者在立碑以前，亦即在大历元年以前即已任清平官。今姑从宏道君的“考证”，郑回是在大历十四年（公元779年）始任清平官，在时间上已比该《碑》作者任清平官至少晚了十三年。十三年，在历史的长河中虽说是短暂的；但在一个具体的个人历史事件中，还是一段较长的时间。十三年以后当郑回任清平官时，也许该《碑》作者王蛮盛已不在人间。虽然王蛮盛的事迹仅见于《南诏德化碑》及《蛮书》的一句误文（见下文），别无可考，但不能因此就用十三年以后才任清平官的郑回来顶替，这难道不是“张冠李戴”吗？在这里我应该感谢宏道君，他的“考证”适足以成吾说之反证，再次证明吾说之不谬，即“二人虽同为南诏清平官，但时代不相侔”（见《〈南诏德化碑〉作者考》）。一人名王蛮盛，在大历元年以前即已任清平官；一人名郑蛮利亦即郑回，在大历十四年以后才任清平官。

其实，拙文《〈南诏德化碑〉作者考》所说“郑回是异牟寻时的清平官”，两《唐书》记载明确，语意肯定，并非我的发明。《旧唐书·南诏传》即说“牟寻以回为清平官”。《新唐书·南诏传》也以此事系于大历十四年后，入异牟寻事记中。宏道君也承认：“新、旧《唐书》记载大历十四年至贞元四年之间的南诏史实是基本一致的。”但是，他在肯定了以后，接着就来了一大段“但”书，加上“似乎”“看来”“当是”等不定词，杂以己意，把原书记载的肯定语句变成不定语句，然后又以己意做出肯定性的结论，这样，就把原书记载的“牟寻以回为清平官”换成为己意的“（阁罗凤）以郑回为清平官”，“异牟寻”变成了“阁罗凤”。这种实际上是在偷换概念。即使如宏道君所说，在“阁罗凤死前异牟寻为嗣王储君期间”，“以郑回为清平官”，“俾辅佐异牟寻”。那也是为了“辅佐异牟寻”，做异牟寻的清平官，他已来不及辅佐临终的阁罗凤了！

如上所述，《南诏德化碑》的作者既不是也不可能是郑蛮利亦即郑回，而是王蛮盛。那么，《蛮书》卷五《大和城》条所说“城中有大碑，阁罗凤清平官王蛮利之文”，此“阁罗凤清平官王蛮利”，自非是郑蛮利，因其为清平官的年代不相及，应予排除；据原《碑》，作者自述其姓名为王蛮盛，则此“利”字必为“盛”字之误，“名从其主”嘛！“王”乃作者之姓，与《碑》中“八王”之称一致，若合符节，可互注互证。如此，则《蛮书校注》改“王蛮利”为“郑蛮利”;《新唐书南诏传笺证》以此句“清平官王”为读，而以“蛮利”属郑回，都不符合史实，亦非该《碑》原义，乃误校误释。他们的“千虑一失”，主要是“因袭便书”，没有注意到应直接引证原《碑》，因该《碑》实物尚在，碑文可考嘛！应据第一手材料《南诏德化碑》作“王蛮盛”。



### 三、《德化碑》避讳“利”字吗？

该文因固守“郑回制文”的旧说，认为“蛮盛”即“蛮利”；并且说：“为什么不说‘蛮利家世汉臣’，而说‘蛮盛家世汉臣’呢？这个问题涉及唐代士大夫讳避嫌名的问题。”宏道君为此写了一大段考证说：

“《新唐书》卷七五上《宰相世系表》北祖郑氏表内列有郑回与郑利，郑利为资阳令，从表中所列二人名次看来，郑利当是

> 郑回的从兄，与郑（按：当作回）同时或稍早。《宰相世系表》中的郑回无疑当是为南诏所虏的郑回。当郑回撰写《南诏德化碑》文时，自不能违反唐人讳避嫌名的社会风尚，不能不顾虑到‘利’是郑利之名，从而认为他应当是讳避的。因而在碑文中他不写为‘蛮利家世汉臣’而写为‘蛮盛家世汉臣’，改蛮利为蛮盛。”

从这段文字看来，宏道君尚未细读《新唐书·宰相世系表》，对于避讳嫌名的范畴也未之深究，因而其推断是错误的。

为了便于讨论，现将《新唐书·宰相世系表》中有关郑回与郑利的亲属关系一段简录于下（原表行次自右向左，今因横排改为自左向右）：

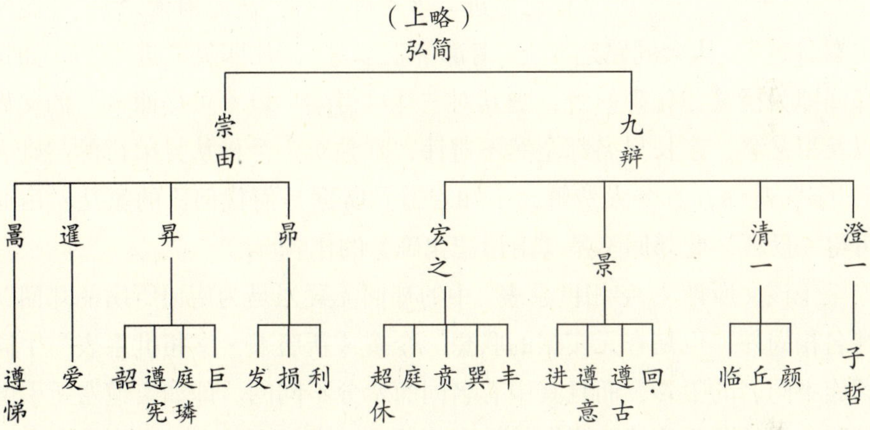


从上表可以清楚地看出，此郑回与郑利不是共祖父的“从父昆仲”，而是共曾祖的“从祖昆仲”。也就是说，他们不是“从兄弟”，而是“再从兄弟”。其次，表中的行列次序是，亲兄弟以长幼行次排列，从兄弟各从其父的长幼行次，再从兄弟从其祖父的长幼行次排列。因此，在从兄弟与再从兄弟之间，如无年齿资料可供比较，是不能“从表内所列名次”先后看出谁长谁幼的，因其间尚隔着其父祖的长幼排列咧！今宏道君强不能以为能，断言“从表内所列二人名次看来，郑利当是郑回的从兄”，是没有根据的。既然此郑回与郑利是再从兄弟行，也就不存在有什么“讳避嫌名”的问题。当然，“史讳”是中国史学中的一个专题，陈援庵先生为此写了一本专书《史讳举例》，其中不尽之处是可以续补的。今宏道君把避讳嫌名之例扩大到再从兄弟行之间，这一条却是千万不可以入补作为例证的。

《德化碑》果真避讳“利”字吗？请看事实。该《碑》除碑阴题名中的人名有“利”字外，正文中有“首领杨利”“或以利相导”“利及牂欢”“因利兴功”“大利流波濯锦”，凡五见“利”字都不避讳，唯独避讳国王“阁罗凤赐给他的蛮利一名”的“利”字，不亦异乎？可见《南诏德化碑》不避讳“利”字，“蛮盛”之“盛”不是因避讳“利”字嫌名而改写的。

众所周知，避讳嫌名的最基本的是君父之讳，其中家讳是避讳父祖之名。从上表可知，此郑回之父名景，该《碑》有“白日晦景”之语，不避讳“景”字；其祖父名九辨，该《碑》有“九重天子”“位分九等”“国贮九年之廪”“仓储九年之廪”，四见“九”字，并两见“辨称世雄”，不避讳“九”“辨”二字；其亲长兄名进，该《碑》有“进献府无余月”“昆州刺史爨日进”“从会同路进”“安南都督王知进”，凡四见“进”字。如果此郑回即为撰《德化碑》者，则其对“耳可得闻、口不可得而言”的父母名以及祖父名、亲长兄名都全然不避讳，唯独对一个再从兄弟行的“嫌名‘利’字”避讳，真令人费解，不知宏道君所据是何代何氏的家法？由此亦可得一反证，此郑回不是《南诏德化碑》的作者。

至于该文所谓“《宰相世系表》中的郑回无疑当是为南诏所虏的郑回”，除姓名相同外，也是查无实据的联想。今按《新唐书·宰相世系表》中同姓同族中同名的很多，而且其中有名同而辈分不同的。即如宏道君所引的有郑回之名的郑氏北祖二房胤伯一支，载于《表》中的有三人同名“申”，相差一辈；二人同名的则更多，差两辈而名同的有“仲均”“澣”“浑”，差一辈的有“佺期”，同辈同名的有“光庭”“岌”“淑”等，其未载入而名同者应更多。该文明知“郑氏是汉晋以来山东著名胜的郡姓”，其分祖分脉分房甚众，《宰相世系表》只载出宰相的房支，如郑氏只载南祖、北祖，而不载中祖，另载沧州、荥阳两系，而未及他系；在北祖七房中又只载二房胤伯一支，其他房除“大房白麟后绝，第三房叔夜后无闻”外，还有洞林、归藏、连山、幼麟四房俱不载。南诏臣郑回究属郑氏何祖何房何支？尚且不明；并且郑氏同族同祖同房中同名者甚多，怎能因其姓名相同就认为是一人呢？如此做法反欲令人“无疑”，其可得乎？如无足以证明的材料，“阙疑可也”。

如果宏道君不忍舍弃这条材料的话，可将“无疑”改作“可能”，即改为“《宰相世系表》中的郑回可能是为南诏所虏的郑回”，尚堪差强人意。因为“史阙有间”，无法证明其可与不可。但是，决不能把不定式的“可能”变成肯定式的“无疑”，进而推导出蛮盛之“盛”是避讳其再从兄弟郑利之“利”的嫌名而改写的结论。因为前提不周延是不能做出肯定性的结论的，这是逻辑的初步，无容赘述了。

由此又得一反证，因为蛮盛之“盛”不是因避讳蛮利之“利”而改写的，所以蛮盛自是蛮盛，蛮利自是蛮利。再次证明吾说之不谬：“‘蛮盛’和‘蛮利’是两个人的名字，而不是一人，是不能强同的”。

（见拙作前文）

**四、“八王称乎晋业”一语是十分准确的**

“八王”是指晋代琅邪临沂县王姓一族人才辈出，其中有八个具有代表性人物，时人称之为“八王”。《世说新语》卷四《品藻第九》说：

> “正始中人士比论，以五荀方五陈；荀淑方陈寔，荀靖方陈谌，荀爽方陈纪，荀彧方陈群，荀颉方陈泰。又以八裴方八王：裴徽方王祥，裴楷方王夷甫，裴康方王绥，裴绰方王澄，裴瓒方王敦，裴遐方王导，裴頠方王戎，裴邈方王玄。”

《晋书》卷五《裴楷传》也说：

> “初，裴、王二族盛于魏晋之世，时人以八裴方八王：徽比王祥，楷比王衍，康比王绥，绰比王澄，瓒比王敦，遐比王导，頠比王戎，邈比王玄云。”

为了便于下文讨论，故不惜繁复，将全文引录于此。

宏道君对于上述解释认为大谬不然，他说：

> “《世说新语》及《晋书》所载‘八王’史料，是作者引来

用以证明王蛮盛撰写碑文时‘述其先祖的事迹’的。但是，作者所引证的这一史料，以时间上看来，明明是说‘正始中’或‘魏晋之际’，如果王蛮盛真的要在碑文中称述其先祖的这一‘事迹’，那他准确叙述就应该是‘八王称乎正始’或‘八王称乎魏晋’，而不应是‘八王称乎晋业（叶）’，因为‘正始’还是曹魏政权的年号，这在时间上是会与碑文‘称乎晋业（叶）’相牴牾的。”

由此可见，宏道君对于上面引录的《世说新语》和《晋书》的两段文字，虽然从字面上已经读懂，但是对其内容尚未读通，故出此言。因为“八裴”“八王”中多数人都是出生于晋代的，怎么能把他们算成是“正始中”的曹魏时人呢？这不成了“预卜生死”吗？

确定“八王”一词产生年代的前提和最可靠的证据，首先必须是这八个姓王的人都已出生于世，而且要俟其长大后在社会上有所表现，时人才可比论；如果其中有一人尚未出生，也就不可能成其为“八王”，这是不言而喻的。兹将“八王”的出生年代列后：

王祥生于汉灵帝光和三年（公元 180 年）
王戎生于魏明帝青龙二年（234 年）
王衍生于魏高贵乡公甘露元年（256 年）
王敦生于晋武帝泰始二年（266 年）
王澄生于晋武帝泰始五年（269 年）
王导生于晋武帝咸宁二年（276 年）
王绥约生于魏晋之交（王戎子）
王玄约生于晋咸宁、太康间（王衍子）

由此可见，在魏正始中只有王祥、王戎已生，“八王”中才有二王，怎么能说“八王称乎正始”呢？到了魏末，王衍出生，“八王”中也只有三王，所以也不应该说“八王称乎魏晋”。到了晋咸宁、太康年间，“八王”中的最幼者才出生，俟其长大到十五六岁在社会可以发生一点影响时，已是晋惠帝元康年间了。所以，“八王”这一集体名词产生的年代最早也只能在晋元康年间。由此可见，《德化碑》作者所述“八王称乎晋业”而不及于魏，在年代上是十分准确的。如果作者非“此中人”，不熟习《王氏谱》，是很难达到如此准确程度。根据上引宏道君的诺言，既然该《碑》作者是“准确叙述”的，那就应该承认“王蛮盛真的要在碑文中称述其先祖的这一事迹”了。从而，拙作《〈南诏德化碑〉作者考》中所说：“《德化碑》作者正是应用这一典故，从述其先祖的事迹中，表明自己是姓王的后代。”于此又得一证。

那么《世说新语》和《晋书》都说错了吗？不是的。《世说新语》首言“正始中”，指的是“以五荀方五陈”；接着说“又以八裴方八王”，加一“又”字，为史籍“连带书之”之常例，时间就或早或晚了。《晋书》说“初，裴、王二族盛于魏晋之世”，用“初”这一追始的笔法是对的，因为其中有的生于魏或曾官于魏；至于谁在魏或在晋呢？这从该书本《传》内可参见到。顺带说一句，“八王”个人本传是入《晋书》，而不入《三国志》的。即如“八王”中年长者王祥在魏曾“拜司空，转太尉，加侍中，五等建，封睢陵侯”，祥死时，《三国志》作者陈寿年才三十五岁，后三十年陈寿卒，但他也没有把王祥入《魏志》。可见当时的观点，认为“八王”是属于晋代的人物。

从“八王”中每个人来说，有魏有晋；作为“八王”这一集体名词的出现，只能在晋代。今传《晋书》是唐初修撰的官书，依据当时的政治观点对晋代人事进行评价和取舍史料（见《修晋书诏》），但它仍采用了这条“以八裴方八王”的史料，以明“裴、王二族盛于魏晋之世”。可见“八王”之称在晋、唐间是为人们所习知的，并得到唐代官方的认可。王蛮盛是唐人，当他撰写《碑》文时，准确地引用了这一典故，既表姓氏，又表郡望，并表达了琅邪王氏在晋代的盛况，在当时是十分自然的事。

至于该文认为“八王”二字“是金石学家们认为是一个可疑或有误之字”，这是误解。金石学家们根据当时所见原碑或拓片录文时，可辨认的依原件笔划著录，其漫漶者作方围，即“□”，然后根据可靠资料将缺字补入方围内，令原碑可读。如其“有着过人的眼力和识力”，只能见于考释中，不可随意在录文中加方围。所以诸家虽然认为该《碑》是郑回所作，但在录文中仍记作“□成”“盛”“蛮盛”，字外未加方围；这种治学以诚的精神值得我们学习。如果仅凭着“过人的眼力和识力”，将不合己意认为可疑的字，或者如宏道君所说“基于这些抵牾不可通的情况”，就加以方围，则这种经过窜改的录文，将何以取信于人？何况《南诏德化碑》原文约四千余字，今存者仅有三百余字，不足十分之一，绝大部分的字都加了方围，难道这些都“是金石学家们认为是一个可疑或有误之字”吗？不知宏道君此言出自何方金石学家的体例？抑或是宏道君一家之私言？我们不可以己意强加给古人！

其实，“八王”二字在清乾隆年间该碑重见于世时仍是清晰可辨的。王昶两度来云南亲见此碑，在其所著《金石粹编》卷一百六十著录《德化碑》，“八王”二字即录作大字，不作旁行小字，认为是已识的。当时可识者尚有九百余字。据向达先生说，该《碑》“全文长达四千余字，道光时碑文可以辨认的就只余四百多字，余俱漫漶”（《蛮书校注》277页），比乾隆时可识者又少了一半。所以到了阮福时，“八王”二字也已漫漶，他忠实地记录作方围；《新纂云南通志·金石考》又据原碑及旧拓辨认出“八”字，他们都据前人录文补入“八王”或“王”字，并无“可疑或有误”之词。该文又说：“陈（寿祺）氏读‘八王称乎晋叶’一语，是理解为当西晋八王之乱时郑回的先祖曾有‘称乎晋叶’的人物，以‘譬况’郑回之在南诏为清平官。”不知此义出自陈氏何书？古文不会歇后语，将此义放在上下文中扞格难通。但我相信陈氏博学能文，决不会做出如此不谙古文的“弯弯绕”的解释来的。我们不应厚诬古人。

**五、该《碑》作者自述部分译注**

最后，我想有必要对作者在《碑》中自述的一段文字试作今译，并略加注释，以便读者参考，兼答宏道君。

［原文］

蛮盛家世汉臣（注），八王称乎晋业；锺铭代袭，百世定于当朝。生遇不夭（注），再罹衰败：赖先君（注）之遗德，沐求旧（注）之鸿恩，改委清平，用兼耳目。心怀吉甫（注），愧无赞于周诗；志效奚斯（注），愿齐声于鲁颂。

［今译］

我蛮盛家族世世代代都是中原王朝之臣，在晋代有“八王”著称于世；祖先的功德余荫世世继承，一直传到当代。我生不逢时，再度遭到不幸；依靠父祖辈遗留下来的社会影响，受到南诏王提拔旧臣的大恩，改任为清平官，用以辅佐审察政事。我向往着周朝的卿士尹吉甫，为未能像他做出赞美天子周宣王的大雅之作而感到惭愧；但我一心效法鲁公子奚斯，希望我赞美南诏功德的词句能与他颂美诸侯鲁僖公的颂诗相媲美。

［大意］

这段文字共三句话。第一句述其出身，姓王名蛮盛，是山东大姓琅邪王氏的后代，世为中原王朝之臣。第二、三两句主词“蛮盛”承上省略。第二句述其来南诏及任清平官的经历，具体经过的事迹今已不可考。第三句明志，承上启下；前半句义承第一句，言虽为中原王朝之臣未能匡辅天子；后半句义承第二句，言在南诏亦可辅佐诸侯；同时本句又启下文题词之句。层次分明，用语切当，采用唐代官方文书通行的骈体文，因而使用了一些成语典故，今择其要者分释如下：

［注释］

“汉臣”，义为中原王朝之臣。南诏习惯用语称中原王朝为“汉”，屡见《南诏德化碑》及异牟寻《誓文》（见《蛮书》卷十）。如《德化碑》云“为汉不侵不叛之臣”，《誓文》云“誓为汉臣”，可证。此“汉臣”义亦同。宏道君以此“汉臣”是指汉代之臣，不确。“蛮盛”“八王”的解释已见上文。

“不天”，义为得不到上天的保佑。《左传·宣十二年》：“郑伯肉袒牵羊以逆，曰：‘孤不天，不能事君。’”杜预注：“不为天所佑。”“生遇不天”约当今“生不逢时”之义。宏道君以为是指氏族而言，他说：“郑氏这一汉晋以来的山东门阀世族（按：他不知琅邪王氏也属山东世族），由于受到唐初实行摧压政策的抑制，其门族等级品位不论在《氏族志》抑或是在《姓氏录》中显然是大为降低了。这一情况，郑回在撰写《南诏德化碑》

文时，用‘生遇不夭，再罹衰败’两语来表述。”这一解释是错误的。首先，他对这句话没有读懂，这句话的主语是什么？“生”字怎么解释？这句话的主语是“蛮盛”，承上文省略，故而动词用“生”字。如言“氏族”，不仅失去主语，动词也不可用“生”字，因为氏族非人或生物，不可以“生”。至于他附会郑氏，已详上文，不赘述。

“先君”有三义：（一）指已死的国君。但《德化碑》中习用“先王”一词，故此义不合；（二）指祖先。（三）指先父。由于作者事迹不详，今译作“父祖辈”，兼采（二）、（三）两义。

“求旧”一词出《尚书·盘庚》“人唯求旧；器非求旧，唯新”一语。有任用旧臣、旧人、旧交之义，今暂取“旧臣”义。从该《碑》“生遇不夭，再罹衰败；赖先君之遗德，沐求旧之鸿恩”等语看来，特别是其中“再罹”“求旧”二词，似乎该《碑》作者在未入南诏前已与南诏打过交道。今以“史阙有间”，“阙疑可也”。

“吉甫”，即尹吉甫，“周之卿士”。作《崧高》《烝民》《韩奕》《江汉》等大雅之篇，“美宣王也”。见《毛诗注疏》卷十八，与下联“奚斯”句连读，有“心存王室”之思。

“奚斯”，周代鲁公子鱼的字。作《鲁颂·閟宫》，“颂僖公能复周公之宇也”。见《毛诗注疏》卷二十。与上联“吉甫”句连读，有“虽未能匡辅天子，亦可以赞佐诸侯”之意。“吉甫”“奚斯”都是作者用以自况，虽其间有虚实之别，“愧无赞”为虚，“愿齐声”为实；而“‘八王’乃述其先祖，与自况之词不类”。拙作《〈南诏德化〉碑作者考》所作的这一解释，从这一整段文意看来尚不致有误。盖片词只句之义，只有在整段、全篇的文义中，才能得到确解。

（原载《思想战线》1986年3期）

# 第三部分
# 云南志略辑校

（元）李京撰
王叔武辑校

# 叙 例

《云南志略》是元代建立云南行省后的第一部云南省志，为明代云南诸方志之所宗，是研究云南民族历史的基本史料之一。该书《云南总叙》首载南诏、大理国的世系、纪元，较之一般习用的明倪辂《南诏野史》原本，成书要早将近二百五十年；而其《诸夷风俗》，则是一篇很好的“元代云南民族志”。由于大理国史料保存下来的比较少，因此，本书与《元史地理志·云南诸路》所记，起着上承隋唐，下接明清，考镜云南民族源流的作用。在云南民族史料中，是一部具有关键性的著作。

作者李京（1251-？），其生平事迹略见于虞集《李景山诗集序》。他在“大德五年春，奉命宣慰乌蛮”，其《过牂牁江》诗云：“垂老八千余里谪，回头四十九年非”。这里用的是蘧伯玉的典故，《淮南子·原道训》说：“故蘧伯玉年五十，而有四十九年非”。是知其年李京已有五十岁。由此推知，他生于元宪宗元年（1251年）。“掌故枢府”是在世祖时，“坐废”于成宗元贞年间。大德四年冬末起复，大德五年春来云南，任“乌撒乌蒙道宣慰副使佩虎符兼管军万户”。时值缅甸掸族三兄弟废缅王自立，元皇朝政府应缅王请求，派云南行省平章薛超兀儿率兵一万二千，围掸族三兄弟于木连城。而云南参政高阿康（白人）与丽江路军民宣抚使察罕不花（末些人）令众助缅修筑叫栖水利工程后，回军云南。高阿康与察罕不花被诛。事见《元史·缅传》及《经世大典叙录政典总叙·征伐·缅》条（《至元征缅录》）。故《自序》云：“值缅事无成。”他在云南三年，“措办军储”，足迹几遍云南，“悉其见闻，为《志略》四卷，因报政上之”。据此，这本书的初稿应成于大德七年（1303年）。他卒于何年，未详。据《永乐大典》引《云南志略·异龙湖》条有“天历镇兵之变”的事迹，那时李京已是八十岁的老翁了。如果《永乐大典》所引不误，那么《云南志略》的定本最早也当在至顺年间（1331年）。由此可知，《云南志略》在元代应有两个本子，一是大德七年“因报政上之”的初稿本，一是经过补充修改的至顺年间的定本，今已不得其详。

原书四卷，明代云南诸方志及王圻《续文献通考》《千顷堂书目》《世善堂藏书目录》均著录，唯《说郛》题注为“四卷并附录”，则陶九成所见当为完书。今所传者，仅《说郛》节录的《云南总叙》及《诸夷风俗》二篇。而陶珽重编《说郛》又遗收《诸夷风俗》，只刊《云南总叙》一篇。《滇系》《云南备征志》又仅据重编《说郛》本收录。原书大部分已散佚了。根据群书引录本书的情况来看，约佚于明、清之际。

原书分卷、分目体例无考。根据虞《序》，其内容为土产风气服俗、人物、山川形势及纪行诸诗；而《自序》则提到山川地理、土产、风俗，在《云南总叙》中又言及人物、山川、草木。概括起来，本书内容应包括人物、风俗、山川、物产及纪行诸诗等。人物于《云南总叙》中可略见，风俗有《诸夷风俗》篇，至于山川、物产及纪行诸诗的内容全佚。因此，本书的整理工作包括校勘与辑佚二者。其实校勘与辑佚有时是不可分的。本书版本校勘仅有《云南总叙》一篇，其余要靠大量收集可供校勘用的资料；而在这些资料中必有一部分是佚文，佚文经过整理，就是辑佚。

本书以涵芬楼排印明钞本《说郛》本为底本，包括《云南总叙》《诸夷风俗》两篇。其中《云南总叙》，又据重编《说郛》（宛委山堂本）、《滇系》（光绪重刻本）、《云南备征志》（宣统排印本）校。在《云南总叙》中，记录了南诏、大理诸王的世系名号、谥号、年号及其在位年数，与诸书颇多参差出入，这些属于南诏、大理的谱牒和年代学问题，要作专题的研究，不属本书校勘的范畴。因为校勘的目的是复原该书的面貌，确属该书脱误的，予以补正。由于采用分段校点，在《诸夷风俗》篇中，为了使眉目清楚，根据族别加了小标题。凡属原书所无而增添的文字，概加圆括号“（　）”以别之。

佚文除虞集《序》、元明善《序》及《自序》应置于篇首外，其余归为一类，题为《佚文辑录》以别之。根据佚文内容分为山川、物产及纪行诸诗三目，这也是根据该书应包括的内容标目的。末附虞集《李景山诗集序》，以供参考。

此稿原为拙作《云南古佚书钞》中的一种。由于该书所辑各种全为佚文，与此稿体例不相协调，所以把它抽了出来。师友们得知后，希望也能将它发表出来。吴师世昌并赐函鼓励说："如《云南志略》等书如能一并收入，以省查检之劳，对读者甚为便利。再者，《大理府志》《永乐大典》等书，虽欲查检亦不易得。"谆诲之情溢于言表。嗣闻云南大学历史系民族史研究室编辑《云南史料丛刊》，已将《云南志略》整理付印。后经假得一阅，该刊仅据《说郛》本过录，未暇发明。兹为感谢师友们的关怀，把它发表出来，聊以为谢。如能博得研究云南民族史者的参考，那就更加喜出望外了。由于群书周览未遍，而所用各书又未能一一求得善本，深惧其中遗误必多，未能差惬人意。重订之功，容俟异日，尚望读者予以批评指正之。

叔武识

# 云南志略序[①]

虞　集

京师西南[②]行万里为云南。云南之地[③]，方广盖[④]万里。

在宪宗时[⑤]，世祖帅师[⑥]伐而取之，守者弗[⑦]能定。既即位，奠[⑧]海内，使省臣赛典赤往，抚以威[⑨]惠，沿[⑩]其俗，而道[⑪]之以善利，镇[⑫]以亲王贵人者四十年。

---

① 《道园学古录》卷五脱“略”字，据《元文类》卷三十五、景泰《云南图经志书》卷八、正德《云南志》卷二十八、万历《云南通志》卷十五、天启《滇志》卷二十四补，与本书名合。唯《事文类聚翰墨全书》后乙集《圣朝混一方舆胜览》引作《云南志》，《世善堂藏书目录》亦著录作《云南志》，则《云南志略》可省称作《云南志》。而万历《赵州志》卷四作《大理事略》，康熙《大理府志》及《滇系·艺文》作《大理事略序》。或《云南志略》亦名《大理事略》，犹郭松年《南诏纪行》亦名《大理行记》之类，亦未可知，唯此名未见诸家著录。

② 《滇志》脱“南”字。

③ 各本云南方志及《滇系》脱“云南”二字，“之地”二字属上句读；《滇系》并脱“之”字。

④ 《元文类》及各本云南方志脱“盖”字。

⑤ 各本云南方志及《滇系》此句作“昔我”二字，属下句读。

⑥ 《滇系》脱“帅师”二字。

⑦ “弗”，《滇系》作“勿”，义同。

⑧ “奠”，《元文类》作“于”，与上文连读。

⑨ “威”，万历《通志》《滇志》《滇系》作“恩”。案：作“威”者于义为长。

⑩ “沿”，《滇志》作“治”。《滇系》脱“其”字。

⑪ “道”，《元文类》作“导”。“道”即“导”字。

⑫ “镇”，本“集”作“填”，同。

方是时，治平日[①]臻，士大夫多才能，乐事朝廷，不乐外宦[②]。天子闵远人之失牧也[③]，常简法增秩[④]，优以命吏[⑤]。而为吏者，多徼幸器名[⑥]，亡[⑦]治术，亡惠安遐荒之心；禽兽其人，而渔食之，亡以宣布德泽[⑧]称旨意。甚者，启事造衅[⑨]，以毒害贼杀其人[⑩]。其人故暴悍，素不知教，冤愤窃发，势则使然。不然，舍[⑪]生乐死，夫岂其情也哉？嗟夫[⑫]！昔者[⑬]箪壶迎徯之民，日以老死且尽；生者格于贪吏虐率[⑭]，以自远于恩化。其吏士之见知者，亡所建白；而驭于中者，又不识察其情状[⑮]。一隅之地，常以为中国忧，而论治者卒未究其故，不亦悲夫[⑯]！

河间李侯京由枢庭奉使宣慰乌蛮[⑰]。乌蛮，云南一部也。始下车，未及有所施，会群蛮不靖，巡行调发餽给镇抚[⑱]，周履云南，悉其见闻为《志略》四卷[⑲]，因报政上之。集尝按而读之，考其土产风气服食之宜[⑳]、人物

---

① “日”，《元文类》作“方”。
② “宦”，各本云南方志及《滇系》作“官”。
③ 《滇系》脱“远”字。
④ “常”，《滇志》作“当”。“法”，万历《通志》《滇志》作“去”。
⑤ 万历《赵州志》《滇系》脱“优”字。
⑥ “器名”，《元文类》、万历《通志》、万历《赵州志》《滇志》《滇系》，并作“名器”。
⑦ “亡”，《元文类》《滇系》作“无”，音义并同。
⑧ “宣布德泽”，《滇志》作“宣德化泽”。
⑨ “启”，《滇志》、康熙《大理府志》作“起”。
⑩ 各本云南方志及《滇系》脱“贼杀”二字，本《集》夺“其人”二字，今互为补正。
⑪ “舍”，《元文类》、各本云南方志及《滇系》并作“恶”。
⑫ “夫”，《元文类》、各本云南方志及《滇系》并作“乎”。
⑬ 本《集》脱“昔者”二字，据各本云南方志补。
⑭ “率”，《元文类》作“帅”，音义并同。各本云南志及《滇系》脱“虐率”二字。
⑮ “状”，万历《赵州志》、康熙《大理府志》及《滇系》并作“夫”，属下句读。
⑯ “夫”，《元文类》作“乎”。
⑰ “京”，《元文类》、各本云南方志、《滇系》并作“景山”，而脱“奉使”二字。案：“景山”乃李京之字。“枢庭”，《元文类》《滇系》并作“枢密”。
⑱ “巡行”，各本云南方志及《滇系》作“按行”。“调”，万历《赵州志》讹“谓”。“给”，《滇志》讹“及”。“镇”，本《集》及《元文类》作“填”，“填”与“镇”同。
⑲ 本《集》“志略”二字倒。《滇系》脱“为”字。
⑳ “土产”，本《集》讹作“生产”。

材力之愚智勇怯，山川形势之阨塞要害[①]，而世祖皇帝之神威圣略，概可想见，未尝不俯伏而感叹也[②]。

其《志》曰，张乔斩奸猾长吏九十余人，而三十六部尽降；诸葛孔明用其豪杰，而财赋足以给军国；史万岁贪赂[③]，随服随叛；梁毗[④]一金不取，酋长感[⑤]悦；李知古以重赋僇尸，张虔陀以淫虐致乱，死者至二十余万，中国卒不能有之[⑥]。此于事至较著明白者也，其术不甚简易乎？有志之士尚有所鉴观焉[⑦]。至读其纪行诸诗，必有悲其立志者矣。

（本文据虞集《道园学古录》卷五、《元文类》卷三十五、景泰《云南图经志书》卷八、正德《云南志》卷二十八、万历《云南通志》卷十五、万历《赵州志》卷四、天启《滇志》卷二十四、康熙《大理府志·艺文》《滇系·艺文系》一辑补。）



---

① “形势之”，《滇系》“之”字倒置于“形”字上。

② “感”，各本云南方志及《滇系》作“兴”。

③ “赂”，《滇系》作“贿”。

④ “毗”，万历《赵州志》讹“昆”，康熙《大理府志》讹“畀”。盖“毗”或作“毘”，与“昆”“畀”形近而讹。

⑤ “感”，《滇系》作“咸”。

⑥ 《元文类》、各本云南方志及《滇系》无“死者”至此二句十四字。

⑦ “尚”，《滇系》讹“上”。万历《赵州志》无“所”字。“鉴”，《元文类》及各本云南方志作“览”，康熙《大理府志》《滇系》并无“观”字。案：作“鉴观”者于义为长。

# 云南志略序

元明善

昔在世祖以[1]帝之贵介弟，帅偏师入西南夷[2]，而伐取之。既践大位，犹曰："朕[3]固乐其风土，曩非历数在躬，当于彼请分器焉"。由是言之，似亦善地。及读李君《云南志略》，乃复如此。

虽然，彼亦人尔，其好安恶危，趋利避害[4]，与[5]常情同，无庸征于古远。我朝曾出平章政事赛典赤都护诸部，今没去三十余年，其民慕之如父母[6]，畏之如神明。居尝考其设施[7]，是不过顺其性俗，利而道之，底于安耳。

自时厥后，盗兵者有之，陆梁者有之。亦尝考其致此之由，盖其人多犷悍[8]，不闲礼教，牧之以椎[9]剥渔猎之人，啸呼蚁聚，激忿肆毒，又何暇顾防范哉。

呜呼！斯民也，吾圣祖汗马之所臣；斯土也[10]，吾圣祖之所及执事者。

---

① 万历《通志》脱"以"字。

② 万历《通志》脱"偏"字。

③ 景泰《图经》、正德《志》脱"曰朕"二字，今从万历《通志》，于义为长。

④ 万历《通志》作"趋避利害"。

⑤ "与"，景泰《图经》、正德《志》并作"于"。

⑥ 万历《通志》脱"其民"二字。

⑦ "尝"，万历《通志》作"常"。"设施"，正德《志》作"施设"。

⑧ 万历《通志》"人"下有"生"字。

⑨ 万历《通志》"牧"下无"之"字。"椎"，景泰《图经》讹"推"，万历《通志》讹"雄"，今从正德《志》。

⑩ 万历《通志》脱"吾圣祖"至此十一字，盖涉下句"吾圣祖"之文而挩去，遂致文义欠通。

可不究其所以治乱而极之乎？今读李君之书，深悲李君之志[1]，岂徒谓其井疆俗产而已[2]。

李君名京，字景山。今为乌撒乌蒙道宣慰司副使，佩虎符、管兼军万户云。

（本文据景泰《云南图经志书》卷八、正德《云南志》卷二十八、万历《云南通志》卷十五辑补）



① 景泰《图经》误重“李君之志”四字，致使文义扞格难通。

② “其”，正德《志》、万历《通志》作“之”。

# 云南志略自序

盖尝览乐史《寰宇记》、樊绰《云南志》及郭松年《南诏纪行》，窃疑多载怪诞不经之说。大德五年春[1]，奉命宣慰乌蛮。比到任，值缅事无成，诸蛮拒命，屡被省檄措办军储事，乌蛮、六诏、金齿、白夷，二年之间奔走几遍。于是山川地理、土产、风俗，颇得其详。始悟前人记载之失，盖道听途说，非身所经历也[2]。因[3]以所见，参考众说，编集为《云南志略》四卷。

至若世祖皇帝汗马之劳，大帅兀良吉歹血战之功，平章赛典赤宽仁之政，与夫帅府、行省之废置沿革，自有《云南事迹总录》在，兹不复云。

（本文据景泰《云南图经志书》卷八、万历《云南通志》卷十五辑补。）



① 万历《通志》脱“春”字。案：李京《初到滇池》诗：“嫩寒初褪雨初晴，人逐东风马足轻”，正值春日。

② 万历《通志》“也”上有“故”字。

③ “因”，万历《通志》作“自”。

# 云南志略辑校

（元）李京撰

王叔武辑校

## 云南总叙

**［云南通中国史］**[①]

云南上世无可稽考。按《华阳国志》，楚威王遣庄蹻略地巴黔[②]，伐夜郎，植牂牁[③]，西至滇池。会秦夺楚黔中地，不得归，遂留王滇池。云南通中国自此始。



① 此等小题，原本以双行小字顶格标于各段文字之首。今以分段校点，无法保存原式，遂移置于各段之前，并加方括号以别之。唯此等小题，或系陶氏编辑《说郛》时所加，以醒眉目。原书未必加此。

② “黔”下当脱“中”字。“巴黔中”见《汉书·西南夷传》。

③ “植”，《滇系·典故系》五、《云南备征志》并作“扺”。案：当依《华阳国志·南中志》作“植”。

汉武帝开僰道[①]，通西南夷。元狩元年，使吕越人等求身毒国[②]。至滇，滇王留使者四岁。使者还言："滇，大国。"滇，今中庆是也[③]。元鼎五年，发巴蜀罪人及八校尉兵伐之，南人震恐，请置吏，遂立越嶲郡[④]。后讽滇王入朝，不听。元封二年，发巴蜀兵征之[⑤]，滇王降，以滇为益州郡[⑥]。地节二年复叛，以金城司马陈立为牂牁太守，平之。明帝永平元年，诸部悉反，以安汉[⑦]张翕讨之，渡澜沧江，置永昌郡，以广汉郑纯为永昌太守。元初四年，越嶲反，诸部皆应之。诏益州刺史张乔讨之。叛酋封离等诣乔，陈叛乱之由，乞降。乔厚加慰纳，奏长吏奸猾侵犯蛮夷者九十余人[⑧]，皆斩之。三十六部闻之，悉来内附。

蜀建兴三年，诸葛亮征南[⑨]，闻孟获为夷、汉所服，募生致之，凡七纵七擒。获曰："公，天威也。南人不复反矣。"诸部悉平。亮即其渠帅而用之。或以谏亮，亮曰："若留外部人[⑩]，则当留兵，留兵则粮加。以夷新

---

① "僰道"，《滇系》改作"爨道"，"爨道"未闻。而本书下文"爨"字，重编《说郛》（宛委山堂本）又悉改作"僰"。以"僰"易"爨"，以"爨"改"僰"，自非一般钞刻致误之可释。且《滇系》著者赵州师范，《说郛》重编者姚安陶珽，均为清代云南名士，熟知云南掌故，则此等改易必有缘由。窃意以为当从云南古今民族分布及族称变化中求之。汉、唐以后，"爨"由姓氏、地名转为族称。元明以降，始渐以"爨"专称乌蛮或罗罗，即今彝族；而以"僰"称白蛮或白人，即今白族，"僰""爨"之称始分。而僰道以南地区，自魏晋以降已为乌蛮所聚居，即东爨乌蛮之境。故《滇系》改"僰道"为"爨道"，以免与当时使用的族称概念混淆。但汉、唐间爨氏，乃元、明、清白人爨、钏、寸诸姓之所宗。为免与当时族称之"爨"的涵义混淆，故陶氏又易"爨"为"僰"，乃将"爨琛""爨瓒"改为"僰琛""僰瓒"，"爨人"改为"僰人"，此亦非李京原书之义。今皆不取。

② "求"，重编《说郛》《滇系》《备征志》并作"往"。

③ 重编《说郛》《滇系》《备征志》并脱此句六字。

④ "嶲"，《滇系》讹"隽"。

⑤ "发"，《备征志》讹"伐"。

⑥ 各本脱"郡"字，遂与州部名相混。今据《史记》《汉书》两《西南夷传》补。

⑦ 《滇系》《备征志》作"安汉侯"，误。案：张翕，安汉人，不闻封侯。"侯"字当衍。

⑧ "九"，重编《说郛》作"几"，形近而误。事见《华阳国志·南中志》《后汉书·西南夷传》。

⑨ "征南"，《滇系》《备征志》作"南征"。

⑩ "部"字当衍。下文"留外人"亦无"部"字，与《蜀志·诸葛亮传》注引《汉晋春秋》合。

伤破，父兄死丧[①]，留外人而无兵，必成祸患。今吾欲不留兵，不运粮[②]，纪纲粗定，夷汉粗安。”于是悉收豪杰以为官属，出其金银、丹漆、牛马，以给军国之用。终亮之世，夷不复反。

晋武帝以天水李毅为南蛮校尉，统五十八部。毅卒，宁州夷[③]叛，救援苦未[④]至。毅女秀，明达有父风。众推秀领宁州事，婴城固守。城中粮尽，掘鼠而食。伺夷稍怠，辄出击之，终得保完。今有庙在晋宁州[⑤]。

**[ 爨人之名始此 ]**

晋成帝[⑥]时，以爨深为兴古太守。今曲靖也[⑦]。爨[⑧]人之名始此。

齐永平中，以陈显达为益州都督。显达一目，夷人慢之。达遣使责其租税，獠帅曰“两目刺史尚不能调，况一目耶？”遂杀其使。显达分遣将帅，声言出猎，夜往袭之，无少长尽杀之。蛮夷震服。

梁武[⑨]帝大同三年，武陵[⑩]王纪都督益州。先是蜀乱，建宁、越嶲之地累朝不能有。至纪，开越嶲，通建宁，贡献方物十倍前人，以爨瓒为南宁州刺史[⑪]。

隋开皇中，以史万岁南征，蛮夷皆降。师还，复叛。蜀王秀奏万岁贪

---

① 自“留外部人”至此二十二字，《滇系》《备征志》脱。

② 《滇系》《备征志》无下“不”字，与上连读，亦通。

③ “夷”，《滇系》，《备征志》作“复”。

④ “苦未”二字，《滇系》《备征志》作“莫”。

⑤ 原本此句七字错于下文“今曲靖也”句下，今据《滇系》《备征志》乙正。

⑥ “成帝”，各本作“武帝”，盖涉上文而误。爨深乃成帝时人，事迹见《晋书·王逊传》《华阳国志》卷九《李特雄期寿势志》。本书《诸夷风俗》篇亦作“晋成帝以爨深为兴古太守”，可证。兹据正。

⑦ 案：兴古非曲靖。此句义无所承，当有脱文。《诸夷风俗》篇说：“晋成帝以爨深为兴古太守。自后爨瓒、爨震相继不绝。唐开元初，以爨归王为南宁州都督，理石城郡，即今曲靖也。爨人之名原此。”句法文义与此文相类，乃以石城郡当曲靖，是也。今此文脱去，遂至不可读，当依《诸夷风俗》篇文补正。

⑧ 此文两“爨”字，重编《说郛》均改作“僰”。说已见前“僰道”条下。

⑨ 原本脱“武”字，据《滇系》《备征志》补。

⑩ “陵”，《备征志》作“甯”，误。

⑪ 原本脱“爨”“南”二字，据《滇系》《备征志》补。重编《说郛》改“爨”作“僰”，“瓒”讹“琐”。

赂，致生边患。万岁以罪废。乃以梁毗为西宁州刺史。诸酋相率以金遗毗，毗置金座侧，对之恸哭曰："此物饥不可食，寒不可衣，汝等以此相残；何为今将此来，要杀我耶①？"一无所取，蛮酋大悦②。

唐武德元年，以爨弘达为昆③州刺史。开元中，以鬼主爨归王为南④宁州都督⑤。

［云南建国称王始此］

初，蛮酋张氏名仁果，时当汉末，居蒙舍川⑥，在诸部之南⑦，故曰南诏。诏，汉语国君也。传三十三王⑧，至乐进求⑨，为蒙氏所灭⑩。

蒙氏名细奴罗⑪。城蒙舍之龙于图而都之⑫，国号大蒙⑬，自称奇王。云南建国称王始此，唐贞观三年也。在位二十一年。

子罗晟立，是为兴宗王。始用三军。景云元年，御史李知古请兵伐南诏，南诏臣服⑭。知古增置郡县而重赋之，诸部皆叛，杀知古，以其尸祭天。罗晟在位三十七年⑮。

---

① 《滇系》《备征志》作"欲杀我也耶"，《隋书梁睿传》作"欲杀我耶"，故疑"要"为"欲"之误。

② 《滇系》《备征志》无"酋"字。

③ "昆"，原本作"崑"，误。《新唐书·两爨传》《通鉴·唐纪》并作"昆"州。重编《说郛》《滇系》讹"毗"。《备征志》作"昆"，不误，今据正。

④ 各本脱"南"字，据《新唐书·两爨传》补。

⑤ 此文两"爨"字，重编《说郛》并改作"僰"。

⑥ "川"，重编《说郛》《滇系》作"州"。

⑦ 《滇系》《备征志》"在"上有"为"字。

⑧ "王"，《滇系》《备征志》作"主"。

⑨ 《滇系》脱"求"字。案：《南诏中兴国史画卷》作"张乐进求"，则当有"求"字。

⑩ 重编《说郛》"为"上有"永"字，"永"即"求"字之误而重衍。《滇系》《备征志》又改"永"作"乃"。

⑪ "罗"，重编《说郛》《滇系》作"逻"。

⑫ "龙于"，重编《说郛》作"龙之子"，误。"子"即"于"字之形讹，衍"之"字。《备征志》《滇系》作"陇圩"。案：龙于图在今巍山县，遗址犹存。

⑬ "蒙"，原本作"象"，形近而讹。今据他本正。

⑭ "服"，重编《说郛》《滇系》作"伏"。

⑮ 重编《说郛》《滇系》《备征志》并作"二十七年"。

子晟[①]罗皮立，是为太宗王。始得意于六诏。蒙氏居蒙舍川，号蒙舍诏；施望欠[②]据石和城，号施浪诏；丰咩据邓赕川[③]，号邓赕诏；丰时据浪穹，号浪穹诏；波冲据越析川[④]，号末些诏[⑤]；辅源罗据越嶲[⑥]，号蒙嶲诏；是为六诏。开元二年，遣其相张建成入朝，玄宗厚礼之，赐浮屠像，云南始有佛书。在位三十七年。

子皮罗阁立，赂剑南[⑦]节度使王昱，求合[⑧]六诏。朝廷从之，封大酋帅、越国公、云南王，赐名归义[⑨]，尽有云南之地。自是以后，不可复制。在位五十年[⑩]。

禅其子阁罗凤，是为武王。改元建钟[⑪]。云南改元始此。阁罗凤妻女尝谒都督张虔[⑫]陀，虔陀皆通之，且多求乞。阁罗凤不胜其忿，遂发兵反，攻陷姚州，杀虔陀。唐以剑南节度使鲜于仲通将兵八万讨之。蒙使行成，

---

① “子晟”，《滇系》《备征志》倒作“晟子”，义亦通。唯据前后文例，当作“子晟罗皮”。

② “欠”，重编《说郛》作“文”，形似而误。

③ 原文脱“据”字，依上下文义及他本补。“邓赕”，重编《说郛》《滇系》作“澄睒”，“邓”，《备征志》亦作“澄”。“邓”“澄”古今地名异字，“赕”“睒”亦犹“赕”“睑”二字互用。惟“睑”为南诏地方建制单位，相当于州；而“赕”乃一般平坝地区之通称。《读史方舆纪要》卷一百十五《元江府》条说：“赕读简，制如中国之州。或曰与赕同，读淡。”案：睑当读若简，赕当读若淡。

④ “析”，原本讹“柝”，重编《说郛》讹“折”，今据《滇系》《备征志》正。

⑤ “些”，重编《说郛》《滇系》作“岁”。案“些”读如“岁”。

⑥ “源罗”他本皆作“原罗”。今案《蛮书》作“源罗”，《新唐书》作“原罗”，二者皆可。“嶲”，重编《说郛》《滇系》讹“雋”。

⑦ 原本脱“剑南”二字，据《滇系》《备征志》补。

⑧ “合”，《备征志》误作“和”。

⑨ 道光《云南通志稿》卷一百八《秩官志·越国公云南王蒙归义》条说：“李京《云南志略》、杨慎《滇载记》并以为开元十六年。”案：今存《云南志略》文无此语，或为《说郛》节去。唯道光时已不可能得见《云南志略》原本，未详道光《志》何所据而云然。“十六年”，当据《旧唐书·南诏传》《通鉴·唐纪》三十、《册府元龟》卷九百六十四作“二十六年”，脱“二”字。

⑩ 原本脱“十”字，据他本补。

⑪ 《滇系》《备征志》“元”下有“曰”字。案：“建锺”当即“赞普锺”。

⑫ “虔”，原本讹“处”，据《新唐书·南诏传》及他本正。

勿[①]许。及战，仲通大败，仅以身免。阁罗凤乃结知[②]吐蕃，刻石于太和城[③]，明其不得已叛唐之意。天宝十三载[④]，剑南留后李宓[⑤]将兵七万致讨，阁罗凤诱之，全军以没。唐益发兵，竟不剋[⑥]，前后死者二十余万人。在位二十年，禅其子凤伽异，自号“主父”，居太和城。

凤伽异立，是为悼惠王。改元长寿。徙都鄯阐。在位十一年。

子异牟寻立[⑦]，是为孝桓王。改元建龙。制清平官已下十司，给服禄。徙都苴咩城。封点苍山为中岳。遣乌蛮鬼主梦冲苴[⑧]来朝，复臣于唐。与剑南节度使韦皋连兵讨吐蕃[⑨]，大破之，取铁桥等一十五城[⑩]。在位三十年。

子寻阁劝立，是为孝惠王。改元应道。在位二年[⑪]。

子劝龙晟立，是为幽王。改元龙兴。淫虐不道，弄栋节度使[⑫]王苴颠弑之。在位五年。

弟劝利立[⑬]，是为靖王。改元全义。在位八年。

---

① “勿”，《滇系》《备征志》作“弗”。

② “知”，原本误作“之”，据重编《说郛》正。《滇系》《备征志》删去。

③ “太和城”，原本作“龙尾关”。案：此碑即《德化碑》，《蛮书》《新唐书》均言在太和城，碑今存。兹据《滇系》《备征志》改正。

④ “载”，《滇系》《备征志》作“年”，误。

⑤ “宓”，《滇系》《备征志》作“密”，误。

⑥ “剋”，《滇系》《备征志》作“克”。“剋”通作“克”。

⑦ 自上文“是为悼惠王”至此二十三字，原本脱。据重编《说郛》《滇系》及《备征志》补。

⑧ “梦冲苴”，他本并作“孟衡苴”。案：当即《新唐书·南诏传》之“苴梦冲”。

⑨ “剑南”，重编《说郛》及《滇系》作“剑西南”，衍“西”字。“讨”，他本并作“伐”。

⑩ “一十五”，他本并作“三十五”。案：《唐会要》卷九十九作“大小城一十六所”，则作“一”字是，作“三”字误。

⑪ “二年”，他本并作“三年”。

⑫ “弄栋”，重编《说郛》作“弄权”，属上句读。“节度使”，他本皆无“使”字，是。应据删。

⑬ “劝利”，重编《说郛》作“劝劝利”，盖“劝”“劝”音近而误衍。《滇系》《备征志》作“劝利晟”。

弟劝丰佑[①]立，是为昭成王[②]。改元保和，又改天启。唐太和三年[③]，蛮有学书子弟在成都[④]，得蜀之虚实[⑤]。遣清平官蒙苴颠大举入寇[⑥]，取邛、戎、嶲三州，遂入成都，掠子女百工数万人南归。在位三十六年。

子世隆立，始僭帝号[⑦]，改元建极。遣清平官董成入朝于唐，受敌国礼[⑧]而还。九年，遣杨酋庆归所俘三千人，唐杀酋庆。十年，世隆自将侵蜀，遂破成都。自是，大渡河以南尽属蒙矣。在位十八年，殂于越嶲。谥景庄。

子法尧立，改元贞明[⑨]。嬖崑峇女，失道，竖人杨定、赵登弑之。在位二十年。

子舜化立，改元中兴。在位三年。布燮郑买嗣[⑩]篡之，国灭。

蒙氏自细奴罗至舜化共十三主[⑪]，合二百四十七年[⑫]，即唐光化[⑬]二年也。

买嗣，唐西泸[⑭]令郑回之后。阁罗凤陷嶲州，得回，以为[⑮]清平官，迁侍中。至买嗣，渐盛，竟至于篡。买嗣易名昶，国号大长和[⑯]，改元安国。

---

① “丰”，《滇系》《备征志》作“农”，误。

② 各本倒作“成昭王”。案：《记古滇说集》《滇载记》《南诏野史》《滇史》并作“昭成王”，与大理国《张胜温画卷·十一面观世音菩萨》供养人题名合。兹据乙正。

③ “三年”，《滇系》《备征志》作“二年”，误。

④ 《滇系》《备征志》句末有“者”字。

⑤ 《滇系》《备征志》句首有“尽”字。

⑥ 原本脱“举”字，据《滇系》《备征志》补。

⑦ 《备征志》“僭”下有“称”字。

⑧ “敌”，重编《说郛》《滇系》讹作“献”。

⑨ “贞”，《滇系》《备征志》作“真”，避清讳改。

⑩ “嗣”，重编《说郛》讹“辞”。

⑪ 案：据上文所述共十四主。《白古通记》亦云：“蒙氏自细奴罗传至舜化贞，凡十四世。”今此作“十三世”，或是后人依《南诏野史》《滇载记》等书所改。

⑫ 以本书所记在位之年计之，共二百九十八年；即从贞观三年至光化二年计之，亦有二百七十年，均不合此文之数，其间必有差误。群书所记，或作二百五十年，或作二百七十九年，甚或作三百十年者；唯《白古通记》《南诏野史》作二百四十七年，与本书总数合。

⑬ 原本缺“化”字，据他本补。

⑭ 重编《说郛》《滇系》《备征志》并脱“西”字。

⑮ 原本脱“为”字，据他本补。

⑯ 重编《说郛》《滇系》《备征志》并脱“长”字。

在位九年。

子仁旻[1]立。凡五改元，曰孝治、天瑞、安和、贞佑、初历[2]。在位十八年，侍中赵善政篡之。

善政立，国号兴元，改元应天[3]。历二年，剑川节度使杨干真[4]杀之。

干真国号义宁。改元曰光圣，曰皇兴[5]，曰大明，曰鼎新，曰建国。凡九年，通海节度使段思平灭之，时晋天福二年也[6]。

思平，蒙[7]清平官忠国六世孙，布燮[8]保隆之子。国号大理，改元文德，都苴咩城。在位八年，号太祖先帝。宋太祖建隆三年，王全斌克蜀，欲因取云南。太祖止之曰："德化所及，蛮夷自服，何在用兵。"于是开边之衅息矣。

子思英立，改元文经。在位一年，逊位为僧。

思平母弟兴胄立[9]，改元主治[10]。在位五年，殂，谥文武先皇[11]。

子思聪立。改元明德，又改广平[12]、圣德。在位十七年。

---

① "旻"，《备征志》讹"文"。

② "历"，原本讹"立"，据重编《说郛》正。

③ "应天"，《滇系》作"天应"。唯本书各本皆作"应天"。

④ "干"，原本讹"于"，据他本正。

⑤ "皇"，《备征志》作"昱"，误。

⑥ 原本"二"作"三"，并脱"也"字。据他本补正。

⑦ 他本"蒙"下并有"氏"字。

⑧ "燮"，原本讹"熨"，据他本正。

⑨ 案："兴胄"当作"思胄"。段氏二世皆名联"思"字，此不应特出"兴"字。景泰元年杨安导书《三灵庙记》（碑在今大理喜洲三灵真观）引《白史》说："生思平、思胄，号先帝、先王。"正作"思胄"，可证。

⑩ "主治"□《南诏野史》《滇载记》作"至治"。

⑪ "先皇"，《三灵庙记》作"先王"。

⑫ "广平"，他本皆作"广德"，与《滇载记》《滇史》合。应据正。

（素顺立，改元明政。在位十七年）。①

子素英立②。改元广明，又改曰③明应、明圣、明治④、明统。在位二十五年。

子素廉立，改元明启。在位十三年。

素英之孙素隆立，改元明通。在位五年，禅位为僧。

素廉之子素真立，改元正治⑤，在位十六⑥年。

素英孙⑦素兴立，改元圣明。在位三年。

思平五世孙思廉立，改元保安、太安、正安⑧、正德、保德。在位三十年。

子廉义立，改元上德。在位七年，遇弑。

思平五世孙晖寿立⑨，改元上明，在位一年。

思廉之孙政明立，改元⑩保定、建安、天祐。在位十六年，逊位于鄯

① 各本脱此一代，盖以涉上条“在位十七年”而夺去。下文云：“段氏自思平至兴智共二十二主”，而今本仅存二十一主，脱此一代。《南诏源流纪要》说：“思聪传素顺，素顺传素英。”诸书所记此世系并同。则此文所脱者乃素顺一代。《南诏野史》云：“素顺，宋太祖开宝二年即位，改元明正”。又云：“在位十七年。”今存大理国《段氏与三十七部石城会盟碑》云：“明政三年，岁次辛未。”辛未为开宝四年，则明政元年正值开宝二年。由此可证《野史》之说为可信，唯“明正”应据《碑》文及《滇史》作“明政”。今据上说，依本书文例补入素顺一世，并加括号以别之。《滇载记》说：“素顺于思聪未知何属也。”《野史》以为思聪子。今不著其亲属关系，容俟续考。

② “素”，原本作“乘”，他本并作“秉”，下同。唯云南地方史志如《南诏源流纪要》、嘉靖《大理府志》引《旧志》《南诏野史》《滇载记》、万历《云南通志》《滇史》诸书并作“素”。今据段氏数代名联一字之例，为取与诸书一律，改作“素”。

③ 原本“曰”讹“白”，脱“又改”二字，据他本补正。

④ 原本脱“明”字，据他本补。

⑤ “正”，他本并作“政”。案：各本《南诏野史》《滇史》《滇载记》均作“正”，“正”字不误。

⑥ 他本“十”上有“一”字。

⑦ 他本“孙”上有“之”字。

⑧ “正安”，他本并作“政安”，与《滇载记》同；《南诏野史》《滇史》作“正安”，与此本同。

⑨ “寿”，他本并作“受”，声近而误。嘉靖《大理府志》《南诏野史》《滇载记》作“寿辉”，唯《南诏源流纪要》与本书同。

⑩ 他本“元”后有“曰”字。

阐岳牧高昇泰[①]。

昇泰立[②]，改元上治，国号大中。历二年，殂。子孙不敢继，复归段氏。

政明之子政淳[③]立，改元天授、明开、大政[④]、文安。在位十三年。

子[⑤]政严立，改元日新、文治、永嘉、保天[⑥]、广运。在位四十年。

子政兴立，改元大宝[⑦]、龙兴、盛明[⑧]、建德。在位二十六年。

子政智立[⑨]，改元利贞[⑩]、盛德、嘉会、元亨、安定。在位二十九年。

子智廉立，改元凤历、元寿。在位六年。

子智祥立，改元天开、天辅、仁寿。在位三十四年。

子祥兴立，改元道隆。在位十六年。

---

① “昇泰”，原本倒作“泰昇”。今据《元史·地理志》《南诏源流纪要》诸书乙正。案：高智昇、高昇泰、高泰明正以名相属。

② 原本脱“立”字，他本脱“泰”字。今互为补正。

③ “淳”，通行本《滇系》作“纯”，盖晚刻避载淳讳改。

④ “大政”，《滇系》《备征志》作“天政”。疑作“天政”者是。《南诏野史》作“天正”，《增订南诏野史》亦作“天政”。

⑤ 《备征志》脱“子”字。

⑥ “保天”，原本作“天保”，倒误。案：大理国写经《启请》有“时保天八年岁御丙辰九月十五日题记”字样，《滇载记》《滇史》《增订南诏野史》并作“保天”，可证。兹据乙正。

⑦ “大宝”，原本作“天宝”，他本并作“天保”。案：姚安矣保山塔砖题有“大宝六年甲戌”之文，《南诏野史》《滇载记》作“太宝”，《滇史》《增订南诏野史》作“大宝”，则“天”“太”并是“大”之形讹，兹据正。

⑧ “盛明”，他本皆作“圣明”，与《南诏野史》合。唯《滇载记》《滇史》《增订南诏野史》作“盛明”，与此本合。

⑨ “政智”，他本并作“正智”。案：《南诏源流纪要》亦作“政智”，与此本同。唯段氏名联“政”字，《南诏野史》《滇载记》等书，通简作“正”字，“正”亦通“政”。

⑩ “利贞”，原本作“利真”，据他本正。《桂海虞衡志·志蛮》作“利正”，“正”字乃避宋讳改。

子兴智立，改元天定，是岁壬子[①]。越明年，钦遇我世祖皇帝由吐蕃、丽江入，兴智举国出奔，至鄯阐，被擒。

段氏自思平至兴智共二十二主，合三百一十六年[②]。

［国朝平云南］

甲寅春，大驾东还，命大将兀良吉歹[③]专行征伐，三十七部及金齿、交趾举皆内附，云南悉平。兀良吉歹回师之后，委任非人，政令屡变；天庭高远，不相闻知。边鄙之民往往复叛。

迨至[④]至元甲戌，以平章政事赛典赤[⑤]行省云南。下车之日，立州[⑥]县，均赋役；兴水利，置屯田；擢廉能，黜汙滥；明赏罚，恤孤贫。秉政六年，民情丕变，旧政一新[⑦]，而民不知扰。及薨之日，遥近闻知[⑧]，如丧父母。于时[⑨]公于内廷眷顾甚重[⑩]，凡属职除授及南方便宜，无不俞允。而公亦开诚布公，宽大廉简。故能上下感戴，声名洋溢。后之继者，虽有善政，莫能及也。

---

① 方龄贵教授云："关于天定纪元始年，此书及《增订南诏野史》《南诏源流纪要》《僰古通纪浅述》均以为壬子岁，唯倪辂本《野史》、王崧本《野史》《滇载记》《段氏族谱》系于淳祐十一年辛亥。今按大理新发现之《明道蕴由理大师碑》有'天定三年癸丑'之语，则天定纪元以始于淳祐十一年辛亥为是，《志略》似误。"叔武案：方氏之说是也，所引乃《故大师白氏墓碑铭》，见其所著《大理五华楼新发现宋元碑刻选录》。唯"辛亥"无缘误为"壬子"，且本书下文有"越明年钦遇我世祖"之语，是《志略》原本作"壬子"，故仍之。并著方氏之说以供考参。

② 案：此据自晋天福二年至元宪宗三年计之。唯据本书所记各主在位之年共三百三十年，其间当有误。或新主即位，一年而计入二主在位之年数中。

③ 原本脱"歹"字，据他本补。《元史》作"兀良合台"。

④ 《滇系》《备征志》不重"至"字。

⑤ "赛典赤"，原本作"赛天赤"，《滇系》《备征志》作"赛典赤"。今为取与本书前后称谓一律，从《元史》本《传》改。

⑥ "州"，重编《说郛》作"前"，误。《滇系》《备征志》作"郡"。

⑦ "旧政"，《滇系》《备征志》作"政令"。

⑧ "遥近闻知"，《滇系》《备征志》作"远近闻之"。

⑨ "于时"，《滇系》《备征志》作"于是"。

⑩ "重"，《备征志》误"众"。

呜呼！云南于古为蛮獠[①]之域。秦、汉以来，虽略通道，然不过发一将军、遣一使者，以镇遏其相残，慰喻其祁恳而已[②]。所任得人，则乞怜效顺；任非其人，则相率以叛。羁縻苟且，以暨于唐，王师屡覆[③]，而南诏始盛矣[④]。天宝以后，值中原多故，力不暇及[⑤]。五季扰乱，而郑、赵、杨氏亦复攘据。宋兴，介于辽、夏[⑥]，未遑远略。故蒙、段二姓与唐、宋相终始。天运勃兴，文轨混一，钦惟世祖皇帝天戈一指，尽六诏[⑦]之地皆为郡县。迄今吏治文化侔于中州，非圣化溥博，何以臻此。而其地风物未至纪录[⑧]，实为缺典。今撮其古今兴废、其人物、山川、草木[⑨]，类为一编，甚惧未能周知悉览。然其大略，亦足以提挈一方之要领云。

①　“于”，他本作“自”。“蛮獠”，《滇系》《备征志》作“蛮夷”。“域”，重编《说郛》讹“城”。

②　“慰喻”，《备征志》脱“慰”字。“祁”通“祈”。

③　“覆”，《备征志》讹“复”。

④　《备征志》脱“矣”字。

⑤　原本脱“力”字，据重编《说郛》及《滇系》补。《备征志》“力”讹“方”。

⑥　“介”，《滇系》《备征志》讹“分”。“夏”，原本误“下”，据他本正。

⑦　“六诏”，《滇系》《备征志》作“六朝”。意者“六朝”或系指蒙、郑、赵、杨、段、高六氏。惟元人著作多称其为氏、为姓，如郭松年《大理行记》称“郑、赵、杨、段四氏”，又称“数百年之间五姓守固”；云南元明石刻有称“蒙朝”“理朝”，然无有称“六朝”者。今一仍原本。

⑧　“其地”，《滇系》《备征志》作“舆地”；“未至”作“未克”，义并通。

⑨　《滇系》《备征志》此句作“只今撮其古今废置、人物、山川等”。

# 诸夷风俗

## 白　人

白人，有姓氏。汉武帝开僰道，通西南夷道，今叙州属县[①]是也。故中庆、威楚[②]、大理、永昌皆僰人，今转为白人矣。唐太和[③]中，蒙氏取邛、戎、嶲三州，遂入成都，掠子女工技数万人南归，云南有纂组文绣自此始。白人语：着衣曰衣衣，吃饭曰咽羹茹，樵采曰拆薪[④]，帛曰幂[⑤]，酒曰尊，鞍鞊曰悼泥，墙曰砖垣，如此之类甚多。则白人之为僰人，明矣。

男女首戴次工，制如中原渔人之蒲笠，差大，编竹为之，覆以黑毡。亲旧虽久别，无拜跪，唯取次工以为礼[⑥]。男子披毡，椎髻。妇人不施脂粉，酥泽其发，以青纱分编绕首盘系，裹以攒顶黑巾；耳金环，象牙缠臂；衣绣方幅，以半身细毡为上服。处子孀妇出入无禁。少年子弟号曰妙子，暮夜游行，或吹芦笙，或作歌曲，声韵之中皆寄情意，情通私耦，然后成婚。

---

① “叙州属县”，曹学佺《蜀中广记》卷三十六引作“戎州旧县”。案：元末始复设戎州，此当以作“叙州”为是。

② “威楚”，原本倒作“楚威”，今乙正。

③ “太和”，原本误作“泰和”，今改正。

④ “拆薪”，《蜀中广记》引作“析薪”。案：拆、析一音之转，今白语读作“析薪”。

⑤ “幂”，原本作“幕”，误。《蛮书》卷八：“帛曰幂”，正作“幂”字。今据《蜀中广记》引正。

⑥ “礼”，原本误“馈”，兹据《事文类聚翰墨全书》后乙集《圣朝混一方舆胜览》卷中《中庆路风土》引此文正。

居屋多为回檐，如殿制。食贵生，如猪、牛、鸡、鱼皆生醢之[①]，和以蒜泥而食。每岁以腊月二十四日祀祖，如中州上冢之礼。六月二十四日，通夕以高竿缚火炬照天，小儿各持松明火相烧为戏，谓之驱禳。

佛教甚盛。戒律精严者名得道，俗甚重之。有家室者名师僧，教童子，多读佛书，少知六经者；段氏而上，选官置吏皆出此。民俗，家无贫富皆有佛堂，旦夕击鼓参礼[②]，少长手不释念珠，一岁之中斋戒几半。诸种蛮夷刚愎嗜杀，骨肉之间一言不合，则白刃相剸；不知事神佛，若枭獍然。唯白人事佛甚谨，故杀心差少。由是言之，佛法之设，其于异俗亦自有益。

其俊秀者颇能书，有晋人笔意。蛮文云："保和中，遣张志成学书于唐。"故云南尊王羲之，不知尊孔、孟。我朝收附后，分置省府[③]，诏所在立文庙，蛮目[④]为汉佛。

市井谓之街子，午前聚集，抵暮而罢。交易用贝子[⑤]，俗呼为𧴩，以一为庄，四庄为手，四手为苗，五苗为索。

人死，浴尸[⑥]，束缚令坐，棺如方柜。击铜鼓送丧，以剪发为孝，哭声如歌而不哀。既焚，盛骨而葬。

冬夏无寒暑[⑦]，四时花木不绝。多水田，谓五亩为一双。山水明秀，亚于江南。麻、麦、蔬、果颇同中国。

其称呼国王曰缥信[⑧]，太子曰坦绰[⑨]，诸王曰信苴[⑩]，相国曰布燮，知[⑪]文字之职曰清平官。其贵人被服，近年虽略从汉制，其他亦自如也。

---

① "醢"，原本作"醯"，误。兹据《圣朝混一方舆胜览·中庆路风土》引正。

② "参"，原本讹"恭"。盖"参"或作"叅"，与"恭"形近，是以致讹。今据《圣朝混一方舆胜览·中庆路风土》引正。

③ "省府"当作"路府"。

④ "目"，原本作"自"，义不可通，今以意正。

⑤ "贝子"，原本误作"棋子"，今据《圣朝混一方舆胜览》卷中《交易用贝》条引正。

⑥ "浴"，原本作"俗"，义不可通。以意正。

⑦ 原本脱"寒"字，语义不完，以意补。

⑧ "缥"，《蛮书》《新唐书》作"骠"，段政兴铜佛背铭作"嘌"，盖译音无定字。

⑨ "坦"，原本误"垣"。"坦绰"，南诏大理史料习见。

⑩ "苴"，原本误"笪"。"信苴"屡见于元大理路总管段氏之名号，兹据正。

⑪ "知"，原本误作"之"，义不可通。以意正。

# 罗罗

罗罗，即乌蛮也。

男子椎[①]髻，摘去须髯，或髡其发。左右配双刀，喜斗好杀，父子昆弟之间，一言不相下，则兵刃相接，以轻死为勇。马贵折尾，鞍无鞊，剜木为蹬，状如鱼口，微容足指。妇女披发，衣布衣，贵者锦缘，贱者披羊皮。乘马则并足横坐。室女耳穿大环，剪发齐眉，裙不过膝。男女无贵贱皆披毡，跣足，手面经年不洗。

夫妇之礼，昼不相见，夜同寝。子生十岁，不得见其父。妻妾不相妒忌。虽贵，床无褥，松毛[②]铺地，唯一毡一席而已。嫁娶尚舅家，无可匹者，方许别娶。有疾不识医药，唯用男巫，号曰大奚婆，以鸡骨占吉凶；酋长左右斯须不可阙，事无巨细皆决之。凡娶妇必先与大奚婆通，次则诸房昆弟皆舞之，谓之和睦；后方与其夫成婚。昆弟有一人不如此者，则为不义，反相为恶。正妻曰耐德，非耐德所生，不得继父之位。若耐德无子，或有子未及娶而死者，则为娶妻，诸人皆得乱，有所生，则为已死之男女。酋长无继嗣，则立妻女为酋长，妇女无女侍，唯男子十数奉左右，皆私之。

酋长死，以豹皮裹尸而焚，葬其骨于山，非骨肉莫知其处。葬毕，用七宝偶人，藏之高楼，盗取邻近贵人之首以祭。如不得，则不能祭。祭祀时，亲戚毕至，宰杀牛羊动以千数，少者不下数百。每岁以腊月春节，竖长竿横设一木，左右各坐一人，以互相起落为戏。

多养义士，名苴可，厚赡之。遇战斗，视死如归。善造坚甲利刃，有价值数十马者。标枪劲弩，置毒矢末，沾血立死。

自顺元、曲靖、乌蒙、乌撒、越嶲，皆此类也。



① “椎”，原本讹“推”，据《圣朝混一方舆胜览》卷中《建昌府风土》引正。

② “松毛”，原本误作“松花”。景泰《云南图经志书·霑益州风俗》正作“松毛布地”，兹据正。

按：今陆凉州有《爨府君碑》[①]，载爨氏出楚令尹子文之后，受姓班氏，西汉末[②]食河南邑，因以为氏，为镇蛮校尉宁州刺史。晋成帝以爨深为兴古太守，自后爨瓒、爨震相继不绝。唐开元初，以爨归王为南宁州都督，理石城郡，即今曲靖也。爨人之名原此。然今目白人为白爨，罗罗为黑爨，字复讹为寸矣。

大德六年冬，京从脱脱平章平越巂之叛，亲见射死一人，有尾长三寸许。询之土人，谓此等间或有之，年老往往化为虎云[③]。

## 金齿百夷

金齿百夷[④]，记识无文字，刻木为约。酋长死，非其子孙自立者，众共击之。

男子[⑤]文身，去髭须鬓眉睫，以赤白土傅面，彩缯束发，衣赤黑衣，蹑绣履，带镜，呼痛之声曰“阿也韦”，绝类中国优人。不事稼穑，唯护小儿。天宝中，随爨归王入朝于唐，今之爨弄实原于此。妇女去眉睫，不施脂粉，发分两髻，衣文锦衣，联缀珂贝为饰。尽力农事，勤苦不辍。及产，方得少暇。既产，即抱子浴于江，归付其父，动作如故。至于[⑥]鸡亦雌卵则雄伏也。

风土下湿上热，多起竹楼。居滨江，一日十浴，父母昆弟惭耻不拘。有疾不服药，唯以姜盐注鼻中。槟榔、蛤灰、茯蕾叶奉宾客。少马多羊。

---

① “府君”当作“使君”。案：该碑额题为“宋故龙骧将军护镇蛮校尉宁州刺史邛都县侯爨使君之碑”，作“爨使君”，不作“爨府君”，可证。

② “西”字当衍。《爨龙颜碑》云：“爰暨汉末，采邑于爨，因氏族焉。”今此文作“西汉末”，误。

③ 末句殊属无稽，自陷于“道听途说”之失。唯在原始社会图腾传说中，人与动物往往神灵相通，互为转化，此说或出于彼。

④ 原本误连上条，今为析出。

⑤ “男子”，原本作“男女”，致与下句“去髭须鬓眉睫”相牾；且下文又云“妇女去眉睫”，是本文男女分述之证，作“男女”者误。今据《圣朝混一方舆胜览》卷中《金齿百夷诸路·风土》引此文正。

⑥ “至于”，《混一方舆胜览》作“虽其”。

杂霸无统纪[①]，略有雠隙，互相戕贼。遇破敌，斩首置于楼下，军校毕集，结束甚武，髻插雉尾，手执兵戈，绕俘馘而舞，仍杀鸡祭之，使巫祝之曰："尔酋长、人民速来归我！"祭华，论功名，明赏罚，饮酒作乐而罢。攻城破栅，不杀其主，全家逐去。不然，囚之至死。

嫁娶不分宗族，不重处女，淫乱同狗彘。女子红帕首[②]，馀发下垂。未嫁而死，所通之男人持一幡相送，幡至百者为绝美。父母哭曰："女爱者众，何期夭耶！"

交易五日一集，旦则妇人为市，日中男子为市，以毡、布、茶、盐互相贸易。地多桑柘，四时皆蚕。

金裹两齿，谓之金齿蛮；漆其齿者，谓之漆齿蛮；文其面者，谓之绣面蛮；绣其足者，谓之花脚蛮；彩缯分撮其发者，谓之花角蛮。西南之蛮，百夷[③]最盛。北接吐蕃，南抵交趾，风俗大概相同。

## 末些蛮

末些蛮，在大理北，与吐蕃接界，临金沙江。地凉，多羊、马及麝香、名铁。依江附险，酋寨星列，不相统摄。

男子[④]善战喜猎，挟短刀，以砗磲为饰。少不如意，鸣钲相雠杀，两家妇人中间和解之，乃罢。妇人披毡，皂衣，跣足，风鬟[⑤]高髻。女子剪发齐眉，以毛绳为裙，裸霜不以为耻。既嫁，易之。淫乱无禁忌。不事神佛，唯正月十五日登山祭天，极严洁。男女动百数，各执其手，团旋歌舞以为乐。



① 原本"霸"讹"羁"，脱"纪"字。今据《圣朝混一方舆胜览》补正。

② "首"上当脱一字，或是"缠"字。

③ "百夷"，原本作"白夷"。案：本条首题作"金齿百夷"，此处乃总结之文，不当另作"白夷"，今据《圣朝混一方舆胜览·金齿百夷诸路·风土》条文正。

④ 原本脱"男子"二字，致使下文另言妇人句义无所承。景泰《云南图经志书·蒗蕖州风俗》说："男子性强悍，善战喜猎，挟短刀，饰以砗磲"等语，即括约本书成文，有"男子"二字，兹据补。并疑"性强悍"三字亦为本书脱文。

⑤ "风鬟"，景泰《图经》作"大环"。

俗甚俭约，饮食疏薄，一岁之粮，圆根已半实粮也[①]。贫家盐外不知别味。有力者尊敬官长，每岁冬月宰杀牛羊，竞相邀客，请无虚日；一客不至，则为深耻。

人死，则用竹簀舁至山下，无棺椁，贵贱皆焚一所，不收其骨；非命死者，则别焚之。其余颇与乌蛮同。

## 土獠蛮

土獠蛮，叙州[②]南、乌蒙北皆是。

男子及十四五，则左右击去两齿，然后婚娶。猪、羊[③]同室而居。无匕筋，手抟饭而食。足蹈[④]高橇，上下山坂如奔鹿。妇人跣足、高髻，桦皮为冠，耳坠大双环，衣黑布[⑤]，项带锁牌[⑥]以为饰。出入林麓，望之宛如猿猱。人死，则以棺木盛之，置于千仞颠崖之上，以先堕者为吉。

山田薄少，刀耕火种。所收稻谷，悬于竹[⑦]棚之下，日旋捣而食，常以采荔枝、贩茶为业云。

---

① “圆根”，原本作“圆粮”，“已半实粮也”五字作双行小注，义不可解。景泰《云南图经志书·丽江府风俗》说：“饮食疏薄，一岁所食，圆根半之。圆根者，即蔓菁也。”则“圆粮”二字乃“圆根”之误。而“已半实粮也”五字亦非小注，应与“圆根”连读为一句，义为圆根已充粮之半。今据正。

② 《蜀中广记》卷三十六引句首有“在”字。

③ “羊”，《蜀中广记》引作“牛”。

④ “足”，《蜀中广记》引作“之”，属上句读；“蹈”作“踏”。

⑤ 《蜀中广记》引“布”字下有“衣”字。

⑥ 原本“项”讹“顶”，据《蜀中广记》引正。《蜀中广记》引“锁”作“镴”。

⑦ “竹”，《蜀中广记》引作“艸”。

# 野　蛮

野蛮，在寻传以西①，散居岩谷。无衣服，以木皮蔽体，形貌丑恶②。男少女多，一夫有十数妻。持木弓以御侵暴。不事农亩，入山林采草木及动物而食。无器皿，以芭蕉叶藉之。

# 斡泥蛮

斡泥蛮，在临安西南五百里，巢居山林。治生极俭③，家有积贝④，以一百二十索为一窖，藏之地中。将死，则嘱其⑤子曰："我平日藏若干，汝可取几处，馀者勿动，我来生用之。"其愚如此。

# 蒲　蛮

蒲蛮，一名扑子蛮，在澜沧江以西。性勇健，专为盗贼，骑马不用鞍。跣足，衣短甲，膝胫⑥皆露。善用枪弩。首插雉尾，驰突如飞。



① "寻传"，原本误作"彝传"，今据《圣朝混一方舆胜览·银沙逻风土》引正。万历《云南通志·羁縻志》作"寻甸"，"甸"字虽误，"寻"字尚资校正。

② 原本脱"貌"字，据《混一方舆胜览》、万历《通志》补。

③ 原本脱"治生"二字，"极俭"误作"极险"，今据万历《通志》补正。《混一方舆胜览》作"使用极俭"，亦足证作"险"字误。

④ "贝"，原本讹"具"，据《混一方舆胜览》、万历《通志》改正。

⑤ "其"，原本作"之"。"之"虽可通"其"，然元人记事已不习用，当作"其"。今据《混一方舆胜览》及万历《通志》改。

⑥ "胫"，原本作"颈"，与"短甲"之义不洽。今据万历《通志》改正。

# 佚文辑录

## 山　川

抚仙湖，在河阳县。又名罗伽湖，亦名青鱼戏月湖。周回二百里。东南流，合南盘江。(《永乐大典》卷二千二百七十引。)

（异龙湖），湖有九曲，各有其名。在石平州东南。周围一百五十里。中有三岛：一小岛名孟继龙，上有蛇虫，人不可居，昔蛮酋以有罪者流此；一岛旧立酋寨，名小末束；其大岛名和龙，汉人名曰水城，和泥蛮酋立于其上，寨四周皆巨浸，前一径仅容匹马。天历镇兵之变，各处皆为贼兵所陷，独石平守镇朱宝、副千户李亨祐率骁骑五十余人，夜至建水宣慰司，掩袭伪官，复入司所夺印符以归。相此岛旧有垒堑可保，遂引众据之。后建水、新兴三军来合。贼率军攻势益盛，战舟三百余艘。众心汹汹，有议欲降者。亨祐对众歃血盟曰："我等势促，此方汉人皆为此曹所杀，战亦死，降亦死，当以死报国。有言降者斩。"众皆踊跃。贼舟将至城下，众欲迎敌。亨祐曰："毋急也。"兵渐逼，发炮击贼，连陷数十艘。从[①]兵进攻，斩首三百余级。中食将不继，富民王帑出粟千余石以给众。城被围七十日，大军至，汉民得保者数万人。(《永乐大典》卷二千二百七十引。)

从滇池至越嶲，道经金沙江，计程一千三百里。(《读史方舆纪要》卷一百十三引。案：李京《过金沙江》诗："来从滇池至越嶲，畏途一千三百里。"此文疑括约该诗句而成。)

---

① "从"读如"纵"。

（建昌路）西临吐蕃，乃汉、夷冲要之路。（《事文类聚翰墨全书》后乙集《圣朝混一方舆胜览》卷中《建昌路形胜》条引。）

《益州记》《水经》俱以泸水在永昌不韦县，《寰宇记》以为在嶲州会川县。京[①]因出使越嶲，考泸水源。盖建昌会川驿有孟获城，又有泸沽州，孔明渡泸，由嶲州入益，即滇池，此名渡泸为有验。今水出吐蕃，过建昌、会川，合金沙江，夹岸多高岩丛苇，故下渡如经瓯釜，炎热壅郁[②]，多感瘴疠，至今犹然。故以金沙江为泸水，误矣。（《天下郡国利病书》卷一百八引。）

## 物　产

（莎罗树），出金齿及元江地面。树大者高三五丈，叶似木槿，花初开黄色，结子变白。一年正月、四月开花结子，以三月、八月采之。破其壳，中[③]如柳绵，纺[④]为线，白氎、兜罗锦皆此为之。即汉地之木绵也。（《永乐大典》卷一万四千五百三十六引。亦略见《圣朝混一方舆胜览》卷中《平缅路风土》条。）

石瓜树，生瓜，坚实如石，善治心痛。出茫部路。（《永乐大典》卷一万四千五百三十六引。）

（芭蕉子树），初生子，不可食。移树于有水处栽，所结子方可食之。正、二月开花，红色，如牛心。结子三五寸，如皂荚样。七月取其子，以瓶盛覆，架于火棚上，使熟。剥肤而食，其甘如饴。采时去其树，明年复其故。四、五月又花，冬月依前采之。秋食惹瘴。（《永乐大典》卷一万四千五百三十六引。）

无花果树，不甚大。果[⑤]生树末，状如青李。生食无味。蜜煎甚佳。（《永

① “京”，原引作“景”。案：李京字景山，不应单称作“景”，或系脱“山”字，不则“景”乃“京”之讹。《诸夷风俗》篇自称作“京”，今据例改正。

② “壅郁”，《混一方舆胜览》作“郁蒸”。

③ 原引脱“中”字，据《混一方舆胜览·平缅路风土》条文补。

④ “纺”，《混一方舆胜览》作“纫以”。

⑤ “果”，原引作“葉”，与下文“状如青李”无涉。盖“葉”乃“菓”之形讹，今以意正。

乐大典》卷一万四千五百三十七引。)

(乌撒路),节气如上都,宜牧养,出名马、牛羊。(《圣朝混一方舆胜览》卷中《乌撒路风土》引。)

诸夷多水田,谓五亩为一双。朱孟震《续玉笥诗话》引。(案:此文或出自《诸夷风俗篇》。)

## 纪行诸诗[①]

### 留别都城诸公[②]

苍龙双阙郁岧峣,曾侍鹓鸾趁早朝。往事已随尘滚滚,虚名赢得发萧萧。长林丰草空相忆,瘴雨蛮烟苦见招。借问都门门外柳,为谁留著最长条。(《元文类》卷六、万历《云南通志》卷十四。)

### 过安西遇礼部主事郭文卿携歌饯行

马上逢元日,天涯见故人。雪华官舍酒,烟树霸陵春。欲写春光好,还惊柳色新。明朝重回首,梦里过三秦。(《永乐大典》卷八千六百二十八引。)

### 过七星关

七星关上一回头,遥望乡关路阻修。欲倚云南[③]攀北斗,不辞鞍马过南州。两崖斩壁连天起,一水漂花出洞流。闻道清时无瘴疠,行人经此不须愁。(景泰《云南图经志书》卷七引。)

---

① 案:《说郛》著录本书为"四卷并附录",虞《序》谓"读其纪行诸诗",《永乐大典》所引本书除李京诗外,尚有杜德常诗。则本书除附录李京纪行诸诗外,尚录有他人之诗,今多已不可考。以下所辑,未署名者均为李京诗。

② 万历《云南通志》题作"出使云南留别",未著作者姓名。今从《元文类》。

③ "南"疑"山"之误。上下联不得于四、六处重出"南"字,且"云南"不对"鞍马",当作"云山"。

### 过牂牁江

归欤何日是真归？惭愧山林[①]与愿违。垂老八千余里谪，回头四十九年非。穷边野水黄云渡，梦里田家白板扉；珍重沙禽频见下，也应知我久忘机。（景泰《云南图经志书》卷一、万历《云南通志》卷十七引。）

### 初到滇池

嫩寒初褪雨初晴，人逐东风马足轻。天际孤城烟外暗。云间双塔日边明。未谙习俗人争笑，乍听侏离我亦惊。珍重碧鸡山上月，相随万里更多情。（景泰《云南图经志书》卷一、万历《云南通志》卷十四引。）

### 行次乌蒙

行色晚凄凄，沿江路转迷。炊烟云出岫，僧衲稻分畦。返照明鸦背，荒山入马蹄，羁怀类惊鹊，远树不成栖。

又

巴塞踰荒服，穷愁寄不毛。云生岚气重，月白瘴烟高。风土人情异，关山马足劳。故园何日到，三叹首频搔。（《寰宇通志》卷六十九引。）

### 过金沙江[②]

雨中夜过金沙江，五月渡泸即此地。两崖峻极若登天，下视此江如井里。三月头，九月尾，烟瘴拍天如雾起。我行适当六月末，王事役人安敢避，来从滇池至越巂，畏途一千三百里。干戈浩荡豺虎穴，昼不惶宁夜无寐。忆昔先帝征南日[③]，箪食壶浆尽臣妾，抚之以宽来以德，五十余年为乐国。一朝贼臣肆胸臆，生事邀功作边隙，可邻三十七部民，鱼肉岂能分玉石。君不见，南诏安危在一人，莫道今无赛典赤。（景泰《云南图经志书》卷二、万历《云南通志》卷四、《滇略》卷八引。）



① “山林”，万历《云南通志》引作“山深”，误。盖此“山林”即归老田园之义，非指深山老林。

② 题据万历《云南通志》《滇略》引。

③ “日”，万历《云南通志》讹“月”。

### 越嶲元日

鸡人唱罢晓沉沉，仙杖遥分翠殿深，三岛楼台龙虎气，五云丝竹凤鸾音。普天率土皆臣妾，航海梯山总照临。今日南荒瞻北阙，不胜惆怅泪沾襟。（景泰《云南图经志书》卷七引。）

### 雪山歌

丽江雪山天下绝，积玉堆琼几千叠，足盘厚地背摩天，衡、华真成两丘垤。平生爱作子长游，览胜探奇不稍休；安得乘风凌绝顶，倒骑箕尾看神州。（万历《云南通志》卷四、《滇略》卷二、《滇史》卷五引。

### 元日大理

华马[1]国里逢冬至，点苍山下见新年。饮水嚼蘖将谁诉，断梗飞蓬自可邻。洱水北来明似镜，神州东望远如天。明年此日知何处，醉捻寒梅一泫然。（景泰《云南图经志书》卷五、嘉靖《大理府志》卷二、康熙《大理府志》卷二十九引。）

### 点苍临眺

水绕青山山绕城，万家烟树一川明；鸟从云母屏中过，鱼在鲛人镜里行；翡翠罘罳笼海气，旃檀楼阁殷秋声。虎头妙墨龙眠手，百蠻生绡画不成。（嘉靖《大理府志》卷二、康熙《大理府志》卷二十九引。）

### 天镜阁

槛外千峰插海波，芙蓉双塔玉嵯峨。银山殿阁天中见，黑水帆樯镜里过。芳草沧州春思晚，野云孤鹤客怀多。共谁一夜山堂月，洞口参差长薜萝。（嘉靖《大理府志》卷二、康熙《大理府志》卷二十九引。）



① “华马”，康熙《大理府志》作“华胥”。案：丽江，古华马国。此云自丽江至大理，作“华马”者是。

### 滇池重九

今日真成我重九，谁言风俗怆吾真。可无白酒招佳客，尚赖黄花似故人。终老柴扉聊自使[①]，三年瘴海未全贫。不须更上高城望，野树寒鸦恨更新。（景泰《云南图经志书》卷七、万历《云南通志》卷十四引。）

### 孟定德常元日题马龙站壁[②]

十月长安雪满台，天南试验纪初来。无情山路惊魂失，有限官符着急催。金马雨晴滇海阔，碧鸡云敛瘴烟开。谁邻万死投荒地，幸得生残念已灰。（《永乐大典》卷一万九千四百二十六引。）

### 大理南行德常作

地隔西南过不毛，万重山外点苍高。玉门东觐恩[③]超辈，河尾营西笑我曹。戍役有缘唯报效，边城无敢较勤劳。方今幸际太平日[④]，闲读羲经与吕韬。（《永乐大典》卷八千六百二十八、景泰《云南图经志书》卷五引。）

存疑：

### 翠盆叠嶂

谷响人言溪路长，溪源未到觉泉香。三盆叠落净于拭，岩根泻玉迸成浆。潭心丽石明翠羽，精英仿佛碧钗股。即非玉女洗头盆，且饮仙人石钟乳。（康熙《大理府志》卷二十九引。案：嘉靖《大理府志》卷二载此诗，不著撰人，以为“昔人诗”。万历《云南通志》卷二《大理府众川·翠盆水》条作明“李元期诗”。康熙《府志》以之属李京，未知何据。）

### 瀑泉丸石

翠壁千寻挂玉泉，盆涡激石几千年。当时跃浪如龙马，砥砺磨磐变却圆[①]。匹练卷将高五尺，须臾坠落潭花白。如今任运自推移，等闲占断蛟



---

① 万历《云南通志》“扉”作“桑”“使”作“便”。

② 《永乐大典》引《云南志略》题式如此。案：杜德常，大德间任西台御史。

③ “恩”《永乐大典》作“思”，今从景泰《云南图经志书》。

④ 景泰《云南图经志书》作“方今幸有昇平月”。

**龙宅**。（康熙《大理府志》卷二十九引。案：嘉靖《大理府志》卷二、万历《云南通志》卷二均录此诗，并以为“壁上有诗，不留姓氏”。康熙《府志》以之属李京，未知何据。）

# 附：李景山诗集序

虞 集

古之人以其涵煦和顺之积，而发于咏歌；故其声气明畅而温柔，渊静而光泽。至于世故不齐，有放臣、出子、斥妇、囚奴之达其情于辞者，盖其变也，所遇之不幸者也。而后论之者，乃以为和平之辞难美，忧愤之言易工，是直以其感之速而激之深者为言耳！盍亦观于水。夫安流无波，演迤万里，其深长岂易穷也！若夫风涛惊奔，泷石险壮，是特其遇物之极于变者；而曰水之奇观必在于是，岂观水之术也哉？余读景山之诗，而有感于此矣！

景山蚤岁即起家，掌故枢府；不数年遂长其幕。方骤用而遽坐废，盖五年；而后宣慰云南，三年而报使；移病归乡里者，又二年矣。二十年间，为诗几数百篇，而云南诸作尤为世所传诵，岂非感激于其变者然哉？然余观其枢府所赋，乃多在于西山、玉泉之间；其云南之诗至自叙曰："其辞或传，幸得托于中州人士之末。"虽能悲宕动人，察其意则能深省顺处，无怨尤忿厉之气。其居乡诸作，放旷平易，又若初未始更忧乐之变者。余因历考其所遇，而察其所立言者，有以见其所存者，庶几不缪于古之人矣。而徒以云南之作知景山者，特未尽窥景山者也。

景山于书无不读，而酷好老子；于古之人无不学，而独慕白乐天。然则其能廓然以自广、脱然以自处者，殆有由来也。景山年未甚高，而道学方力，后此而有作，余将不足以窥之也夫！

景山，姓李氏，名京。河间人。鸠巢，其自号也。故其诗总题曰《鸠巢漫稿》。虞某序。

（录自《道园学古录》卷五）

# 引用书目

汉书 （汉）班固撰 （唐）颜师古注 百衲本
续汉志 （晋）司马彪撰 （梁）刘昭补注 见《后汉书》
后汉书 （宋）范晔撰 （唐）李贤注 百衲本
三国志 （晋）陈寿撰 （宋）裴松之注 百衲本
晋书 （唐）房玄龄等撰 百衲本
宋书 （梁）沈约撰 百衲本
隋书 （唐）魏徵等撰 百衲本
旧唐书 （五代）刘昫撰 百衲本
新唐书 （宋）欧阳修、宋祁撰 百衲本
宋史 （元）脱脱等撰 百衲本
元史 （明）宋濂等撰 百衲本
明史 （清）张廷玉等撰 百衲本
资治通鉴 （宋）司马光等撰 （元）胡三省注 清刊本
资治通鉴考异 （宋）司马光等撰 四部丛刊本
续资治通鉴长编 （宋）李焘撰 清刊本
路史 （宋）罗泌撰 四部备要本
罪惟录 （清）查继佐撰 四部丛刊本
唐会要 （宋）王溥撰 清刊本
明太祖洪武实录 影印本
通典 （唐）杜佑撰 万有文库本
通志 （宋）郑樵撰 万有文库本

华阳国志 （晋）常璩撰 廖刻本 四部丛刊本
蛮书 （唐）樊绰撰 云南备征志本
蛮书校注 向达校注 中华书局排印本
南诏源流纪要 （明）蒋彬撰 传钞明刊本
南诏野史 （明）倪辂撰 明淡生堂钞本、清初钞本、旧钞本、环碧山房钞本、八千卷楼钞本、王崧校本（云南备征志本）
增订南诏野史 （清）胡蔚撰 云南图书馆刊本
南诏蒙段野史 旧题（明）倪辂撰 旧钞本
滇载记 （明）杨慎撰 纪录汇编本 学海类编本
滇略 （明）谢肇淛撰 传钞文澜阁本
滇史 （明）诸葛元声撰 明万历刊本
僰古通纪浅述 旧题（元）赵顺撰 传钞本
滇考 （清）冯甦撰 云南备征志本
滇系 （清）师范撰 光绪重刊本
滇云历年传 （清）倪蜕撰 道光刊本
滇云纪略 （清）张若骕撰 晒蓝本
南诏备考 （清）丁毓仁撰 嘉庆滇刻巾箱本
姚郡世守高氏源流总派图 打字本
太平寰宇记 （宋）乐史撰 清刊本
明一统志 （明）李贤等撰 天顺刊本
乾隆清一统志 石印本
读史方舆纪要 （清）顾祖禹撰 广雅书局本
天下郡国利病书 （清）顾炎武撰 成都活字本
大理行记 （元）郭松年撰 奇晋斋丛书本
云南志略 （元）李京撰 涵芬楼排印说郛本
嘉靖大理府志 （明）李元阳撰 传钞本
滇程记 （明）杨慎撰 明刊本
万历云南通志 （明）李元阳撰 重印本
万历赵州志 （明）庄诚撰 传钞本
云南名胜志 （明）曹学佺撰 崇祯刻本

滇游记 （清）陈鼎撰 学海类编本
洱海丛谈 （清）释文果撰 昭代丛书本
康熙大理府志 （清）黄文治撰 乾隆补刻本
鸡足山志 （清）范承勋撰 原刻本
鸡足山志 （清）高奣映撰 旧钞本
雍正宾川州志 （清）周钺撰 传钞本
东川府志 （清）方桂撰 原刻本
道光云南通志稿 （清）阮元撰 原刻本
光绪云南通志 （清）岑毓英撰 原刻本
光绪续云南通志稿 （清）王文韶撰 原刻本
新纂云南通志 排印本
腾越厅志稿 （清）陈宗海撰 原刻本
邛嶲野录 （清）何东铭撰 复写本
云南县志 光绪刻本
汉唐地理书钞 （清）王谟辑 中华书局影印本
慧琳一切经音义 （唐）释慧琳撰 医学书局本
白国因由 （清）释寂裕撰 圣元寺递修本
元和姓纂 （唐）林宝撰 北京图书馆藏显微胶卷 清洪氏本
史通 （唐）刘知几撰 中华书局影印本
崇文总目 （宋）王尧臣等撰 钱东垣辑释 丛书集成本
郡斋读书志 （宋）晁公武撰 万有文库本
直斋书录解题 （宋）陈振孙撰 丛书集成本
遂初堂书目 （宋）尤袤撰 丛书集成本
国史经籍志 （明）焦竑撰 丛书集成本
徐氏红雨楼书目 （明）徐𤊹撰 古典文学排印本
世善堂藏书目录 （明）陈第撰 丛书集成本
千顷堂书目 （清）黄虞稷撰 适园丛书本
绛云楼书目 （清）钱谦益撰 粤雅堂丛书本
述古堂藏书目 （清）钱曾撰 丛书集成本
四库全书总目提要 （清）永瑢等撰 浙刻本

隋书经籍志考证 （清）章宗源撰 二十五史补编本
隋书经籍志考证 （清）姚振宗撰 二十五史补编本
补晋书艺文志 （清）文廷式撰 二十五史补编本
补五代史艺文志 （清）顾櫰三撰 二十五史补编本
补辽金元艺文志 （清）倪璨撰 二十五史补编本
补元史艺文志 （清）钱大昕撰 二十五史补编本
后汉书补注 （清）惠栋撰 丛书集成本
通鉴隋唐纪比事质疑 岑仲勉撰 中华书局排印本
淮南子 （汉）刘安撰 高诱注 浙局本
论衡 （汉）王充撰 四部丛刊本
论衡校释 黄晖撰 商务印书馆排印本
论衡集解 刘盼遂撰 中华书局排印本
齐民要术 （魏）贾思勰撰 四部丛刊本
重修政和经史证类备用本草 （宋）唐慎微撰 四部丛刊本
本草纲目 （明）李时珍撰 光绪刻本
竹谱详录 （元）李衎撰 知不足斋丛书本
北梦琐言 （五代）孙光宪撰 排印本
容斋随笔 （宋）洪迈撰 四部丛刊本
谈荟 （明）徐应秋撰 光绪补刻本
滇南杂志 （清）曹树翘撰 申报馆丛书本
诸葛忠武侯故事 （清）张澍撰 光绪刻本
北堂书钞 （隋）虞世南撰 清孔氏校刻本
艺文类聚 （唐）欧阳询撰 影印宋绍兴本 明刊本
初学记 （唐）徐坚撰 清刊本
太平御览 （宋）李昉等撰 四部丛刊本 清鲍氏刻本
太平广记 （宋）李昉等撰 中华书局校印本
册府元龟 （宋）王钦若等撰 中华书局影印明刻本
事类赋 （宋）吴淑撰 明刊本
锦绣万花谷 明刊本
玉海 （宋）王应麟撰 清刊本

全芳备祖　（宋）陈景沂撰　嘉业堂钞本
古今合璧事类备要　（宋）谢维新撰　明初刊本
事林广记　　旧题（宋）陈元靓撰　中华书局影印元至顺刊本
事文类聚翰墨全书　（元）熊禾等撰　明初刊本
天中记　（明）陈耀文撰　隆庆初刻本
永乐大典　（明）解缙等撰　中华书局影印本
说郛　（明）陶宗仪撰　涵芬楼据明钞排印本　清宛委山堂本
文选　（梁）萧统撰（唐）李善注　影胡刻本
文苑英华　（宋）李昉等撰　中华书局影印本
增广笺注简斋诗集　四部丛刊本
杨弘山存稿　云南丛书本
全唐诗　（清）彭定求等编　石印本　中华书局点校本
滇文丛录　排印本
故中奉大夫前云南诸路行中书省参政□鹤庆路军民总管高侯墓碑志（明）田节撰　碑在今鹤庆县城西坪永乐十七年立
三灵庙记　（明）杨安导书　碑在今大理喜洲凤阳村三灵真观景泰元年立
重开水洞记　（清）孟以焴撰　碑在今鹤庆县水洞寺　康熙五十六年立
慈善妃庙记　（清）冯甦撰　见《邓川州志》
前明义士王公师圣改葬碑　见王树椒《记白古通年运志》引

# 学术年表

1954年

关于白族族源问题，载《历史研究》1954年第4期。

1977年

《云南各族古代史略》合著，马曜主编，云南人民出版社。

1978年

南诏德化碑作者考，载《思想战线》1978年第2期。

1979年

《云南古佚书钞》云南人民出版社，载南明史料朔闰考异——《行在阳秋》札记，载《思想战线》1979年第3期。

1980年

《十九世纪英、法侵略云南史述略》，载《思想战线》1980年第6期。

1981年

《交广印度两道考》辨误，载《民族学报》第1期，云南民族出版社。

1982年

《民族研究也要开创一个新局面》，载《云南社会科学》1982年第6期。

1983年

《云南简史》合著，马曜主编，云南人民出版社。

1985年

《云南少数民族源流研究》，载《云南民族大学学报》1985年第1期；

《关于云南少数民族语地名问题》，载《地名学文集》，测绘出版社。

1986年

《大理行记校注 云南志略辑校》(合集)，云南民族出版社，南诏德化碑作者问题答疑，载《思想战线》1986年第3期。

1988年

《白族简史》合著，云南人民出版社，《白族源于滇僰、叟、爨考述》，载《云南社会科学》1988年第3期。

1991年

《明初旅滇的日本僧人》，载《云南民族学院学报》1991年第3期。

1994年

《云南少数民族现代化发展道路的构想》，载《云南民族大学学报》1994年第4期。

1996年

《云南古佚书钞(增订本)》，云南人民出版社。

《中国南方鼓文化与地域社区生活》序—略论中华民族的史的发展，载《云南社会科学》1996年第5期。

2001年

《南夷书》笺注并考异，载《云南民族大学学报》2001年第3期。

2009年

《云南简史（增订本）》合著，马曜主编，云南人民出版社。

**图书在版编目（CIP）数据**

云南古佚书钞合集 / 王叔武著. — 昆明 : 云南人民出版社, 2016.4
（云南文库・学术名家文丛）
ISBN 978-7-222-14563-4

Ⅰ. ①云… Ⅱ. ①王… Ⅲ. ①云南省—地方史—元代 Ⅳ. ①K297.4

中国版本图书馆CIP数据核字(2016)第066791号

**出 品 人：刘大伟**
**统筹编辑：马维聪**
**责任编辑：马　清　李继孔　陈　亚**
**装帧设计：郑　治**
**责任校对：余丽红　董文倩　陈文珍　王　丽**
**责任印刷：洪中丽**

书名　**云南古佚书钞合集**
作者　王叔武　著
出版　云南人民出版社　云南大学出版社
发行　云南人民出版社　云南大学出版社
社址　昆明市环城西路 609 号
邮编　650034
网址　www. ynpph. com. cn
E-mail　ynrms@ sina. com
开本　787mm × 1092mm　1 / 16
印张　14.5
字数　230千
版次　2016 年 4月第 1 版第 1 次印刷
印刷　昆明卓林包装印刷有限公司
书号　ISBN 978-7-222-14563-4
定价　50.00元